Les épreuves de droit commercial et des affaires au CRFPA et à l'ENM

Réussir
le CRFPA et l'ENM

Les épreuves de droit commercial et des affaires au CRFPA et à l'ENM

Cas pratique
Commentaire d'arrêt
Exposé oral

Alexandra Mendoza-Caminade

Maître de conférences en droit privé
Université de Toulouse I
Intervenante à l'IEJ de Toulouse
Codirectrice du Master II « Propriété intellectuelle et techniques contractuelles » (UT1C)

ellipses

Dans la collection « Réussir le CRFPA et l'ENM »

- *L'épreuve de droit des obligations au CRFPA*, Céline Castets-Renard
- *La note de synthèse au CRFPA et à l'ENM*, Éric Ghérardi et Jean-Pierre Sabio
- *600 questions pour réussir l'épreuve de culture générale (ENM, CRPFA, officier de police, officier de gendarmerie, administration pénitentiaire)*, Franck Marmoz, Nicolas Chareyre et Richard Baron
- *Les épreuves de droit commercial et des affaires au CRFPA et à l'ENM*, Alexandra Mendoza-Caminade
- *La dissertation de droit pénal à l'entrée de l'ENM*, Patrick Mistretta
- *Les épreuves de procédure civile au CRFPA et à l'ENM*, Sylvie Pierre-Maurice
- *Les épreuves de droit pénal au CRFPA*, sous la direction de Marc Segonds
- *La dissertation de droit pénal, droit civil et droit public (ENM, lieutenant et commissaire de police, officier de gendarmerie, administration pénitentiaire)*, sous la direction de Marc Segonds

ISBN 978-2-7298-6094-3

32, rue Bargue 75740 Paris cedex 15

www.editions-ellipses.fr

Esprit et organisation de l'ouvrage

Le présent ouvrage s'adresse aux candidats à l'examen du CRFPA et au concours de l'ENM afin de les aider à préparer l'épreuve de droit des affaires.

Les exercices proposés correspondent aux différentes formes possibles de l'épreuve de droit des affaires, et il peut s'agir d'une épreuve écrite pratique ou d'une épreuve orale théorique ou pratique. Les exercices proposés dans cet ouvrage sont donc à la fois pratiques et théoriques.

La méthodologie exposée a pour objectif d'aider les candidats à parfaire leurs méthodes de travail.

La partie consacrée à la pratique des exercices vise à parcourir les programmes de révision de l'examen du CRFPA et du concours de l'ENM. Dix thèmes généraux ont ainsi été choisis pour préparer l'épreuve de droit des affaires. Ces thèmes correspondent aux points essentiels du programme des épreuves.

Chaque thème est structuré de manière identique et comporte cinq rubriques :

- le thème débute par une bibliographie représentant des articles de doctrine récents et parfois des ouvrages relatifs à la notion étudiée ;
- un rappel de cours permet d'indiquer les éléments notionnels essentiels sur le thème traité. La vocation n'est pas ici d'aborder la notion de manière exhaustive mais d'en évoquer les principaux traits. Des points plus spécifiques seront traités au travers des exercices juridiques. En effet, le thème aborde ensuite trois exercices juridiques ;
- le commentaire d'arrêt ;
- le cas pratique ;
- l'exposé oral.

Pour chaque exercice, un corrigé est proposé afin de montrer au candidat les objectifs recherchés au travers de cette épreuve de droit des affaires.

Cet ouvrage a donc vocation à guider le candidat dans ses mises au point méthodologiques, mais également de l'accompagner durant ses révisions de l'épreuve de droit des affaires.

Sommaire

Partie I
Présentation des épreuves de droit commercial et des affaires au CRFPA et à l'ENM

Rappel des modalités de l'examen d'entrée au CRFPA et du concours d'entrée à l'ENM 11

Programme de révision en droit commercial et des affaires 15

Partie II
La technique des exercices juridiques en droit commercial et des affaires

1. Méthodologie du commentaire d'arrêt (CRFPA) 19
2. Méthodologie du cas pratique (CRFPA) 27
3. Méthodologie de l'exposé oral (CRFPA et ENM) 32

Partie III
La mise en œuvre des exercices en droit commercial et des affaires

Thème 1. Les actes de commerce

- *Rappel de cours* *38*
- *Exercice 1. Commentaire d'arrêt : Cass. com. 7 avril 2004. Le cautionnement* *40*
- *Exercice 2. Cas pratique* *48*
- *Exercice 3. Exposé oral : le règlement des litiges entre commerçants* *53*

Thème 2. Les commerçants

- *Rappel de cours* *59*
- *Exercice 1. Commentaire d'arrêt : Cass. com. 5 décembre 2006. L'activité de diagnostic immobilier* *63*
- *Exercice 2. Cas pratique* *69*
- *Exercice 3. Exposé oral : le conjoint du commerçant participant à l'activité commerciale dans l'entreprise familiale* *72*

Thème 3. Le fonds de commerce

- *Rappel de cours* ... 77
- *Exercice 1. Commentaire d'arrêt : Cass. com. 19 janvier 2005. Commerce intégré et statut des baux commerciaux* ... 81
- *Exercice 2. Cas pratique* ... 87
- *Exercice 3. Exposé oral : les caractéristiques actuelles de la clientèle du fonds de commerce* ... 91

Thème 4. Le statut des baux commerciaux

- *Rappel de cours* ... 97
- *Exercice 1. Commentaire d'arrêt : Cass. 3e civ. 27 novembre 2002. Droit de repentir du bailleur* ... 103
- *Exercice 2. Cas pratique* ... 108
- *Exercice 3. Exposé oral : la cession du bail commercial* ... 113

Thème 5. Les contrats sur le fonds de commerce

- *Rappel de cours* ... 118
- *Exercice 1. Commentaire d'arrêt : Cass. com. 23 mars 1999. La nature juridique du contrat de location-gérance* ... 126
- *Exercice 2. Cas pratique* ... 130
- *Exercice 3. Exposé oral : la protection du consentement de l'acquéreur du fonds de commerce* ... 135

Thème 6. Le registre du commerce et des sociétés

- *Rappel de cours* ... 140
- *Exercice 1. Commentaire d'arrêt : Cass. com. 4 janvier 1994. Les conséquences de l'absence d'immatriculation au registre du commerce et des sociétés* ... 146
- *Exercice 2. Cas pratique* ... 150
- *Exercice 3. Exposé oral : le rôle probatoire du registre du commerce et des sociétés à l'égard du commerçant* ... 155

Thème 7. Les sociétés et les groupements

- *Rappel de cours* ... 159
- *Exercice 1. Commentaire d'arrêt : Cass. com. 20 mars 2007. Abus de minorité* ... 165
- *Exercice 2. Cas pratique* ... 170
- *Exercice 3. Exposé oral : le fonctionnement du groupement d'intérêt économique* ... 172

Thème 8. Les acteurs de la vie des sociétés

- *Rappel de cours* ... 175
- *Exercice 1. Commentaire d'arrêt : Cass. com. 13 décembre 2005. Responsabilité civile personnelle du dirigeant* ... 180

- *Exercice 2. Cas pratique* *185*
- *Exercice 3. Exposé oral : la cession des actions par les associés d'une société anonyme fermée* *188*

Thème 9. Les instruments de paiement et de crédit

- *Rappel de cours* *191*
- *Exercice 1. Commentaire d'arrêt : Cass. com. 28 octobre 2008. Endossement du chèque et portée des obligations du banquier* *196*
- *Exercice 2. Cas pratique* *200*
- *Exercice 3. Exposé oral : la situation du porteur au regard du droit cambiaire en cas de non-paiement de la lettre de change* *204*

Thème 10. Les entreprises en difficulté

- *Rappel de cours* *209*
- *Exercice 1. Commentaire d'arrêt : Cass. com. 7 avril 2004. Rôle de l'administrateur judiciaire et continuation d'un contrat* *214*
- *Exercice 2. Cas pratique* *220*
- *Exercice 3. Exposé oral : la procédure de conciliation* *222*

Liste des abréviations 229

Index 231

Partie

I

Présentation des épreuves de droit commercial et des affaires au CRFPA et à l'ENM

Rappel des modalités de l'examen d'entrée au CRFPA et du concours d'entrée à l'ENM

I. CRFPA

A. Les modalités générales

L'examen d'entrée au centre régional de formation à la profession d'avocat est régi par un arrêté du 11 septembre 2003.

Cet examen qui a lieu une fois par an à l'automne comporte des épreuves écrites d'admissibilité et des épreuves orales d'admission.

a. L'admissibilité (art. 6 arrêté)

Les épreuves écrites de l'admissibilité sont au nombre de trois.

Les épreuves d'admissibilité comprennent :

1. Une note de synthèse, rédigée en cinq heures, à partir de documents relatifs aux aspects juridiques des problèmes sociaux, politiques, économiques ou culturels du monde actuel et affectée d'un coefficient 2.
2. Une épreuve d'une durée de cinq heures permettant d'apprécier l'aptitude du candidat au raisonnement juridique comprenant deux compositions :
   - la première épreuve portant sur le droit des obligations ;
   - la seconde épreuve portant, selon le choix du candidat exprimé lors du dépôt de son dossier d'inscription, sur une des trois matières suivantes : procédure civile, procédure pénale, procédure administrative contentieuse.

Par addition des deux notes sur 10 obtenues à chacune des compositions, l'épreuve est notée sur 20. Cette note est affectée d'un coefficient 2.

3. Une épreuve écrite de caractère pratique affectée d'un coefficient 2, d'une durée de trois heures, portant, au choix du candidat exprimé lors du dépôt de son dossier d'inscription, sur l'une des matières suivantes :
   - droit des personnes et de la famille ;
   - droit pénal général et spécial ;
   - procédures collectives et sûretés ;
   - droit public des activités économiques ;
   - droit international privé ;
   - droit fiscal des affaires ;
   - droit patrimonial ;

- droit commercial et des affaires ;
- droit administratif ;
- droit du travail ;
- droit communautaire et européen.

Chaque épreuve écrite reçoit une note de 0 à 20.

L'admissibilité est prononcée par le jury au vu de la moyenne des notes obtenues par le candidat si celle-ci est égale ou supérieure à 10 sur 20.

L'admissibilité n'est valable que pour la session au cours de laquelle elle a été acquise.

b. L'admission (art. 8 arrêté)

Nul ne peut se présenter aux épreuves orales d'admission s'il n'a été déclaré admissible par le jury.

Les épreuves d'admission sont au nombre de cinq.

Les épreuves d'admission comprennent :

1. Un exposé de quinze minutes après une préparation d'une heure, suivi d'une discussion de quinze minutes avec le jury, sur un sujet relatif à la protection des libertés et des droits fondamentaux permettant d'apprécier l'aptitude à l'argumentation et à l'expression orale du candidat. La note est affectée d'un coefficient 3.
2. Une épreuve orale de quinze minutes, après une préparation de quinze minutes, portant, au choix du candidat exprimé lors du dépôt de son dossier d'inscription, sur l'une des matières non choisies par le candidat à l'épreuve mentionnée au 3° de l'article 6. La note est affectée d'un coefficient 2.
3. Une épreuve orale de quinze minutes, après une préparation de quinze minutes, portant, au choix du candidat exprimé lors du dépôt de son dossier d'inscription, sur les procédures civiles d'exécution ou la procédure communautaire et européenne. La note est affectée d'un coefficient 1.
4. Une épreuve orale de quinze minutes, après une préparation de quinze minutes, portant, au choix du candidat exprimé lors du dépôt de son dossier d'inscription, sur la comptabilité privée ou les finances publiques.
5. Une interrogation orale portant sur une langue vivante étrangère choisie par le candidat, lors du dépôt de son dossier d'inscription, sur la liste annexée au présent arrêté. La note est affectée d'un coefficient 1.

B. L'épreuve de droit commercial et des affaires

L'épreuve de droit des affaires fait l'objet d'un choix de la part du candidat parmi d'autres matières lors du dépôt de son dossier d'inscription.

Selon le choix effectué, l'épreuve de droit commercial et des affaires peut être une épreuve écrite ou orale.

Lorsqu'elle est écrite, la durée de l'épreuve est de trois heures et il s'agit d'une épreuve de caractère pratique.

Les sujets donnés dans les instituts d'études judiciaires sont soit des commentaires d'arrêt, soit des cas pratiques.

L'épreuve peut être orale lorsqu'elle n'a pas été choisie comme épreuve écrite (art. 6 3° arrêté). La durée de l'épreuve orale est de quinze minutes, après une préparation de quinze minutes.

Les sujets sont le plus souvent des questions théoriques de cours, mais la forme n'est pas précisée par l'arrêté, ce qui rend possible d'autres types de sujets.

II. ENM

Le concours externe, aussi appelé le premier concours, est régie par plusieurs textes :

– ordonnance n° 58-1 270 du 22 décembre 1958 (article 17).

– décret n° 72-355 du 4 mai 1972 modifié par le décret n° 2008-1 551 du 31 décembre 2008.

Une importante réforme de ce concours est survenue en 2008 et a été appliquée à partir du concours 2009.

A. Les modalités générales du premier concours d'accès

Ce concours comprend des épreuves d'admissibilité et d'admission.

a. L'admissibilité

Les épreuves d'admissibilité sont au nombre de six (art. 18, décret du 31 décembre 2008) :

1. Une composition portant sur une question posée aujourd'hui à la société française dans ses dimensions judiciaires, juridiques, sociales, politiques, historiques, économiques, philosophiques et culturelles.
   D'une durée de 5 heures, cette épreuve est affectée d'un coefficient 5.
2. Une composition sur un sujet de droit civil ou de procédure civile.
   D'une durée de 5 heures, cette épreuve est affectée d'un coefficient 3.
3. Un cas pratique sur un sujet de droit civil ou de procédure civile.
   D'une durée de 2 heures, cette épreuve est affectée d'un coefficient 1.
4. Une composition sur un sujet de droit pénal ou de procédure pénale.
   D'une durée de 5 heures, cette épreuve est affectée d'un coefficient 3.
5. Un cas pratique sur un sujet de droit pénal ou de procédure pénale.
   D'une durée de 2 heures, cette épreuve est affectée d'un coefficient 1.
6. Une épreuve constituée de questions appelant une réponse courte, destinée à évaluer les connaissances des candidats relatives à l'organisation de l'État et de la justice, aux libertés publiques et au droit public.
   D'une durée de 2 heures, cette épreuve est affectée d'un coefficient 2.

b. L'admission

Les épreuves sont au nombre de cinq :

1. Une note de synthèse à partir de documents se rapportant à des problèmes judiciaires, juridiques ou administratifs.
   D'une durée de 5 heures, cette épreuve est affectée d'un coefficient 4.
2. Une épreuve orale de langue vivante comportant le compte rendu d'un texte, suivi d'une conversation.
   D'une durée de 30 minutes, cette épreuve est affectée d'un coefficient 3.
3. Une épreuve orale se rapportant au droit européen et au droit international privé.
   D'une durée de 25 minutes, cette épreuve est affectée d'un coefficient 4.
4. Une épreuve orale se rapportant au droit social et au droit commercial.
   D'une durée de 25 minutes, cette épreuve est affectée d'un coefficient 4.
5. Une épreuve de mise en situation et d'entretien avec le jury.
   D'une durée totale de 70 minutes, cette épreuve est affectée d'un coefficient 6 (5/20 étant une note éliminatoire).

Cette épreuve comporte successivement :

a) une mise en situation, d'une durée de 30 minutes sans préparation, au cours de laquelle un groupe de candidats analyse un cas concret devant le jury.

b) un entretien avec le jury, d'une durée de 40 minutes, comprenant un exposé du candidat sur une question d'actualité posée à la société française ou sur une question de culture générale ou judiciaire, suivi d'une conversation avec le jury portant sur le parcours et la motivation du candidat et sur sa participation à la mise en situation.

Épreuve facultative

Épreuve orale de langue vivante de 30 minutes autre que celle qui a fait l'objet de l'épreuve obligatoire de langue vivante.

Cette épreuve permet d'obtenir des points supplémentaires lorsque la note attribuée est supérieure à la moyenne ; le nombre de points supplémentaires est limité à cinq (coefficient 2). Les langues qui peuvent être choisies sont : allemand, espagnol, italien, arabe littéral.

B. L'épreuve de droit commercial

L'épreuve de droit commercial est une épreuve orale qui est regroupée avec le droit social.

La durée de l'épreuve est de 25 minutes.

À la suite d'un tirage au sort du sujet, le candidat dispose d'une préparation de 5 minutes.

Il procède à l'exposé oral sur sa question durant 10 minutes avant d'être interrogé sur des questions diverses pendant 10 minutes.

L'épreuve a lieu avec deux examinateurs.

Les sujets sont en général des sujets théoriques qui permettent de vérifier les connaissances du candidat sur des aspects précis du programme.

Programmes de révision en droit commercial et des affaires

I. CRFPA

Droit commercial et des affaires	Thèmes correspondants
Les sociétés civiles et commerciales	Thèmes 7 et 8
Le registre du commerce et des sociétés	Thème 6
Les actes de commerce	Thème 1
Les commerçants	Thème 2
Les GIE et GEIE	Thème 7
Instruments de paiement et de crédit	Thème 9
Le fonds de commerce et les contrats dont il peut faire l'objet	Thèmes 3, 4 et 5
Prévention des difficultés des entreprises	Thème 10
Redressement et liquidation judiciaires	Thème 10

II. ENM

Droit commercial	Thèmes correspondants
Le commerçant	Thème 2
Le fonds de commerce	Thèmes 3, 4 et 5
Les sociétés commerciales : – l'acquisition et les conséquences de la personnalité morale – les sociétés à risque limité – les sociétés à risque illimité	Thèmes 7 et 8
Les acteurs de la vie des sociétés : – les dirigeants – les associés et actionnaires – les commissaires aux comptes	Thèmes 7 et 8
Les entreprises en difficulté : – la prévention des difficultés des entreprises – les intervenants à la procédure collective – la sauvegarde – le redressement judiciaire – la liquidation judiciaire	Thème 10

Partie

II

La technique des exercices juridiques en droit commercial et des affaires

I Méthodologie du commentaire d'arrêt (CRFPA)

I. L'objet du commentaire d'arrêt

Pour commenter un arrêt, sa bonne compréhension est indispensable. Cet exercice est essentiel pour la pratique de la plupart des professions juridiques qui reposent sur l'analyse des décisions de justice, et tout particulièrement pour la profession d'avocat.

Il s'agit pour le candidat d'expliquer la décision commentée et d'en critiquer la solution. Le travail consistera en effet à replacer l'arrêt dans un contexte juridique donné et à déterminer sa place dans cet environnement.

Cet exercice classique a notamment pour objectif de mesurer les qualités d'analyse du candidat ainsi que ses connaissances sur une question juridique abordée au travers d'un litige particulier.

Il faut préciser que le commentaire peut porter sur tout type de décision de justice et notamment sur un jugement, et dans ce cas, la méthodologie est identique. Dans les sujets donnés dans les instituts d'études judiciaires, la plupart des commentaires de décisions portent sur des arrêts de la Cour de cassation et de manière plus limitée sur des arrêts de cours d'appel.

Le but du commentaire est d'aboutir à exposer le sens, la valeur et la portée de l'arrêt commenté. Il faut garder à l'esprit que le commentaire doit pouvoir être compris par un lecteur qui ne connaît pas la décision commentée. En effet, un lecteur qui ignore la décision commentée doit être en mesure de la comprendre et de suivre le raisonnement proposé par le candidat. Une certaine clarté des développements est donc nécessaire.

II. Commentaires proposés

- Cass. com. 7 avril 2004 sur le cautionnement
- Cass. com. 5 décembre 2006 sur l'activité de diagnostic immobilier
- Cass. com. 19 janvier 2005 sur le commerce intégré et le statut des baux commerciaux
- Cass. 3ᵉ civ. 27 novembre 2002 sur le droit de repentir du bailleur
- Cass. com. 23 mars 1999 sur la nature juridique du contrat de location-gérance
- Cass. com. 4 janvier 1994 sur les conséquences de l'absence d'immatriculation au registre du commerce et des sociétés

- Cass. com. 20 mars 2007 sur l'abus de minorité
- Cass. com. 13 décembre 2005 sur la responsabilité civile personnelle du dirigeant
- Cass. com. 28 octobre 2008 sur l'endossement du chèque et portée des obligations du banquier
- Cass. com. 7 avril 2004 sur le rôle de l'administrateur judiciaire et continuation d'un contrat

III. Les défauts à éviter

Voici les principaux écueils à éviter.

Effectuer une dissertation sur l'arrêt

Il ne faut pas traiter de manière théorique le commentaire et le transformer en dissertation juridique. Il ne s'agit pas en effet de discuter sur la question de droit posée aux magistrats mais bien d'opérer un commentaire de l'arrêt en son entier. La décision doit être la base du commentaire : il est nécessaire de s'en éloigner pour dresser le contexte de la décision, mais le retour au texte est ensuite indispensable.

La paraphrase de l'arrêt

S'il est nécessaire de reprendre les éléments de l'arrêt, notamment pour établir la fiche d'arrêt, il est indispensable de dépasser ces éléments objectifs de la décision pour apporter un éclairage personnel au commentaire. Se contenter de recopier les dispositions du code et les annotations ne permet pas de construire un commentaire d'arrêt. Un véritable apport personnel du candidat est attendu au travers de cette épreuve.

Le traitement d'une question de cours

L'identification du problème juridique conduit parfois le candidat à exposer l'ensemble de ses connaissances juridiques se rapportant à cette question. L'arrêt est laissé de côté au profit d'un exposé de cours sans rapport avec l'exercice demandé. Les connaissances sont certes indispensables à l'élaboration du commentaire, mais elles doivent être appliquées au cas traité en l'espèce. Une analyse de la décision est attendue du candidat.

IV. Exposé de la méthode

L'exercice peut être divisé en plusieurs phases successives :
- la phase préparatoire ;
- la phase d'analyse ;
- la phase de construction ;
- la phase de rédaction.

A. La phase préparatoire

Avant tout travail sur le texte, il faut lire plusieurs fois la décision sans avoir d'idées préconçues ni de préjugés afin d'avoir une vision d'ensemble de l'affaire. Cette lecture neutre doit tout d'abord permettre de s'imprégner de l'arrêt de manière objective avant de procéder à la fiche de la décision.

1. La lecture du texte

La lecture du texte est l'occasion de relever différentes informations :

La juridiction dont émane la décision

En présence d'un arrêt de cour d'appel, il faut déterminer s'il s'agit d'un arrêt confirmatif ou infirmatif. S'il s'agit d'un arrêt de la Cour de cassation, il est nécessaire de relever la formation de la Cour de cassation, et la chambre.

Une formation en chambre mixte ou en assemblée plénière révèle une divergence au sein des chambres de la Cour de cassation ou parfois une résistance des juges du fond. La formation ainsi réunie doit mettre fin au conflit et rend une solution de principe unifiée sur une question de droit.

Il faut relever si l'arrêt est de rejet ou de cassation. Par ailleurs, la diffusion plus ou moins large de l'arrêt peut fournir d'importantes indications sur la valeur reconnue par la cour à la décision. Ainsi, l'arrêt peut s'accompagner de la mention PBRI. Par B est précisée la publication de l'arrêt au *Bulletin des arrêts de la Cour de cassation*, ce qui peut être un indice de l'importance que la Cour confère à la décision. La mention B précise la publication de l'arrêt dans le *Bulletin bimensuel d'informations de la Cour de cassation*. Le R informe que la décision sera insérée dans le rapport annuel de la Cour de cassation. Enfin, le I signale la diffusion de la décision sur le site internet de la Cour de cassation.

Ainsi, les arrêts les plus importants sont marqués des lettres les plus nombreuses, alors que les arrêts moins importants ne recevront que le P.

La date de la décision

S'il s'agit d'une décision récente, elle fait peut-être application d'une nouvelle règle légale ou d'une règle qui vient d'être modifiée ou abrogée. En outre, la date sera utile en cas de revirement de jurisprudence afin de rattacher la décision au courant classique ou au courant contestataire.

Le visa de l'arrêt (s'il en existe un)

La juridiction indique ainsi le ou les articles de loi ou le principe général sur lequel est fondée sa décision.

2. L'élaboration de la fiche d'arrêt

Il s'agit ensuite de réaliser la traditionnelle fiche d'arrêt. La réalisation de cette fiche doit être minutieuse car elle constitue le matériau de base du futur commentaire. Il faut s'attacher à respecter les diverses étapes de réalisation de la fiche, car ces étapes viendront ensuite nourrir le contenu de l'introduction.

Cette fiche d'arrêt comporte obligatoirement les rubriques suivantes : les faits, la procédure, les prétentions des parties, le problème juridique et la solution retenue par la juridiction.

Les faits

Ils doivent être relevés de manière chronologique et consistent dans les éléments qui ont donné naissance au litige et conduit l'une des parties à saisir la justice. Seuls les faits nécessaires à la compréhension de la décision doivent être repris.

La procédure

Le demandeur et le défendeur doivent être identifiés aux différents stades de la procédure. Les décisions antérieures et notamment jugement et arrêt d'appel doivent être exposés quant à leurs motifs et dispositifs. Ce travail est souvent délicat car les informations données sur la procédure peuvent être incomplètes ou simplement évoquées. Ainsi, la décision de première instance n'est pas nécessairement précisée dans les arrêts. Le candidat devra donc tenter de reconstituer la trame de la procédure en évitant toute fiction juridique.

Les prétentions et les arguments des parties

Les thèses qui s'affrontent doivent être présentées. Il faut identifier le fondement juridique des prétentions de chaque partie, et les griefs adressés aux décisions antérieures, notamment par les moyens du pourvoi. Il s'agit alors de relever les moyens invoqués par les parties qui peuvent porter sur des éléments de droit ou de fait.

Dans un arrêt de rejet, l'une des parties a formé un pourvoi qui est rejeté par la Cour de cassation. Les thèses en présence sont donc celles du demandeur au pourvoi et celle de la Cour de cassation.

Dans un arrêt de cassation, la thèse retenue par la cour d'appel s'oppose à celle finalement retenue par la Cour de cassation. Les solutions respectives doivent être exposées de manière exhaustive puisque cette opposition va nourrir le commentaire.

Le problème juridique

C'est le point fondamental de l'exercice, et la difficulté est de bien le discerner. La qualité du commentaire dépend essentiellement de ce travail.

Les difficultés exposées aux juridictions doivent être qualifiées d'un point de vue juridique : quel problème doit résoudre la Cour de cassation ?

Le candidat doit être en mesure de l'exposer de manière claire et concise en une ou deux phrases. La formulation doit être théorique et peut se faire sous la forme interrogative.

La solution de la Cour

La réponse donnée par la Cour doit être précisée ainsi que les motifs qu'elle adopte. Les textes ayant servi de fondement à la décision devront être précisés. L'existence d'un visa qui constitue souvent le fondement juridique d'une cassation devra être analysée. Le visa est parfois accompagné d'un attendu de principe par lequel la Cour de cassation affirme une solution juridique générale à un problème de droit. Ce principe sera l'objet d'une analyse très détaillé afin de comprendre pourquoi la Cour de cassation a opéré le cas échéant un changement de solution.

La solution peut être de rejet ou de cassation, et l'arrêt de rejet est souvent caractérisé par l'expression « *mais attendu que* » qui précède la réfutation des moyens du pourvoi. L'arrêt de cassation se signale plutôt par les expressions « *mais alors que* » ou encore « *en statuant ainsi* » qui précèdent la censure de la solution retenue par la cour d'appel.

En cas de cassation, le motif peut être la violation de la loi lorsqu'il existe un problème de droit ou le manque de base légale, ce qui consiste pour la Cour de cassation à sanctionner l'insuffisance de la motivation par les juges du fond.

Cette solution devra être explicitée dans les développements et devra faire l'objet d'une appréciation critique du candidat.

Après ce travail préparatoire, il est temps de passer à l'analyse de la décision.

B. La phase d'analyse

Il s'agit de faire une appréciation critique de la décision et de s'interroger sur le sens, la valeur et la portée (S. V. P.). Le candidat doit mobiliser ses connaissances juridiques pour apporter une analyse en termes de qualité de la décision. Les solutions apportées aux questions juridiques doivent être identifiées et appréciées : qu'elles soient considérées bonnes ou mauvaises, le candidat doit en préciser les raisons.

1. Le sens de la décision

Le candidat doit préciser quelle est la solution retenue par la juridiction et expliciter cette solution. L'énoncé de la décision est constitué par le dispositif. La justification de la solution par la juridiction elle-même se trouve dans les motifs de l'arrêt. Ces motifs exposent les raisons de droit ou de fait qui ont déterminé la juridiction à adopter cette solution. Dans un arrêt de rejet, la Cour de cassation construit ses motifs sur la base de trois attendus : le plus souvent, le premier est consacré aux faits et à la procédure, le deuxième expose le pourvoi, et le troisième contient l'argumentation de la cour d'appel et par laquelle la cour rejette la demande. Dans un arrêt de cassation, la solution d'appel va être précisément exposée avant d'être contestée par la Cour de cassation. La formulation de l'arrêt est souvent caractérisée par un visa suivi d'une formule générale ou d'un attendu de principe général précédant le dispositif.

Les conséquences de cette solution doivent être exposées s'agissant de la procédure (voie de recours possible), et des sanctions appliquées.

Il faut préciser si d'autres thèses pouvaient être adoptées.

2. La valeur de la décision

Il s'agit de s'interroger sur la qualité de l'application de la règle de droit.

La décision fait application aux faits de l'espèce d'une règle de droit, et il faut vérifier si les conditions de cette règle sont bien remplies. Le candidat doit pour cela confronter la solution de l'arrêt avec les textes applicables à l'espèce.

La juridiction a-t-elle répondu à la question posée par les faits ? Le cas échéant, cette application est-elle ou non satisfaisante ? La solution a-t-elle été jugée en droit, et la solution peut-elle être approuvée au regard des faits ? Il s'agit donc de s'interroger sur la conformité de la décision par rapport au droit, et plus généralement par rapport à l'équité, à la morale, à la justice.

3. La portée de la décision

L'importance normative de la décision : arrêt de principe ou arrêt d'espèce ?

L'arrêt d'espèce apporte une solution spécifique aux faits de l'affaire et sa portée est limitée à cette affaire. Son fondement repose sur des considérations *in concreto*, comme des éléments d'équité. L'arrêt d'espèce est souvent caractérisé par le fait que la Cour de cassation se réfère à l'appréciation des juges du fond pour approuver la décision d'appel.

L'arrêt est qualifié de principe si la solution est applicable au-delà de l'espèce jugée. Ce type d'arrêt est fondé sur l'affirmation générale d'une solution de droit. Il s'agit souvent d'un arrêt de cassation, sans que ce soit nécessairement toujours le cas. L'arrêt de principe peut être un arrêt de rejet et il se reconnaît alors à la formulation générale préalable de son attendu de principe ou de la formule qui suit son visa. Par sa généralité, la solution retenue dans l'arrêt de principe a vocation à s'appliquer pour l'avenir.

L'influence de la décision sur le droit positif

Le candidat doit situer la décision dans l'évolution jurisprudentielle. S'agissant d'une décision récente, il faut savoir si cette décision s'inscrit dans la continuité de la jurisprudence. Le droit positif retient-il une solution identique ? Pour déterminer s'il s'agit d'un revirement, une attention particulière doit être portée à la date de la décision ainsi qu'à la formation dont émane la décision. Si une divergence apparaît par rapport au droit positif, il faut comparer cette nouvelle solution à celle retenue classiquement par le droit positif et déterminer laquelle doit être approuvée. La juridiction a-t-elle tranché dans un nouveau sens afin d'adapter la règle de droit à un contexte nouveau, pour mettre en avant l'inadaptation d'un texte, la nécessité d'une réforme, ou exposer une lacune de la loi ?

La date de la décision est essentielle et le commentaire peut également porter sur une décision ancienne. Dans ce cas, il est nécessaire de préciser si le droit positif a évolué depuis l'arrêt et il faut porter une appréciation globale sur l'évolution qui s'est produite.

Par conséquent, la décision peut être novatrice, contestataire, ou être classique mais consolidant le droit positif, annonciatrice d'une réforme ou d'une évolution, etc. Il faut prendre position en démontrant ses capacités d'analyse ainsi que son sens critique.

La phase d'analyse achevée, il s'agit maintenant de construire le commentaire d'arrêt.

C. La phase de construction

C'est la phase d'élaboration du plan qui doit permettre de présenter les divers intérêts de la décision de manière ordonnée et claire. Les grandes idées de la décision peuvent être utilisées pour bâtir le plan qui s'ordonnera selon les principaux axes de la décision. La motivation juridique de l'arrêt est en principe le meilleur élément pour construire un plan. Ainsi, le plan doit découler de la décision à commenter.

La forme du plan est en principe constituée de deux parties, chaque partie comportant deux sous-parties. Le point essentiel tranché par l'arrêt doit en principe être traité dans la seconde sous-partie de la première partie (IB), ou dans la première sous-partie de la seconde partie (II A), c'est-à-dire au cœur des développements.

Il n'existe pas de solution miracle ni de plan « passe-partout ». Le plan doit être adapté à l'arrêt mais peut néanmoins être classique, et refléter des oppositions telles que : notion-domaine, notion-régime, principe-exception, causes-conséquences, etc.

Si la décision se prête à un ordonnancement classique, les intitulés devront s'adapter à la décision et démontrer que le plan a bien été inspiré par l'arrêt, au besoin en utilisant des termes mentionnés dans l'arrêt.

Le plan idéal n'existe pas et plusieurs plans sont en général envisageables pour commenter une même décision. Le plan en trois parties n'est pas à bannir complètement mais n'est pas non plus forcément recommandé : tout dépend de la décision à commenter qui peut se prêter à de telles subdivisions, mais en pratique cela reste exceptionnel.

Une attention particulière sera portée aux intitulés des parties et des sous-parties. Les intitulés doivent en effet refléter le contenu des développements. Il est souhaitable d'adopter des formules concises qui ne constituent pas une phrase avec un verbe conjugué, et d'éviter des titres longs et imprécis. Les termes utilisés dans l'arrêt peuvent être utilisés.

Ce n'est qu'une fois le plan élaboré que la rédaction du commentaire peut être envisagée.

D. La phase de rédaction

1. Généralités

Une bonne rédaction suppose qu'un plan détaillé ait été préalablement établi.

Un soin doit être apporté à la forme du commentaire et le candidat doit veiller à la clarté de son commentaire. Les phrases simples et pas trop longues doivent être privilégiées. Il doit bien évidemment vérifier le style, l'orthographe et la grammaire. Une relecture est toujours utile et souhaitable une fois la rédaction du commentaire achevée.

2. L'introduction

Sa rédaction doit être réalisée avec soin car sa construction répond à plusieurs étapes précises.

La première phrase peut consister à présenter l'arrêt ou peut même poser le problème de droit, notamment sous une forme interrogative. Il s'agit d'identifier la décision commentée et de situer le domaine auquel elle se rapporte. Rapidement, l'intérêt du sujet ou son actualité peut être mise en exergue. La phrase d'attaque de l'introduction doit permettre une entrée en matière réussie car il faut retenir l'attention du correcteur.

L'introduction est ensuite constituée par la fiche d'arrêt et en reprend donc les diverses rubriques de manière successive.

Le résumé des faits sera exposé et concernera les faits utiles. La procédure est ensuite retracée.

S'agissant de l'argumentation des parties, elle pourra être reprise de manière complète au sein des développements et peut être exposée de manière plus succincte dans l'introduction. Le problème juridique est énoncé et consiste à préciser quel problème de droit la cour devait résoudre. La réponse apportée par la juridiction doit être rappelée de manière exhaustive.

L'introduction s'achève par l'annonce du plan et présente les deux parties principales. Les sous-parties seront ensuite annoncées dans le chapeau introductif de chaque partie : l'intitulé des parties principales est en effet suivi d'une phrase qui annonce la subdivision entre les sous-parties.

3. Le corps du commentaire

Afin d'éviter un commentaire trop théorique de la décision, il est utile d'opérer une confrontation permanente entre la décision et les éléments en cours de rédaction. Il s'agit en effet de ne pas oublier de commenter le texte. En outre, la rédaction doit être faite avec l'aide du Code du commerce.

L'intitulé de chaque partie est suivi d'un chapeau introductif qui annonce les sous-parties. Une transition est nécessaire entre les parties afin d'assurer la fluidité des développements.

Lorsque le candidat cite les passages clés de la décision, il faut veiller à l'utilisation des guillemets entourant les extraits de l'arrêt.

4. La fin du commentaire

Aucune conclusion n'est exigée, et elle doit être évitée si elle consiste à reprendre des éléments déjà affirmés dans les développements.

En revanche, il est possible d'achever le commentaire par une ouverture à des perspectives nouvelles se situant dans le prolongement de la décision, ou par un élargissement des propos à une problématique plus générale.

2 Méthodologie du cas pratique (CRFPA)

I. L'objet du cas pratique

Le cas pratique est un énoncé de faits bruts qui posent des problèmes auxquels il faut apporter des réponses précises. Cet exercice pratique est très proche de la consultation juridique de la pratique professionnelle, en particulier des consultations réalisées par les avocats.

La difficulté est de saisir et de bien cerner le ou les problèmes soulevés par les faits. Ces faits sont en effet présentés de manière désordonnée dans le cas et souvent également de manière imprécise. Or, une réponse pratique précise est attendue et doit être motivée sur le fondement du droit positif.

Le candidat doit démontrer des qualités d'analyse concrète de la situation : il doit avant tout découvrir par lui-même les difficultés juridiques contenues dans le cas pratique. Il doit ensuite sélectionner les connaissances juridiques nécessaires pour la résolution du cas et les appliquer de manière pertinente aux difficultés rencontrées. Le but est de proposer la solution la plus pertinente et la plus adaptée au regard du droit positif.

II. Les défauts à éviter

Voici les principaux écueils à éviter.

Effectuer une dissertation

Il ne faut pas transformer le cas pratique en dissertation juridique. Le candidat peut avoir la tentation, une fois les problèmes identifiés, de traiter les questions de manière théorique.

Traiter une question de cours

Le candidat peut s'éloigner du cas pratique en transformant l'exercice en question de cours.

Si les connaissances doivent être exposées pour résoudre le cas, elles doivent être appliquées au cas. Le but du cas pratique est de résoudre les difficultés en alternant les éléments théoriques de connaissance avec leur application pratique au cas.

Traiter le cas en modifiant les faits

Le cas pratique énonce des faits bruts qu'il est nécessaire de qualifier avant d'envisager leur régime juridique. Les éléments factuels proposés doivent être traités sans être dénaturés : ils ne doivent pas être modifiés et en cas d'imprécision ou si des éléments font défaut, ces manques ou ces lacunes doivent être traités en tant que tels. Aussi, il peut être nécessaire d'envisager plusieurs possibilités pour évoquer les diverses hypothèses.

Se contenter d'une réponse brève ou partielle

La résolution du cas pratique appelle une réponse claire et précise mais cette réponse doit être argumentée. Il ne s'agit pas de répondre à un questionnaire et de se contenter de réponses abruptes. Une réponse juste mais dépourvue de justification ne sera pas bien notée car la philosophie de cet exercice est de proposer des solutions explicitées et étayées par des règles juridiques. Le candidat doit construire une argumentation afin de démontrer en quoi la solution proposée est la bonne et n'est pas le fruit du hasard.

En outre, les difficultés doivent être discernées lors de la préparation du cas et il faut s'efforcer d'avoir une vision globale des questions suscitées par les faits proposés dans le cas. Trop souvent, le candidat ne traite qu'une partie des questions qui se posaient.

À l'inverse, le candidat ne peut apporter une réponse floue : l'exercice est caractérisé par sa technicité et implique une prise de position catégorique de la part du candidat.

Pour éviter ces écueils, il est nécessaire d'adopter une méthode de travail efficace.

II. Exposé de la méthode

L'exercice peut être divisé en plusieurs phases successives :
- la phase préparatoire ;
- la phase de résolution ;
- la phase de rédaction.

A. La phase préparatoire

1. La lecture du texte

La lecture doit être attentive et neutre au départ afin de ne pas écarter des éléments de faits et de ne pas parvenir trop rapidement à des conclusions hâtives. L'énoncé peut en effet comporter des éléments qui paraissent à première vue inutiles ou superflus. La tentation est alors d'écarter ces éléments mais leur intérêt peut se révéler plus tard.

Cette lecture neutre doit permettre de déterminer quelles sont les questions soulevées par les circonstances de fait du cas pratique. L'énoncé comporte souvent des faits superflus, des lacunes, voire des éléments destinés à désorienter le candidat. L'objectif est de parvenir à la bonne compréhension des faits, ce qui permet de sélectionner les faits utiles à la résolution du cas.

2. La détermination de la question de droit

Le cas pratique peut être rédigé de sorte que des questions précises soient posées au candidat. Il s'agit alors simplement de répondre à des questions successives et il n'y a aucune difficulté à identifier les problèmes. Lorsqu'une seule question large est posée ou que l'avis du candidat est demandé, il faut alors préalablement rechercher et mettre en évidence les questions soulevées par le cas pratique.

Pour cerner les notions juridiques qui sont en jeu, chaque élément de fait doit être analysé et qualifié d'un point de vue juridique. Ce travail de mise en évidence des questions de droit est essentiel pour délimiter les notions mises en cause dans le cas pratique. Il s'agit alors de formuler juridiquement les concepts en cause. Ce travail doit permettre d'aboutir à une formulation théorique du ou des problèmes juridiques à résoudre.

Après ce travail préparatoire, il est temps de passer à la résolution du cas pratique.

B. La phase de résolution

Un raisonnement déductif, appelé syllogisme, doit être utilisé. Cela consiste à se fonder sur les faits bruts de l'énoncé pour rechercher les règles de droit applicables, pour enfin déterminer si les conditions d'application de ces règles sont réunies dans les faits de l'espèce et aboutir à la solution. Dans le syllogisme, les données de fait constituent la mineure, la règle de droit applicable est la majeure, et la solution déduite de la confrontation de la règle de droit aux données de fait est la conclusion.

– La mineure aura été synthétisée lors du travail préparatoire.

– La majeure implique de déterminer quels sont les textes applicables, la jurisprudence et la position de la doctrine sur les questions à résoudre.

Il s'agit d'un travail de recensement des textes applicables, des positions jurisprudentielles et doctrinales sur les questions posées.

Lorsque des textes peuvent être invoqués, leur référence doit être précise et complète, et leur contenu doit être explicité. Les textes utilisés au soutien des solutions doivent être énoncés et si le candidat les cite, il faut veiller à l'utilisation des guillemets.

S'agissant de la jurisprudence, son évolution doit être retracée et les divergences ou les revirements doivent être exposés.

Si la problématique le justifie, la doctrine peut être utilisée afin de conforter le bien-fondé d'une règle ou d'une solution proposée.

– La conclusion découle de l'application des règles de droit retenues aux éléments factuels du cas.

C'est un travail d'adaptation du droit positif au cas pratique qu'il faut réaliser. Lorsqu'il existe de conditions d'application des règles invoquées, ces conditions doivent être vérifiées. En cas d'imprécision du cas pratique, des distinctions devront être opérées afin de prévoir toutes les possibilités. Les solutions proposées doivent être accompagnées d'un fondement juridique : la résolution du cas doit être circonstanciée, c'est-à-dire juridiquement justifiée.

Une solution doit être précisément proposée. La motivation de la solution proposée est fondamentale et constitue l'apport personnel le plus important du candidat : plus que la réponse elle-même apportée au cas pratique, cet exercice est l'occasion de démontrer ses qualités de raisonnement et d'argumentation. Il faut accepter qu'aucune réponse définitive ou catégorique ne puisse être donnée au cas pratique. En outre, plusieurs solutions sont peut-être envisageables. Dans ce cas, il faut toutes les envisager en indiquant si l'une d'entre elles semble plus adaptée au cas pratique.

La phase d'analyse achevée, il s'agit maintenant de rédiger le cas pratique.

C. La phase de rédaction

La construction du devoir pose une difficulté dans la mesure où cet exercice ne requiert pas une forme spécifique et il n'existe pas d'exigences précises quant à la construction du devoir.

En particulier, la construction du cas pratique ne suppose pas d'élaborer un plan avec des intitulés apparents. La fluidité des développements postule plutôt de structurer les réponses et de prévoir des transitions entre les paragraphes dédiés aux diverses questions.

Selon la forme du cas pratique, il peut y avoir plusieurs questions et il faut alors y répondre dans l'ordre dans lequel elles sont posées. L'exposé peut alors être constitué de paragraphes distincts consacrés aux diverses questions posées. Les questions peuvent même parfois être numérotées, ce qui simplifie l'ordonnancement des réponses.

Dans le cas où il y a une seule question large, il importe que les développements soient clairs et que l'argumentation soit structurée. Sans que des divisions apparentes soient nécessaires, il est possible de sauter des lignes entre divers aspects de l'exposé pour bien signifier au correcteur le changement d'idée ou de notion. Ce qui compte est que les développements soient clairs et ordonnés.

L'adoption d'un plan n'est pas nécessairement à proscrire dès lors qu'il s'inscrit naturellement dans la résolution du cas. Toutefois, un plan binaire apparaît souvent artificiel dans les cas pratiques car les éléments sont imbriqués les uns dans les autres et se prêtent difficilement à un traitement dissocié.

L'absence de formalisme se retrouve aussi s'agissant du début du cas. Ainsi, le cas pratique ne débutera pas par une introduction à l'image de celle d'un commentaire d'arrêt, mais par une introduction courte constituée de quelques phrases introductives, voire d'une seule phrase.

Il est possible de débuter en faisant une présentation générale du cas. Une phrase d'entrée en matière permet ainsi de ne pas débuter brutalement par la réponse aux questions posées.

Il est inutile de reprendre les faits indiqués dans le cas pratique, même si les candidats sont souvent tentés de le faire. Un résumé rapide est suffisant et doit concerner les seuls faits utiles à la résolution du cas.

La qualification des faits conduit ensuite à l'énoncé des problèmes juridiques et indique l'objet du cas pratique. Il faut veiller enfin à annoncer l'ordre des développements et l'organisation qui a été adoptée le cas échéant.

Les problèmes posés peuvent être résolus successivement et le candidat doit présenter les arguments de droit et de fait qu'il applique au cas. Il faut détailler l'argumentation et la longueur des réponses apportées peut varier selon la difficulté soulevée. Aucun équilibre n'a à être respecté s'agissant de la longueur des réponses apportées aux différentes questions. Le barème de correction prend en considération la difficulté des questions.

L'argumentation proposée doit être progressive et démontrer les capacités d'analyse du candidat : le correcteur doit être convaincu par la démarche suivie qui aboutit logiquement à la solution proposée.

Il est en revanche important de conclure le cas pratique afin de synthétiser l'avis donné sur les questions du cas pratique.

Les impératifs habituels se retrouvent s'agissant de la forme de l'exercice. Le cas doit pouvoir être compris par un lecteur non-juriste. Autant dire qu'il faudra veiller à énoncer clairement les questions, à les expliciter et à présenter les règles applicables. Un effort de démonstration et d'argumentation est essentiel, la solution proposée devant découler de manière évidente des règles exposées. La solution sera formulée à l'indicatif pour affirmer le caractère catégorique et non hypothétique de la proposition du candidat. Les formules au conditionnel ou faisant état d'une condition sont donc à éviter.

Il faut veiller à ce que le style des développements soit impersonnel et éviter d'adopter le « *je* », mais plutôt le « *on* ». Il est possible de désigner les parties sous un vocable neutre afin de clarifier l'exposé.

La relecture est toujours conseillée afin de corriger d'éventuelles fautes d'orthographe ainsi que d'autres erreurs.

3 Méthodologie de l'exposé oral (CRFPA et ENM)

I. L'objet de l'épreuve orale

Cet exercice consiste à traiter un sujet théorique sur une question précise. Le candidat doit exposer l'ensemble de ses connaissances juridiques relatives à cette question. Cependant, il ne suffit pas d'avoir des connaissances, encore faut-il les organiser de manière cohérente et claire.

L'exposé oral est en quelque sorte le pendant oral de la dissertation écrite. Au regard du temps court imparti, l'objectif est de démontrer à l'examinateur une maîtrise du sujet proposé en faisant preuve d'une rigueur méthodologique.

La très courte préparation doit permettre de présenter clairement le sujet de la manière la plus exhaustive possible. Selon les sujets, la recherche d'une problématique est possible.

II. Exposés proposés

- Le règlement des litiges entre commerçants
- Le conjoint du commerçant participant à l'activité commerciale dans l'entreprise familiale
- Les caractéristiques actuelles de la clientèle du fonds de commerce
- La cession du bail commercial
- La protection du consentement de l'acquéreur du fonds de commerce
- Le rôle probatoire du registre du commerce et des sociétés à l'égard du commerçant
- Le fonctionnement du groupement d'intérêt économique
- La cession des actions par les associés d'une société anonyme fermée
- La situation du porteur au regard du droit cambiaire en cas de non-paiement de la lettre de change
- La procédure de conciliation

III. Les défauts à éviter

Voici les principaux écueils à éviter.

Le manque de concision

L'épreuve est de courte durée et suppose des qualités de synthèse de la part du candidat. Lors de la préparation, seules les idées doivent être écrites. À l'oral, il ne faut pas parler trop rapidement dans le souci d'exposer un maximum d'éléments. Les examinateurs auront le loisir après l'exposé de poser des questions au candidat afin d'approfondir certains aspects de l'exposé et du sujet.

L'absence de calibrage de l'exposé

La durée de l'épreuve doit être intégrée par le candidat afin qu'il arrive à la respecter.

Il faut veiller à ne pas être trop rapide, car si le candidat achève son exposé bien avant le temps imparti, cela démontre que l'épreuve est ratée. Mais il faut également veiller à ne pas être trop long au risque d'être coupé par les examinateurs.

Le minutage peut être surveillé par le candidat grâce à une montre qui sera posée au début de l'épreuve devant le candidat. Le temps peut également être géré grâce aux pages écrites dont le nombre correspond à un temps pour chaque candidat. Cela suppose de s'entraîner avant l'épreuve et de déterminer le temps nécessaire à l'exposé d'éléments contenus sur une feuille. Ainsi, le candidat détermine une équivalence entre une page écrite et le temps de parole nécessaire pour l'exposer.

L'absence de structure de l'exposé

La présentation est un point essentiel de l'exercice qui ne doit pas être improvisé. Un effort est nécessaire pour organiser les éléments qui vont être exposés lors de la présentation orale afin d'éviter les hésitations ou les confusions devant les examinateurs.

IV. Exposé de la méthode

L'exercice peut être divisé en plusieurs phases successives :
- la phase préparatoire ;
- la phase de construction ;
- la présentation orale.

A. La phase préparatoire

Le candidat doit faire l'inventaire des notions et des questions soulevées par le sujet. Il faut recenser les éléments du droit positif qui se rapportent au sujet, au regard de la loi, de la jurisprudence et de la doctrine. Cette préparation s'apparente à celle existant pour une épreuve écrite mais elle doit être réalisée dans un temps plus court de préparation et avec la finalité spécifique d'être présentée oralement.

La phase de recensement et d'analyse achevée, il s'agit maintenant de construire les développements.

B. La phase de construction

L'élaboration du plan permettra de présenter clairement les développements à l'oral. Il doit s'agir d'un plan simple, qui ne peut comporter que deux parties, les développements internes n'ayant qu'à être structurés. Il suffit de bien distinguer les axes des subdivisions sans les formaliser au moyen d'intitulés. Dans les sujets corrigés d'exposés oraux, un plan détaillé classique est néanmoins proposé, car des corrections exhaustives ont été privilégiées à l'attention du lecteur. Les conditions réelles de l'exposé oral ne permettent pas une telle exhaustivité.

Les intitulés des parties doivent être soignés car ils doivent être annoncés à l'oral avant de développer les éléments subséquents.

Un soin particulier sera apporté à l'introduction qui représente en principe le quart de l'exposé. C'est en effet la première impression que le candidat va donner à son auditoire. En outre, l'introduction dévoile rapidement si le candidat a ou non la maîtrise du sujet. L'introduction doit permettre de capter et de conserver l'attention des examinateurs.

S'agissant de sa composition, l'introduction doit définir le sujet, en dégager les intérêts pratiques et théoriques, et en retracer l'évolution en droit positif. Une problématique peut être dégagée si le sujet s'y prête. De la problématique ou des idées essentielles du sujet découle logiquement le plan qui sera annoncé à la fin de l'introduction.

Ce n'est qu'une fois le plan élaboré qu'une ébauche de rédaction peut être envisagée. Le temps de préparation ne permet pas de rédiger entièrement l'exposé, ce qui n'est d'ailleurs pas souhaitable. Cependant, il peut paraître sécurisant à certains de disposer d'un support écrit exhaustif. Pourtant, outre le temps perdu à cette rédaction, le candidat a souvent tendance à trop lire ses notes lorsqu'il rédige ses développements. La rédaction de l'introduction, du plan et des idées essentielles est suffisante.

Aucune conclusion n'est exigée, et elle doit être évitée si elle consiste à reprendre des éléments déjà affirmés. Une ouverture à de nouvelles perspectives liées au sujet ou à une problématique plus générale peut permettre de clore l'exposé.

C. La présentation orale

Le candidat doit veiller à ne pas lire ni réciter son support écrit et à rendre son exposé vivant.

La forme de l'exposé est très importante et le candidat doit veiller à la clarté de ses propos.

Des phrases simples sont indispensables à l'oral, et une attention particulière sera portée au style qui ne doit pas être familier. Le candidat doit ménager des silences entre les parties ou pour changer d'idées et il ne doit pas parler trop vite. Le plan doit en effet apparaître clairement au jury, et les propos doivent pouvoir être suivis sans difficulté.

Afin d'éviter un exposé monotone, le candidat doit moduler le rythme de sa diction, et changer de ton pour attirer l'attention des examinateurs. Des questions peuvent être posées oralement afin de créer une rupture dans le ton de l'exposé.

Le candidat doit faire preuve de conviction et regarder son auditoire sans montrer des signes de nervosité.

Partie

III

La mise en œuvre des exercices juridiques en droit commercial et des affaires

Thème I Les actes de commerce

Bibliographie

C. Brenner, « La prescription commerciale », in *Le Code de commerce 1807-2007, Livre du bicentenaire*, Université Panthéon-Assas (Paris II), Dalloz 2007, p. 501.

J. Calais-Auloy, « Grandeur et décadence de l'article 632 du Code de commerce », in *Études à la mémoire de H. Cabrillac*, Litec 1968, p. 37.

F. Dekeuwer-Défossez, « Tendances contemporaines du formalisme en droit commercial », *Mélanges C. Freyria*, Ester 1994, p. 53.

B. Dondero, « Présomption de solidarité en matière commerciale : une rigueur à modérer », *D.* 2009, chron. p. 1097.

T. Dubaele, « Acte de commerce », *Rép. com.* Dalloz 2000.

A. Pirovano, « L'ambiguïté des actes de commerce par la forme », *D.* 1976, 249.

J. Vallansan, « Actes de commerce », *J.-Cl. commercial*, Fasc. 40, 2000 ; « Compétence des tribunaux de commerce », *J.-Cl. commercial*, Fasc. 37, 2001.

Rappel de cours

Le Code de commerce ne donne pas de définition de l'acte de commerce. Il n'existe que des énumérations légales d'actes qui sont qualifiés d'actes commerciaux (art. L. 110-1 et L. 110-2). La liste fournie par le Code de commerce ne permet pas une identification aisée des actes de commerce : outre le caractère incomplet de la liste dont la rédaction est désuète, il n'existe aucune vision globale et synthétique de l'acte de commerce. Il est pourtant très important d'identifier les actes de commerce, car leur régime juridique est largement spécifique.

I. Présentation des divers actes de commerce

Une classification a été réalisée par la doctrine qui a classé les actes de commerce en trois catégories : doivent être distingués les actes de commerce par nature, les actes de commerce par la forme, et les actes de commerce par accessoire. A ces actes de commerce *stricto sensu* doit être ajoutée la catégorie des actes mixtes.

Les actes de commerce par nature sont les actes dont la commercialité est naturelle, le plus répandu étant l'achat pour revendre. Les actes de commerce par la forme sont ainsi qualifiés en raison de leur forme et quel qu'en soit l'auteur. Enfin, les actes de commerce par accessoire représentent des actes qui deviennent commerciaux en raison de la qualité commerçante de l'auteur de l'acte ou de l'objet purement commercial de l'acte.

Les actes de commerce par nature sont énumérés notamment par l'article L. 110-1 du Code de commerce, et cet article impose pour certains actes qu'ils soient réalisés en entreprise, les autres étant dépourvus de cette référence et apparaissant sous forme d'acte ou d'opération. Ainsi est-il possible d'opérer une distinction entre les actes de commerce par nature accomplis à titre isolé sans référence à l'entreprise et ceux qui doivent être réalisés en entreprise, le point commun restant la volonté spéculative de l'auteur de l'acte.

Sont par exemple des actes à titre isolé l'achat pour revendre de biens meubles ou de biens immobiliers. L'acte de commerce suppose tout d'abord un achat préalable du bien, et cette exigence permet d'exclure de la commercialité des activités qui n'impliquent pas un achat préalable à la vente telle l'activité agricole. L'acte de commerce suppose ensuite la revente du bien avec ou sans transformation de la part du commerçant, ou du moins l'intention de revendre avec une intention spéculative. Constituent également des actes de commerce par nature à titre isolé les opérations de banque, les assurances et la bourse, ou encore le courtage.

Sont par ailleurs des actes réalisés en entreprise les actes nécessitant une organisation professionnelle, telle l'entreprise de manufacture, de transport par terre ou par eau.

Les actes de commerce par la forme concernent les actes de commerce entre toutes personnes, comme les lettres de change. La seule forme de l'acte guide sa qualification et tout autre critère est indifférent. La lettre de change et les sociétés commerciales sont donc des actes de commerce par la détermination de la loi (sur les instruments de paiement et de crédit, voir *infra* Thème 9). S'agissant de la lettre de change, cette commercialité systématique, quelle que soit la nature civile ou commerciale de la créance, serait justifiée par la pratique historique de la lettre de change qui fut le fait des commerçants. Une autre justification résiderait dans la volonté d'unifier le régime juridique des divers signataires de la lettre de change. Selon l'alinéa 2 de l'article L. 210-1 du Code de commerce, « *sont commerciales à raison de leur forme et quel que soit leur objet, les sociétés en nom collectif, les sociétés en commandite simple, les sociétés à responsabilité limitée et les sociétés par actions* ». Ces sociétés sont toujours commerciales y compris en cas d'activité civile.

Par ailleurs, les actes de commerce peuvent l'être par application de la théorie de l'accessoire. Parce l'accessoire suit le principal, un acte civil peut devenir commercial en raison de son objectif purement commercial. Sont visées trois hypothèses au titre de l'accessoire objectif : la cession du fonds de commerce, la cession de blocs de contrôle, et le cautionnement. Alors que ces actes peuvent revêtir une nature civile, la jurisprudence considère que le rattachement de l'opération à un acte purement commercial influe sur la qualification de l'acte. Par ailleurs, la théorie de l'accessoire peut être appliquée de manière subjective, en raison de la qualité de l'auteur de l'acte. Le commerçant peut accomplir des actes civils pour son exploitation : la théorie de l'accessoire subjectif permet alors de qualifier les actes de commerciaux et ainsi de soumettre toutes les opérations réalisées par le commerçant à un régime uniforme.

Enfin, l'acte mixte est celui qui a une nature civile pour une partie et une nature commerciale pour l'autre. Cette nature duale engendre un régime spécifique.

II. Le régime des actes de commerce et des actes mixtes

La qualification d'acte de commerce emporte un régime particulier et disparate visant à faciliter les opérations commerciales et à sécuriser les transactions commerciales.

La conclusion d'actes de commerce suppose la capacité juridique : les mineurs ne peuvent accomplir des actes de commerce sauf à titre isolé, et la situation des majeurs incapables pose également des difficultés qui sont envisagées par le Code civil selon le type d'incapacité.

En vertu de l'article L. 110-3 du Code de commerce, les actes de commerce se prouvent par tous moyens à moins qu'il n'en soit disposé autrement par la loi. La preuve rapportée loyalement peut être opposée à un commerçant quelle qu'elle soit et quel que soit le montant de l'acte.

Le régime de responsabilité des commerçants est en revanche sévère. En effet, l'exécution des actes de commerce est soumise au principe de solidarité. Cette solidarité est présumée entre commerçants en tant qu'usage de droit, et elle s'impose aux commerçants en l'absence de stipulation contraire. Contrairement au droit civil (art. 1 202 C. civ.), la solidarité passive est présumée dans les contrats dans lesquels il existe plusieurs débiteurs commerçants de la dette, et le créancier peut s'adresser à l'un des codébiteurs afin de lui réclamer l'intégralité de la dette : l'insolvabilité éventuelle de l'un d'entre eux est alors garantie par les autres codébiteurs.

L'anatocisme est possible dans des conditions beaucoup plus souples qu'en droit civil (art. 1 154 C. civ.) : la capitalisation des intérêts qui consiste à faire produire des intérêts aux intérêts peut notamment intervenir lorsque les intérêts sont dus pour moins d'une année.

La prescription extinctive des actes de commerce est désormais de cinq ans (art. L. 110-4 C. co.), comme en droit civil. La prescription plus courte est maintenue et élargie puisque désormais l'action des professionnels, pour les biens ou services qu'ils fournissent aux consommateurs, se prescrit par deux ans (art. L.137-2 C. conso).

L'inexécution du contrat peut conduire à des mesures originales en droit commercial : la résolution judiciaire peut parfois laisser place à d'autres mesures comme la réfaction du contrat par le juge. Par cette réfaction, il s'agit de maintenir le contrat en cas d'inexécution partielle du contrat moyennant la réduction du prix prévue par les parties. Par ailleurs, l'acheteur dispose de la faculté de remplacement lorsqu'il n'a pas été livré des choses de genre par son fournisseur. Il peut alors se fournir auprès d'un autre fournisseur aux frais du fournisseur défaillant dans les conditions du contrat.

Les litiges relatifs aux actes de commerce relèvent en principe de la juridiction commerciale.

L'acte mixte est soumis à un régime distributif des règles civiles et commerciales : le droit commercial est appliqué à l'égard de la partie pour laquelle l'acte a un caractère commercial, et les règles civiles à la partie pour laquelle l'acte a un caractère civil. Par exception, le contrat se verra appliquer exclusivement une catégorie de règle civile ou commerciale. C'est par exemple le cas du droit de la consommation qui régit l'acte mixte et s'impose aux parties.

La qualification des actes de commerce est donc importante d'autant plus que de l'accomplissement d'actes de commerce à titre de profession habituelle confère la qualité de commerçant.

Exercice 1. Commentaire d'arrêt

Sujet

Cour de cassation
Chambre commerciale
Audience publique du mercredi 7 avril 2004
N° de pourvoi : 02-12954
Non publié au Bulletin
Rejet

Président : M. TRICOT

RÉPUBLIQUE FRANÇAISE
AU NOM DU PEUPLE FRANÇAIS

Sur le moyen unique, pris en ses trois branches :

Attendu, selon l'arrêt confirmatif déféré, rendu sur contredit (Nîmes, 10 janvier 2002), que la Caisse régionale de Crédit agricole mutuel de Vaucluse, Bouches-du-Rhône et Hautes Alpes (la Caisse), aux droits de laquelle est venue la Caisse Alpes Provence, a consenti plusieurs crédits à la société Serrurier marnais (la société), garantis par le cautionnement de M.M.. Jean-Paul et Michel X… ; que la société ayant été mise en redressement puis liquidation judiciaire, la Caisse a assigné les cautions en exécution de leurs engagements ;

Attendu que M.M.. Jean-Paul et Michel X… reprochent à l'arrêt de les avoir déboutés de leur contredit et d'avoir retenu la compétence du tribunal d'instance d'Avignon pour connaître des demandes formées par la Caisse, alors, selon le moyen :

1° que le cautionnement, qui est par nature un acte civil, ne devient commercial que s'il est consenti par un commerçant pour les besoins de son commerce ; que si l'on peut admettre que le cautionnement consenti par le dirigeant d'une société commerciale est de nature commerciale, celui donné par un associé ne gérant pas la société demeure civil, sauf pour le créancier à rapporter la preuve de l'intérêt personnel, patrimonial et déterminant qu'avait cet associé à se porter caution de la personne morale ; qu'en retenant la compétence du tribunal de commerce pour le cautionnement donné par M. Jean-Paul X…, associé ne gérant pas la société cautionnée, au motif que la compétence des juridictions commerciales régie par l'article 631 du Code de commerce s'étend à la caution qui, n'ayant pas la qualité de commerçant, a néanmoins un intérêt patrimonial personnel à la dette contractée par le débiteur commerçant et par elle cautionné, sans constater que la Caisse rapportait la preuve, lui incombant, de l'intérêt patrimonial personnel et déterminant de M. Jean-Paul X… à se porter caution de la société, la cour d'appel a violé les articles 1315 du Code civil et 631 du Code de commerce ;

2° que le jugement doit être motivé et que de simples affirmations ne peuvent satisfaire aux prescriptions de l'article 455 du nouveau Code de procédure civile ; qu'en énonçant pour retenir l'intérêt patrimonial personnel de M. Jean-Paul X… à la dette contractée par la société que celui-ci tirait ses revenus de l'activité de cette société sans même préciser quels étaient les éléments de preuve fournis par le créancier qui avaient fondé sa conviction sur ce point, la cour d'appel a violé les articles 455 et 458 du nouveau Code de procédure civile ;

3° que M.M.. Jean-Paul et Michel X… se prévalaient dans leur contredit du 21 septembre 2000 de la jurisprudence selon laquelle un associé égalitaire ne participant pas à la gestion de la société n'a pas, de facto, un intérêt personnel au paiement de la dette de la société pour en tirer la conclusion que, dès lors que M. Jean-Paul X… n'avait jamais participé à la gestion de la société cautionnée, dont il n'était que porteur de parts, il était bien fondé à décliner la compétence de la juridiction commerciale au profit de la juridiction civile ; qu'en retenant l'intérêt patrimonial personnel de M. Jean-Paul X… à la dette contractée par la société cautionnée aux motifs qu'il possédait avec son épouse la moitié du capital social et qu'il tirait ses revenus de l'activité de la société, sans s'expliquer sur le moyen pris de sa non-implication dans la gestion de ladite société, la cour d'appel a violé les articles 455 et 458 du nouveau Code de procédure civile ;

Mais attendu qu'après avoir relevé, par des motifs propres et adoptés non critiqués, que M. Michel X… détenait avec son épouse 50 % des parts sociales de la société et qu'il exerçait la responsabilité de gérant lors de la souscription de l'acte d'engagement, l'arrêt retient qu'il ressort des statuts de la société que M. Jean-Paul X… était associé de la société à concurrence de 70 parts sur 300 composant le capital social et que son épouse possédait de son côté 80 parts, que la société était une société familiale dont la totalité des parts était détenue par les deux frères X… et leurs épouses, et que M. Jean-Paul X… tirait ses revenus de l'activité de la société ; qu'en l'état de ces constatations, la cour d'appel, qui a déduit de la qualité d'associé, en l'absence de toute indication de la part de M. Jean-Paul X… dans le contredit sur l'origine de ses revenus, que ceux-ci provenaient de la société, et qui a, sans inverser la charge de la preuve, apprécié souverainement l'intérêt patrimonial personnel de M.M.. Jean-Paul et Michel X… à se porter cautions des dettes de la société, a légalement justifié sa décision ; que le moyen n'est fondé en aucune de ses branches ;

PAR CES MOTIFS :

REJETTE le pourvoi.

Conseils pour aborder le sujet

L'arrêt porte sur une question classique que le candidat doit maîtriser. La difficulté réside dans le traitement de ce cautionnement passé par un dirigeant : l'analyse devra être la plus claire possible, et la technicité du sujet impose des développements fluides.

Suggestion de correction

Introduction

Longtemps resté un service personnel et gratuit rendu par la caution à un proche, le cautionnement est aujourd'hui devenu un instrument essentiel de la vie des affaires. Les banques exigent fréquemment un cautionnement afin de garantir le crédit qu'elles proposent à un commerçant ou une société, comme ce fut le cas de la Caisse qui a consenti plusieurs crédits à la Société garantis par le cautionnement de deux cautions. Ce sont deux frères associés de la Société qui se sont portés cautions des engagements bancaires pris par la société alors que l'un d'eux était gérant. La société a été ensuite mise en liquidation judiciaire et la Caisse a assigné les cautions en exécution de leurs engagements. Les cautions reprochent à l'arrêt de les avoir débouté de leur contredit en retenant la compétence du tribunal d'instance d'Avignon : elles ont formé un pourvoi et contestent la compétence retenue par les juges du fond.

Selon le pourvoi, le cautionnement est un acte par nature civil et le cautionnement consenti par un associé ne gérant pas la société demeure civil. C'est ainsi au créancier de prouver l'intérêt personnel patrimonial et déterminant qu'avait cet associé à se porter caution de la personne morale. Le pourvoi considère que la cour d'appel a violé les articles 1315 du Code civil et 631 du Code de commerce en retenant la compétence du tribunal de commerce pour le cautionnement donné par l'associé ne gérant pas la société cautionnée. En effet, la cour d'appel a retenu que la compétence des juridictions commerciales s'étend à la caution qui n'ayant pas la qualité de commerçant a néanmoins un intérêt patrimonial personnel à la dette contractée par le débiteur commerçant et par elle cautionnée. Mais pour cela, le pourvoi constate que la cour d'appel n'a fait que constater sans rapporter la preuve de l'intérêt patrimonial personnel et déterminant de l'associé non gérant à se porter caution de la société.

Par ailleurs, la cour d'appel a simplement énoncé que cet associé non-gérant tirait ses revenus de l'activité de cette société sans préciser les éléments de preuve fournis par le créancier. Elle a déduit de cette énonciation l'intérêt personnel patrimonial de l'associé à la dette contractée par la société et aurait ainsi violé les articles 455 et 458 du nouveau Code de procédure civile.

Enfin, les cautions se prévalaient dans leur contredit de la jurisprudence selon laquelle un associé égalitaire ne participant pas à la gestion de la société n'a pas, *de facto*, un intérêt personnel au paiement de la dette de la société. Par conséquent, l'associé non-gérant qui n'avait jamais participé à la gestion de la société cautionnée pouvait revendiquer la compétence de la juridiction civile.

Ainsi, la cour d'appel aurait violé les articles 455 et 458 du nouveau Code de procédure civile en retenant l'intérêt personnel patrimonial de cet associé aux motifs qu'il possédait avec son épouse la moitié du capital social et qu'il tirait ses revenus de l'activité de la société, sans s'expliquer sur le moyen pris de sa non-implication dans la gestion de la société.

Le pourvoi est rejeté par la Cour de cassation qui devait déterminer la nature juridique du cautionnement donné par un associé non dirigeant ni majoritaire. Or, cette nature juridique dépend de l'appréciation de l'intérêt personnel patrimonial de la caution non-commerçante à l'opération cautionnée. La solution de l'arrêt est intéressante au regard de l'appréciation faite de la notion d'intérêt patrimonial personnel : l'appréciation repose sur une détermination simplifiée de cet intérêt qui n'est pas véritablement démontré.

La cour d'appel a retenu que la société était une société familiale dont la totalité des parts était détenue par les deux frères et leurs épouses, et qu'en outre, l'associé non-gérant tirait ses revenus de l'activité de la société. La Cour de cassation considère que la cour d'appel a légalement justifié sa décision car elle a déduit de la qualité d'associé que les revenus de l'associé non-gérant provenaient de la société, en l'absence de toute indication de la part de cet associé sur l'origine de ses revenus. La Cour de cassation retient que la cour d'appel a apprécié souverainement l'intérêt personnel patrimonial des deux frères à se porter cautions des dettes de la société, sans inverser la charge de la preuve.

Cette décision apporte des précisions sur les modalités de détermination de la nature juridique du cautionnement donné par un associé (I), ce qui permet d'en déduire le régime juridique de cet acte (II).

I. La détermination délicate de la nature juridique du cautionnement

Le cautionnement peut devenir commercial dans certains cas (A-), ce qui suppose en l'espèce de caractériser l'intérêt patrimonial personnel de la caution (B-).

A. Un cautionnement commercial par exception

1. La qualification du cautionnement consenti par une personne civile : entre principe et exceptions

Selon l'article 2288 du Code civil, « *celui qui se rend caution d'une obligation se soumet envers le créancier à satisfaire à cette obligation, si le débiteur n'y satisfait pas lui-même* ». Le cautionnement est une sûreté consentie en l'espèce en garantie de dettes commerciales d'une société par une personne qui y a un intérêt. Par principe, le cautionnement reçoit une qualification civile. En effet, le cautionnement est par nature un acte civil, car il est conçu comme un acte donné à titre gratuit, comme un service rendu entre amis. Mais ce caractère civil est fréquemment exclu en pratique.

Une qualification commerciale s'impose dans des cas particuliers : en vertu des critères classiques de la commercialité, le cautionnement devient commercial lorsqu'il est consenti par un commerçant pour les besoins de son commerce (acte de commerce par accessoire), par une banque dans le cadre de son activité de crédit (acte de commerce par nature), ou encore sous forme d'aval d'une lettre de change, ce qui constitue une forme cambiaire du cautionnement (acte de commerce par la forme).

Lorsque le cautionnement est donné par une personne qui a un intérêt patrimonial personnel dans l'opération cautionnée, la jurisprudence qualifie ce cautionnement de commercial.

2. La notion jurisprudentielle d'intérêt patrimonial personnel

La jurisprudence qualifie d'intéressé le cautionnement dès que la caution a un intérêt personnel direct et déterminant de nature patrimoniale dans l'affaire à l'occasion de laquelle elle est intervenue.

L'intérêt patrimonial personnel réside dans un avantage matériel retiré de l'opération, soit par un enrichissement lié à l'activité sociale, soit par une diminution de pertes. La société ayant été mise en liquidation judiciaire, l'intérêt patrimonial personnel pourrait consister dans le fait d'éviter une perte résultant de la procédure collective.

Le pourvoi mettait en avant le fait que la caution n'avait jamais participé à la gestion de la société. Cet argument n'emporte pas la conviction, car la qualité de simple associé non-dirigeant n'exclut pas l'existence d'un lien patrimonial de la caution à l'opération cautionnée. Toutefois, cette simple qualité d'associé ne rend pas automatiquement le cautionnement de nature commerciale. Cette qualité doit en principe être confortée par d'autres éléments. Ainsi, si cet intérêt est largement présumé lorsque la caution est un dirigeant de la société cautionnée ou un associé majoritaire, cet intérêt doit être démontré à l'égard des autres cautions non dirigeantes de la société et notamment en présence de simples associés ou actionnaires.

Ainsi, les juges du fond devaient caractériser l'intérêt patrimonial personnel de caution.

B. L'appréciation simplifiée de l'intérêt patrimonial personnel comme critère du cautionnement commercial

1. L'appréciation globale de la détention des parts dans une société familiale

La qualité d'associé de la caution est appréciée au regard de l'importance des parts sociales détenues. Traditionnellement, les parts détenues par des associés ayant des liens familiaux ne sont pas additionnées entre elles, les personnes ayant des intérêts distincts : c'est l'intérêt personnel patrimonial de la caution dans l'entreprise financée qui doit être déterminé. Ainsi, le cautionnement litigieux a été consenti par un associé qui détenait à titre personnel 70 parts sociales sur 300 que compte le capital social de la société. Par conséquent, une appréciation strictement personnelle conduit à la qualification d'associé minoritaire pour cette personne. Une analyse classique des juges du fond consiste néanmoins à prendre en considération les titres détenus par l'épouse de la caution. En retenant une telle analyse, la caution devient associé égalitaire. Cependant, la détention à égalité de parts sociales avec un frère ne suffit pas nécessairement à caractériser un tel intérêt en l'absence de participation à la gestion de l'activité de la société. Ainsi, à défaut de gestion de l'entreprise, la caution, en tant qu'associé égalitaire, n'aurait pas dû être concernée par le critère de l'intérêt patrimonial personnel.

Mais les juges ont choisi de retenir une approche globale des parts détenues par la fratrie en faisant prévaloir les liens familiaux des associés de la société. C'est la convergence des intérêts patrimoniaux des frères et de leurs épouses qui permet de justifier cette prise en compte globale des parts sociales.

La détention de parts en fratrie permet de caractériser partiellement l'existence de l'intérêt patrimonial personnel. La détermination de cet intérêt est grandement facilitée par le caractère familial de la société cautionnée : en se fondant sur les statuts, la cour d'appel précise que la caution était associée dans une société dans laquelle elle détient avec son frère et leurs épouses la totalité des parts. En effet, l'autre associé détenait avec son épouse la moitié des parts sociales de la société et exerçait la responsabilité de gérant lors de la souscription de l'acte d'engagement. Or, l'associé non-gérant était associé à concurrence de 70 parts sur 300 et son épouse 80 parts.

Cette qualité d'associé « *familial* » va directement influer sur l'autre critère de caractérisation de l'intérêt patrimonial personnel. La solution est sévère pour les sociétés dont le capital est détenu par les membres d'une même famille. La composition étroitement familiale de l'actionnariat apparaît alors comme un indice quasi-déterminant d'un intérêt patrimonial personnel. Cet élément n'a plus qu'à être corroboré par un autre indice afin de caractériser le lien patrimonial avec la société.

2. La présomption de l'origine sociétaire des revenus de l'associé caution

Traditionnellement, la détention de titres doit être confortée par d'autres éléments pour établir l'intérêt patrimonial personnel. S'agissant d'une caution ayant la qualité d'associé, la jurisprudence retient en général le cumul de cette fonction avec une participation à la gestion de la société. À défaut de toute implication dans la société, l'élément retenu en l'espèce consiste dans le fait que les revenus de la caution proviendraient de la société.

L'apport de l'arrêt réside dans le fait de présumer cette origine des revenus de la caution. À partir de la qualité d'associé « *familial* », la cour d'appel présume que les revenus de la caution proviennent de la société, et caractérise ainsi l'intérêt patrimonial personnel de la caution. Par conséquent, l'intérêt patrimonial personnel est présumé à partir de la détention de parts et de l'absence de justification d'une origine étrangère des revenus à la société.

La Cour de cassation approuve ce renversement de la charge de la preuve opéré par la cour d'appel qui retient l'existence de l'intérêt patrimonial personnel par une motivation très concise qui ne précise pas la teneur effective de ce critère. Les éléments factuels ont sans doute été déterminants, et l'origine des revenus ne devait pas être équivoque pour que leur origine soit ainsi présumée.

Les modalités de détermination de l'intérêt patrimonial personnel apparaissent simplifiées dans cet arrêt, ce qui permet d'établir commodément le caractère commercial du cautionnement. Or la détermination de la nature commerciale du cautionnement a un intérêt pratique important.

II. Le régime spécifique du cautionnement commercial donné par un non-commerçant

Cet acte de commerce a été effectué par une personne n'ayant pas la qualité de commerçante. Il en résulte un régime hybride du cautionnement. Si l'enjeu de l'espèce résidait dans la détermination du tribunal compétent, il existe d'autres conséquences découlant du caractère commercial du cautionnement donné par cet associé.

A. La compétence de la juridiction commerciale

1. La compétence de principe

Un cautionnement consenti par une personne civile relève en principe de la juridiction civile. Les cautions faisaient valoir la compétence du tribunal d'instance. Les cautions ont sans doute en première instance soulevé une exception d'incompétence de la juridiction commerciale qui a été rejetée par les juges, avant de former un contredit devant la cour d'appel qui l'a également rejeté. Pour trancher la question relative à la compétence, il faut rappeler que si la juridiction civile est de droit commun et apparaît comme le juge naturel d'un litige impliquant une personne civile, cette compétence va en l'espèce être écartée au profit de la juridiction commerciale.

2. La compétence de la juridiction consulaire

En vertu de l'ancien article 631 du Code de commerce devenu L. 411-4 du Code de l'organisation judiciaire, le tribunal de commerce est compétent pour connaître des actes de commerce entre toutes personnes. Cette disposition énoncée en termes larges est appliquée par la jurisprudence aux contestations relatives aux actes de commerce isolés passés par des personnes qui n'ont pas la qualité de commerçant, et en particulier par les cautions non-commerçantes intéressées à l'activité de la société cautionnée.

Ainsi, dès lors que le cautionnement de l'associé non-gérant apparaît être de nature commerciale, la juridiction commerciale est compétente pour régler le litige, y compris lorsque des personnes civiles sont parties à l'acte de commerce. Par conséquent, la contestation de la compétence du tribunal de commerce, destinée sans doute à gagner du temps, ne peut être admise. L'affaire relève bien de la compétence du tribunal de commerce et ensuite des formations commerciales, notamment la chambre commerciale de la Cour de cassation.

Il en résulte que la caution non-commerçante est attraite devant la juridiction commerciale, mais ce n'est pas la seule conséquence en termes de régime juridique découlant de la nature commerciale de son cautionnement.

B. Les autres conséquences du cautionnement commercial

1. La preuve

Le cautionnement donné par un non-commerçant doit être prouvé selon les règles civiles de preuve. Le cautionnement est un contrat unilatéral par lequel une seule partie, la caution, s'engage envers l'autre, le créancier. Du caractère unilatéral du contrat découle la soumission de l'engagement de la caution non-commerçante à l'article 1326 du Code civil : le cautionnement doit être constaté dans un titre qui comporte, outre la signature de celui qui souscrit l'engagement, la mention écrite de sa main de la somme en toutes lettres et chiffres. Lorsque l'acte est incomplet, il peut constituer un commencement de preuve par écrit qui peut alors être complété par un élément extrinsèque (Cass. com. 18 mai 1999 : la qualité de dirigeant constitue un élément extrinsèque permettant de compléter l'acte de cautionnement).

En revanche, la preuve que rapporterait la caution à l'encontre de la banque pourrait se faire par tous moyens. En effet, l'article L. 110-3 du Code de commerce prévoit que les actes de commerce peuvent être prouvés par tout moyen à l'égard des commerçants. La preuve d'un acte de commerce n'est libre qu'à l'égard du commerçant, dès que l'acte de commerce est passé par le commerçant dans le cadre de son activité.

2. Les autres incidences

Le cautionnement commercial est donné de manière solidaire avec la société. Un cautionnement civil suppose en revanche que la solidarité doit être expressément stipulée.

Avant la réforme de la prescription par la loi du 17 juin 2008, l'engagement de la caution se prescrivait par un délai de 10 ans : la caution ne pouvait plus être poursuivie au-delà de ce délai à compter de la date d'exigibilité de la dette principale garantie. Depuis la réforme de la prescription, l'article L. 110-4 du Code de commerce précise que « *les obligations nées à l'occasion de leur commerce entre commerçants ou entre commerçants et non-commerçants se prescrivent par cinq ans si elles ne sont pas soumises à des prescriptions spéciales plus courtes* ». Ce délai de la prescription commerciale a été unifié avec celui de la prescription de droit commun, ce qui supprime désormais tout intérêt à cette prescription commerciale.

Si la solution de l'arrêt n'est pas innovante, le lien patrimonial de l'associé caution avec la société de type familial est largement présumé. Parce que la société est familiale, c'est à l'associé caution de prouver l'absence d'intérêt patrimonial s'il souhaite échapper à la qualification commerciale de son cautionnement. La solution est donc stricte en cas de détention de titres dans une société familiale.

Exercice 2. Cas pratique

Sujet

La SARL Sudexpertise dirigée par M. Durand a pour activité l'expertise comptable. La société vient de se doter d'un matériel informatique sophistiqué afin de faire face dans les meilleures conditions à une augmentation de son activité. Pourtant, ce nouveau matériel paralyse l'activité de la société. Aussi M. Durand demande-t-il au fournisseur informatique le remplacement du matériel et se voit opposer un refus de ce fournisseur. La SARL Sudexpertise envisage une action judiciaire et souhaite connaître quelle sera la juridiction compétente. Par ailleurs, la SARL prévoit de s'installer dans de nouveaux locaux commerciaux plus spacieux et s'interroge sur le régime applicable à ce contrat de bail.

L'épouse de M. Durand est salariée dans une entreprise et elle a prêté de l'argent à une amie dont le commerce de vêtements connaissait des difficultés. Cette amie s'était adressée en vain à plusieurs établissements bancaires qui ont refusé de lui accorder un emprunt. Mme Durand a accepté de lui prêter 5 000 euros, la somme devant être remboursée dans l'année. L'opération a été rédigée à la hâte au dos d'un carton d'invitation à une exposition à laquelle elles s'étaient rendues ensemble. Sur ce papier figurent plusieurs indications : le nom des deux femmes, leurs signatures, leurs domiciles toulousains, le montant du prêt et son objet professionnel, et une disposition selon laquelle tout litige sera tranché par le tribunal de commerce de Toulouse.

Mme Durand est très inquiète car elle s'est fâchée avec son amie et souhaite savoir si elle pourra obtenir paiement de sa créance sur le fondement de ce carton d'invitation et quelle sera le tribunal compétent.

Conseils pour aborder le sujet

La difficulté réside dans la qualification des actes proposés. Il faut savoir si l'on est en présence d'actes de commerce ou d'actes civils. Les deux premières questions sont liées à la situation de la SARL, alors que la dernière question est distincte et appelle bien sûr un traitement différent. Il s'agit de préciser le champ d'application des actes de commerce, ce qui suppose de bonnes connaissances sur la loi et sur la jurisprudence afin de présenter aussi clairement que possible les éléments de réponse.

Suggestion de correction

I. Reconnaissance de la qualité de commerçant

La détermination de la juridiction compétente ainsi que celle du régime applicable au contrat de bail suppose préalablement de déterminer la qualité juridique de la société.

A. Commercialité par la forme

L'énoncé précise que la SARL Sudexpertise a pour activité l'expertise comptable.

La nature juridique peut être déterminée en fonction de deux éléments que sont l'objet ou la forme de la société. En effet, selon l'article L. 210-1 du Code de commerce, « *le caractère commercial d'une société est déterminé par sa forme et son objet* ».

Or, l'alinéa 2 de cet article prévoit que « *sont commerciales à raison de leur forme et quel que soit leur objet, les sociétés en nom collectif, les sociétés en commandite simple, les sociétés à responsabilité limitée et les sociétés par actions* ». La loi considère autoritairement que ces catégories de sociétés sont commerçantes sans qu'il soit nécessaire d'analyser la nature juridique des actes qu'elles accomplissent. Le choix d'une de ces formes juridiques conduit à reconnaître à la personne morale la qualité de commerçante. Par conséquent, la SARL Sudexpertise est une société commerciale. Pour autant, il est nécessaire d'analyser la nature juridique de son activité.

B. Un objet social de nature civile

Une société commerciale par la forme a le plus souvent une activité commerciale mais il est possible que cette activité soit civile. L'expertise comptable constitue une profession libérale car elle repose sur un travail intellectuel caractérisé par le fait que le client est avant tout attiré par les qualités de la personne. Il s'agit donc d'une activité civile par nature. En conséquence, il s'agit d'une société d'exercice libéral ayant une forme commerciale. La forme commerciale choisie est celle de la SARL, et on désigne cette catégorie de sociétés comme des sociétés d'exercice libéral à responsabilité limitée (SELARL).

L'objet civil de l'activité n'a pas d'influence sur la qualité de la société qui demeure commerciale, et de manière large les règles du droit commercial lui sont applicables. Cependant, il existe à certains égards un particularisme du régime juridique des actes passés par cette société en raison de cette contradiction entre la forme commerciale et l'objet civil de la société.

II. Conséquences quant au régime juridique de l'acte

A. La fourniture de matériel

S'agissant tout d'abord du matériel informatique qui paraît ne pas fonctionner correctement, la SARL Sudexpertise envisage d'engager une action judiciaire contre son fournisseur et il est nécessaire de déterminer la juridiction compétente.

Pour déterminer cette compétence, il faut connaître la qualité des parties au litige et la nature de l'acte en cause. En effet, l'article L. 721-3 du Code de commerce prévoit trois chefs de compétence pour le Tribunal de commerce : la compétence de la juridiction consulaire est ainsi retenue s'agissant des contestations relatives aux engagements entre commerçants, entre établissements de crédit ou entre eux, à l'égard des contestations relatives aux sociétés commerciales, et enfin à l'égard des contestations relatives aux actes de commerce entre toutes personnes. À défaut de l'une de ces trois hypothèses, la compétence du tribunal de commerce, juridiction d'exception, ne peut être retenue. Dans ce cas, la juridiction civile dont la compétence est de principe serait applicable à propos du litige survenu entre Sudexpertise et son fournisseur informatique.

La société Sudexpertise a une qualité commerciale comme cela vient d'être démontré. Concernant le fournisseur, on peut supposer que son activité est commerciale du fait de l'achat pour revendre de matériel informatique ainsi qu'au titre de la prestation de service réalisée sans doute pour l'installation et la maintenance du matériel vendu (art. L. 110-1 C. co.). L'activité commerciale réalisée à titre de profession habituelle de manière indépendante conduit à qualifier le fournisseur de commerçant (art. L. 121-1 C. co.).

Les deux parties au litige sont commerçantes et s'agissant de l'acte litigieux, il s'agit d'un acte d'achat de matériel pour les besoins d'une activité civile. Autrement dit, on est en présence d'un acte civil par nature qui est effectué par une personne commerçante pour les besoins de son exploitation. La qualité de l'auteur de l'acte déteint sur la nature de l'acte qui devient un acte de commerce par accessoire subjectif. La société Sudexpertise a donc réalisé un acte de commerce en achetant le matériel informatique. Si elle engage une action judiciaire contre son fournisseur, devant quelle juridiction doit-elle l'assigner ?

S'agissant d'une société commerciale qui assigne en justice un autre commerçant à propos d'un acte de commerce, le tribunal de commerce est compétent pour trancher ce litige. Mais par exception, les sociétés d'exercice libéral à forme commerciale ne relèvent pas de la compétence des juridictions consulaires. Selon l'article L. 721-5 du Code de commerce, « […] *les tribunaux civils sont seuls compétents pour connaître des actions en justice dans lesquelles l'une des parties est constituée conformément à la loi n° 90-1258 du 31 décembre 1990 relative à l'exercice sous forme de sociétés des professions libérales soumises à un statut législatif ou réglementaire ou dont le titre est protégé, ainsi que des contestations survenant entre associés d'une telle société* ». La société Sudexpertise doit donc engager son action devant une juridiction civile, à savoir le tribunal d'instance ou le tribunal de grande instance en fonction du montant du litige.

B. Le contrat de bail

La SARL prévoit de s'installer dans des locaux commerciaux et s'interroge sur le régime applicable à ce contrat de bail. L'acte en cause est la location d'un local commercial pour les besoins d'une activité civile. Autrement dit, il s'agit d'un acte civil mais cet acte est accompli par une société commerciale par la forme pour son activité civile. Ainsi, par application de la théorie de l'accessoire subjectif, cet acte civil par nature accompli par un commerçant pour les besoins de son activité civile sera qualifié d'acte de commerce par accessoire.

Par ailleurs, cet acte de commerce visant à la location d'un emplacement pour l'activité d'un commerçant relève en principe du statut des baux commerciaux. Cependant, le bénéfice du statut des baux commerciaux est subordonné à l'exploitation d'un fonds de commerce dans les lieux loués par un commerçant, un industriel ou un artisan en vertu de l'article L. 145-1 du Code de commerce. Or, en l'espèce aucun fonds de commerce ne peut exister en raison de l'activité civile exercée par la société. Il existe en revanche un fonds libéral dont l'exploitation ne permet pas le bénéfice d'un bail commercial et donc de la propriété commerciale. La jurisprudence refuse en effet d'appliquer le statut des baux commerciaux aux sociétés commerciales par la forme dont l'objet est civil.

Le contrat de bail est donc bien un acte de commerce mais il ne sera pas soumis au statut des baux commerciaux. Ainsi, la contradiction entre la forme et l'objet conduit à refuser aux sociétés commerciales par la forme dont l'objet est civil certaines prérogatives du droit commercial.

Mme Durand a prêté de l'argent à une amie et souhaite savoir si elle pourra obtenir paiement de sa créance. Mme Durand souhaite donc savoir si la preuve dont elle dispose du prêt consenti à son amie est suffisante pour obtenir le paiement de sa créance. Parce qu'elle va réclamer l'exécution d'une obligation, Mme Durand doit prouver cette obligation (art. 1 315 al. 1er C. civ.)

L'analyse doit débuter par la qualification de l'opération passée entre les amies afin de déterminer les conséquences juridiques attachées à cette opération.

III. Qualification du prêt

Mme Durand a accepté de prêter 5 000 euros, la somme devant être remboursée dans l'année. L'opération est un prêt, c'est-à-dire un contrat par lequel le prêteur met à la disposition de l'emprunteur une chose pour son usage à charge de restitution (art. 1 874 C. civ). La qualification d'un tel prêt de consommation est en principe civile mais le prêt peut être commercial lorsqu'il est conclu par un commerçant pour les besoins de son commerce.

Mme Durand a une qualité civile en tant que salariée d'une entreprise et le prêt qu'elle a consenti sans intérêt pour rendre service et donc sans intention spéculative constitue à son égard un acte civil.

À l'égard de son amie, l'opération suppose la détermination de sa qualité : l'énoncé indique que l'amie a un commerce de vêtements. Cela implique *a priori* des achats de biens meubles aux fins de les revendre avec une intention spéculative. Autrement dit, il s'agit d'actes de commerce par nature effectués à titre de profession habituelle et de manière indépendante (art. L. 121-1 C. co). L'amie a donc la qualité de commerçante. L'emprunt qu'elle a fait était destiné à des besoins professionnels en raison de difficultés que son commerce connaissait après plusieurs refus d'établissements bancaires, et l'opération mentionne l'objet professionnel de ce prêt. Parce que ce prêt est destiné à l'exploitation commerciale de l'amie commerçante de Mme Durand, cette opération a une nature commerciale pour elle.

Par conséquent, le prêt constitue un acte mixte, car il est de nature civile à l'égard de Mme Durand et de nature commerciale à l'égard de son amie.

IV. Le régime juridique de ce prêt

A. La preuve

Le régime juridique de cet acte doit être déterminé et en particulier les modalités de preuve. En principe, l'acte mixte est soumis à une application distributive des règles de droit : les règles du droit civil sont appliquées à l'égard de la partie pour laquelle l'acte a une nature civile, et les règles du droit commercial sont appliquées à l'égard de la partie pour laquelle l'acte est commercial. Mme Durand veut savoir si la preuve dont elle dispose est suffisante pour obtenir le paiement de sa créance. Si elle assigne son amie en paiement de la créance, le risque est en effet que la défenderesse conteste l'existence du prêt. La difficulté est alors d'identifier les règles de preuve applicables à cet acte. Tout dépend de la personne qui doit établir la preuve. En raison de l'application distributive des règles de droit, le commerçant qui souhaite établir la preuve d'un acte mixte à l'égard d'un non-commerçant doit se soumettre au système de la preuve légale du Code civil et notamment à l'article 1341 du Code civil exigeant une preuve écrite et préconstituée pour tout acte dont la valeur est supérieure à 800 euros, ce qui aurait été le cas en l'espèce. Mais en l'espèce, c'est le non-commerçant qui veut établir la preuve de l'acte à l'encontre de la personne commerçante. Aussi peut-elle le faire par tous moyens, car l'article L. 110-3 du Code de commerce peut être invoqué. Or, les actes de commerce se prouvent par tous moyens à l'égard des commerçants. Mme Durand peut donc utiliser n'importe quel mode de preuve pour établir l'existence de l'emprunt qu'elle a consenti à son amie. Le carton d'invitation peut être utilisé à cette fin et le juge appréciera la valeur probante de cet élément de preuve qui comporte diverses indications, notamment le montant du prêt de 5 000 euros et son objet.

La question du mode de preuve de cet acte est indépendante de celle de la juridiction compétente : la liberté de la preuve dont bénéficiera Mme Durand s'appliquera quelle que soit la juridiction compétente.

B. La juridiction compétente

Mme Durand souhaite savoir devant quelle juridiction elle pourra obtenir le paiement de sa créance. Autrement dit, devant quelle juridiction doit-elle assigner son amie ?

Sur le carton d'invitation figure une disposition selon laquelle tout litige sera tranché par le tribunal de commerce de Toulouse. Cette disposition constitue une clause attributive de compétence. Les amies étant toutes deux domiciliées à Toulouse, il n'y a pas de dérogation à la compétence géographique. En effet, en vertu de l'article 42 alinéa 1 du Code procédure civile, le tribunal en principe compétent est celui du lieu où demeure le défendeur. La clause ne déroge donc pas au droit commun du Code de procédure civile et n'apporte aucune modification quant à l'aspect territorial de la compétence.

En revanche, la disposition impose la compétence matérielle du tribunal de commerce. La clause déroge à la compétence d'attribution en imposant la juridiction consulaire quel que soit le demandeur. En effet, la compétence d'attribution en matière d'acte mixte dépend de la qualité du demandeur : le commerçant qui assignerait la partie pour laquelle l'acte est civil doit le faire devant une juridiction civile. À l'inverse, le non-commerçant dispose d'une option de compétence et peut assigner la partie commerçante soit devant une juridiction civile soit devant une juridiction commerciale. Dans le cas où elle prendrait l'initiative d'une action, Mme Durand ne dispose plus du choix de l'assignation devant la juridiction civile ou commerciale : l'assignation devant le tribunal de commerce lui est imposée. Il s'agit donc d'une clause attributive de compétence matérielle, et la question est alors de déterminer si cette clause est opposable à Mme Durand. La solution réside dans le régime de l'acte mixte en matière de clause attributive de compétence d'attribution.

La Cour de cassation admet l'opposabilité de ce type de clause lorsque le demandeur est le non-commerçant, car elle considère que la personne civile n'a fait que renoncer par avance à l'option de compétence dont elle bénéficie. Cependant, ce n'est qu'en cas d'assignation par la personne non-commerçante que la clause attributive de compétence au profit du tribunal de commerce est valable. En revanche, la clause est inopposable au défendeur non-commerçant qui doit être assigné devant la juridiction civile (Cass. com. 10 juin 1997).

Mme Durand doit donc assigner son amie devant le tribunal de commerce de Toulouse pour réclamer le paiement de sa créance dont elle pourra établir l'existence au moyen du carton d'invitation.

Exercice 3. Exposé oral

Sujet

Le règlement des litiges entre commerçants

Conseils pour aborder le sujet

Il s'agit d'un sujet classique qui ne présente pas de difficultés particulières. Un exposé clair et complet sera d'autant plus exigé du candidat sur ce type de sujet.

Suggestion de correction

Introduction

Les litiges entre commerçants sont fréquents et très variés. Le règlement de ces litiges fait appel à des règles dérogatoires du droit commun. En première instance, les litiges commerciaux relèvent en général de la compétence des tribunaux de commerce (art. L. 721-1 C. co.). Ces institutions juridictionnelles sont très anciennes car pour la plupart, elles datent d'un édit de Charles IX de 1563 mais certaines sont plus anciennes, comme celle de Toulouse qui fut créée en 1549. La spécificité de la matière commerciale, le caractère technique du contentieux ainsi que le rôle particulier des usages commerciaux justifie un règlement par des juridictions d'exception. Les magistrats consulaires sont mieux à même d'apprécier les impératifs du commerce. Pourtant, les tribunaux de commerce sont l'objet de critiques quant à leur manque d'indépendance, au manque de connaissance juridique des juges alors même que le contentieux est de plus en plus complexe. Le débat sur l'organisation de la justice commerciale a conduit à plusieurs propositions de réforme des tribunaux de commerce. Le projet le plus récent de réforme a été présenté le 18 juillet 2000 et visait notamment à introduire la mixité dans les tribunaux de commerce. Aucune réforme n'a abouti pour l'heure. Des arguments favorables à leur maintien en l'état existent : la gratuité de la fonction, la souplesse et la rapidité de la procédure notamment, la qualité des décisions. Le taux de réformation des décisions en appel n'est pas différent de celui des décisions des juridictions civiles.

Les juridictions étatiques ont pour mission de service public de trancher les litiges, mais le règlement des différends entre commerçants peut être réalisé au moyen de l'arbitrage. Aussi, le règlement des litiges commerciaux est caractérisé par une originalité certaine, soit que ces litiges soient tranchés par une juridiction d'exception qu'est le tribunal de commerce (I), soit que les parties préfèrent recourir à une justice privée qu'est l'arbitrage (II).

I. Le règlement par les tribunaux de commerce

A. Organisation

Il existe en principe un tribunal de commerce par arrondissement, mais en pratique, il arrive qu'il en existe plusieurs pour un même arrondissement ou qu'il n'en existe pas. Dans ce dernier cas, le tribunal de Grande Instance sera compétent en faisant application des règles commerciales. En outre, le siège et le ressort des tribunaux de commerce ont été modifiés par la réforme de la carte judiciaire qui a procédé à la réorganisation ainsi qu'à la suppression de certains tribunaux de commerce (décret n° 2008-146 du 15 février 2008). Le contentieux commercial relève en appel des cours d'appel dans lesquelles existent le plus souvent une chambre spécialisée, comme c'est le cas au sein de la Cour de cassation avec la chambre commerciale financière et économique.

Le tribunal de commerce est composé de juges élus âgés de plus de trente ans dont l'expérience doit être au moins de 5 ans et qui n'ont pas fait l'objet de procédures collectives. Le mode d'élection des juges consulaires est à deux degrés : les commerçants et les chefs d'entreprise élisent tout d'abord des délégués consulaires qui élisent ensuite avec les membres du tribunal et les anciens membres les nouveaux juges. Ces magistrats sont élus pour un mandat de deux ans reconductible pour des mandats de quatre ans : la réélection est possible trois fois et après quatorze années d'exercice, un délai d'un an doit être respecté avant une nouvelle élection. Le Président du tribunal est élu pour quatre ans par les membres du tribunal parmi les membres ayant exercé des fonctions pendant au moins six années.

Le greffe assure un rôle de secrétariat du tribunal ainsi que diverses fonctions telles que la tenue du registre du commerce et des sociétés et d'autres registres destinés à informer les tiers. Le greffier est un officier public ministériel à la différence des greffiers des juridictions civiles qui ont le statut de fonctionnaires.

Le ministère Public est représenté devant les tribunaux de commerce par le procureur de la République. D'autres auxiliaires de justice interviennent devant le tribunal de commerce en matière de procédures collectives : il s'agit des administrateurs et des mandataires de justice qui représentent le débiteur et les créanciers du débiteur dans ces procédures.

Devant le tribunal de commerce, la procédure est en principe publique et contradictoire. En outre, la procédure est caractérisée par une place importante faite à l'oralité. L'assistance et la représentation d'un avocat ne sont pas obligatoires et les débats peuvent se tenir devant le juge rapporteur qui est un juge unique chargé de rendre compte ensuite au tribunal.

Des procédures spéciales existent devant la juridiction consulaire : l'action en référé est possible ainsi que l'injonction de payer qui permet un recouvrement accéléré des créances sur requête avec une simple présentation de documents attestant de l'existence de la créance commerciale.

Un appel des décisions du tribunal de commerce est possible dès que le litige est d'un montant supérieur à 4 000 euros (art. R. 721-6 C. co.).

B. Compétence

Le tribunal de commerce est une juridiction d'exception qui n'est compétente que si un texte le prévoit.

La compétence matérielle du tribunal de commerce est déterminée par les articles L. 721-1 à L. 721-6 du Code de commerce. Il existe trois fondements de compétence générale pour les juridictions consulaires. Selon l'article L. 721-3 du Code de commerce, « *les tribunaux de commerce connaissent : 1° Des contestations relatives aux engagements entre commerçants, entre établissements de crédit ou entre eux ; 2° De celles relatives aux sociétés commerciales ; 3° De celles relatives aux actes de commerce entre toutes personnes. Toutefois, les parties peuvent, au moment où elles contractent, convenir de soumettre à l'arbitrage les contestations ci-dessus énumérées* ».

S'agissant des contestations relatives aux sociétés commerciales, il faut préciser que les cessions de titres ne relèvent pas en principe de la juridiction consulaire, sous réserve d'une cession de contrôle. Pourtant, la Cour de cassation a récemment étendu la compétence du tribunal de commerce à tout contentieux relatif à une cession de titres d'une société commerciale (Cass. com. 10 juillet 2007 ; Cass. com. 12 février 2008).

Par ailleurs, le tribunal de commerce détient la compétence en matière d'entreprise en difficulté à l'égard des entreprises commerciales mais aussi artisanales (art. L. 621-2 C. co.).

Des clauses attributives de compétence peuvent être convenues par les parties qui indiquent ainsi soumettre leur litige à tel tribunal. En tant que juridiction d'exception, le tribunal de commerce peut voir sa compétence écartée au profit de celle du tribunal de grande instance. Une telle dérogation n'est cependant pas possible en cas de compétence exclusive du tribunal de commerce, comme par exemple en matière de procédure collective des commerçants.

La compétence territoriale du tribunal de commerce est régie par les articles 42 à 48 du Code de procédure civile. Ainsi, la juridiction territorialement compétente est celle du lieu où demeure le défendeur (art. 42 CPC), que ce soit le domicile pour une personne physique ou le lieu de son établissement ou de son siège social pour une entreprise. En matière contractuelle, le demandeur peut également saisir le tribunal du lieu de livraison de la chose ou le lieu d'exécution. En matière délictuelle, le demandeur peut assigner devant la juridiction du lieu du fait dommageable ou celle dans le ressort de laquelle le dommage a été subi. Par ailleurs, en application de la jurisprudence dite des gares principales, le demandeur peut saisir le tribunal du lieu d'une succursale lorsque le litige relève de l'activité de cet établissement doté d'une certaine autonomie. Enfin, les procédures collectives conduisent à une spécificité de compétence dans la mesure où le tribunal saisi d'une procédure de redressement judiciaire connaît de tout ce qui concerne le redressement et la liquidation judiciaires. L'ensemble des actions sont donc regroupées au sein du même tribunal pour assurer la cohérence du traitement des difficultés de l'entreprise.

En matière commerciale, les règles de compétence territoriale ne sont pas d'ordre public. Il est donc possible de déroger à cette compétence. La clause attributive de compétence territoriale doit respecter l'article 48 du Code de procédure civile en vertu duquel « *toute clause qui, directement ou indirectement, déroge aux règles de compétence territoriale est réputée non écrite à moins qu'elle n'ait été convenue entre des personnes ayant toutes contracté en qualité de commerçant et qu'elle n'ait été spécifiée de façon très apparente dans l'engagement de la partie à qui elle est opposée* ».

Les parties peuvent à certaines conditions préférer faire régler leur litige à une juridiction arbitrale.

II. Le règlement des litiges commerciaux par l'arbitrage

Le litige commercial sera tranché au moyen d'une justice privée dont la place est importante en matière commerciale que ce soit en droit interne mais également en matière internationale. Après avoir envisagé les modes de recours à l'arbitrage, son organisation sera exposée.

A. Les modes de recours à l'arbitrage

Le recours à l'arbitrage suppose l'existence d'une convention et peut être réalisé sous deux formes. Ce recours peut intervenir avant la survenance du litige par l'insertion dans le contrat d'une clause compromissoire ou après la survenance du litige par un compromis d'arbitrage.

Le compromis d'arbitrage est possible même entre des personnes non-commerçantes (art. 2059 C. civ.). En le signant, les parties au litige renoncent à être jugées par une juridiction étatique. Le compromis ne peut concerner certaines matières d'ordre public (art. 2 060 C. civ.), et en matière commerciale c'est notamment le cas des procédures collectives. Le compromis doit respecter un certain nombre de conditions pour être valable : il doit respecter les conditions de validité de tout contrat, et il doit préciser certains éléments tels que l'objet du litige, les arbitres ou encore leur modalité de désignation.

La clause compromissoire est désormais valable dans les contrats conclus à raison d'une activité professionnelle (art. 2 061 C. civ). Tous les professionnels peuvent donc recourir à cette forme de règlement des litiges, mais elle ne peut être adoptée par un non-professionnel car elle le conduirait à renoncer par avance à son droit à être jugé par une juridiction étatique. Pour être valable, la clause doit être écrite et elle doit comporter la désignation des arbitres ou leur modalité de désignation. S'alignant sur la solution du droit international, la jurisprudence française a tranché en faveur de l'autonomie de la clause compromissoire à l'égard du contrat dans laquelle la clause est insérée. La nullité du contrat n'a pas d'incidence sur la clause qui reste valable.

En vertu du compromis ou de la clause compromissoire, la juridiction arbitrale est compétente pour trancher du litige.

B. L'organisation de l'arbitrage

Le tribunal arbitral est constitué d'arbitres qui sont des personnes physiques. Leur nombre sera impair, et aucune qualité autre que l'indépendance n'est requise pour être arbitre. Lorsque les parties se chargent de la désignation des arbitres et de l'organisation de l'instance arbitrale, l'arbitrage est dit *ad hoc*. En revanche, l'arbitrage est dit institutionnel lorsque les parties font appel à un organisme d'arbitrage et lui confie le soin d'organiser la procédure arbitrale.

L'instance arbitrale peut être soumise à des règles variées en fonction de la volonté des parties. Si le tribunal arbitral est soumis aux grands principes de procédure, le formalisme peut être allégé et les parties peuvent décider que le tribunal statuera en amiable composition, autrement dit en équité. Des recours sont possibles à l'encontre de la sentence.

La sentence arbitrale a l'autorité de la chose jugée quant à la contestation qu'elle tranche, mais elle n'a pas la force exécutoire puisqu'elle émane d'une juridiction privée. Si une partie refuse d'exécuter la décision, il faut obtenir une décision d'*exequatur* qui permettra éventuellement de recourir à la force publique.

Cette forme non étatique de justice présente un certain nombre d'avantages. La confidentialité est assurée en raison de l'absence de publication de la sentence arbitrale qui n'est portée qu'à la connaissance des parties. L'arbitrage permet aux parties de choisir les arbitres, ce qui peut être utile en présence d'un contentieux très spécialisé où la compétence technique des arbitres sera nécessaire. La sentence arbitrale est rendue rapidement d'autant que les règles de procédure peuvent être assouplies et les conflits de juridictions évités en matière internationale. L'arbitrage présente néanmoins des inconvénients, et notamment son coût important car il faut rémunérer les arbitres et prendre en charge divers frais liés à l'instance arbitrale.

Thème 2 Le commerçant

Bibliographie

J. Amiel-Donat, « La femme du boulanger. Dix ans après », *Mélanges A. Colomer*, Litec, 1993, p. 7.

C. Boudineau, « La loi Madelin. Quelle avancée pour les professions non salariées ? », *LPA* 27 oct. 1995, n° 129, p. 10.

P. Bouteiller, « Les nouvelles mesures de protection du patrimoine de l'entrepreneur individuel », *JCP Ent.* 2003, 359.

N. Cocquempot-Caulier, « La protection du conjoint collaborateur… un leurre », *JCP Ent.* 2002, 675.

G. Endréo, « L'habitude », *D.* 1981, chron. p. 313.

A. Gosselin-Gorand, « Commerçants - Qualité de commerçant », *J.-Cl. commercial*, Fasc. 50, 2008.

D. Guevel, « Contribution à un essai de la notion de commerçant », *LPA* 25 août 1993, p. 11.

R. Martin, « La coopération conjugale dans l'entreprise familiale », *D.* 1982, chron. p. 293.

F. Pollaud-Dulian, « L'habitude en droit des affaires », *Mélanges A. Sayag*, Litec 1997, p. 349.

D. Ponton-Grillet, « La spéculation en droit privé », *D.* 1990, chron. p. 157.

X. Prétot, « Le Code de commerce et le Code de la sécurité sociale, Comment peut-on être commerçant ? », *Livre du bicentenaire du Code de commerce 1807-2007*, Dalloz 2007, p. 109.

B. Saintourens, « À propos de l'article 12 de la loi n° 2005-882 du 2 août 2005 en faveur des petites et moyennes entreprises, la réforme du statut du conjoint du chef d'entreprise travaillant dans l'entreprise familiale », *RTD com.* 2005, p. 701.

Rappel de cours

Aujourd'hui encore, le commerçant est largement soumis à un régime particulier ce qui rend la détermination de sa qualité importante. Ce thème ne concerne pas tous les commerçants, mais seulement les commerçants personnes physiques, c'est-à-dire les commerçants exerçant le commerce en leur nom. Or, il existe d'autres commerçants qui sont des personnes morales, notamment des sociétés commerciales (v. thème 7).

Le droit commercial réserve aux commerçants des règles particulières mais leur impose en contrepartie certaines obligations. Parce que le droit commercial demeure constitué de règles applicables aux seuls commerçants, il est important d'identifier ces professionnels et de les distinguer d'autres catégories de professionnels qui ne relèvent pas du domaine de la commercialité. Il importe donc de définir le commerçant en exposant les conditions d'acquisition de la qualité de commerçant.

Les éléments caractéristiques de la qualité du commerçant résultent de l'article L. 121-1 du Code de commerce. Selon cet article, « *sont commerçants ceux qui exercent des actes de commerce et en font leur profession habituelle* ». De ce texte découlent deux conditions attributives de la qualité de commerçant, à savoir l'exercice d'actes de commerce et l'exercice à titre de profession habituelle. À ces conditions il faut en ajouter une troisième qui est l'indépendance : le commerçant doit exercer l'activité commerciale à titre indépendant pour son compte personnel. Seuls ces éléments confèrent la qualité de commerçant, et aucun autre critère n'est susceptible de conférer cette qualité de commerçant. Par exception, dans quelques cas, la loi qualifie autoritairement des personnes de commerçantes sans qu'elles vérifient la définition légale et jurisprudentielle constitutive de cette qualité. C'est le cas des associés en nom collectif et des associés commandités en vertu des articles L. 221-1 et L. 222-1 du Code de commerce (v. thème 7).

Par principe, la qualité de commerçant résulte de la seule réunion des conditions posées par l'article L.121-1 du Code de commerce et par la jurisprudence.

I. L'accomplissement d'actes de commerce

La qualification de commerçant découle avant tout de la nature des actes effectués par une personne. L'acte de commerce est donc une notion essentielle pour attribuer la qualité de commerçant.

Bien que l'article L. 110-1 du Code de commerce se réfère de manière large aux actes de commerce, tous les actes de commerce ne sont pas susceptibles de conférer la qualité de commerçant. Les actes de commerce par accessoire subjectif ne peuvent pas par exemple conférer la qualité de commerçant. Ils supposent que la qualité de commerçant de l'auteur de l'acte ait été démontrée. Par ailleurs, l'accomplissement répété d'actes de commerce par la forme ne permet pas d'acquérir la qualité de commerçant, puisque ces actes sont commerciaux entre toutes personnes, y compris entre des personnes non-commerçantes. La jurisprudence considère que la signature même répétée de lettres de change ne permet pas d'attribuer la qualité de commerçant à ce signataire en l'absence d'exercice d'une profession.

La seule catégorie d'actes pouvant conférer la qualité de commerçant est celle des actes de commerce par nature qui sont visés par les articles L. 110-1 et L. 110-2 du Code de commerce, ces listes n'étant qu'indicatives pour les juges.

La qualité de commerçant suppose donc l'accomplissement d'actes de commerce par nature, lesquels doivent être effectués à titre de profession habituelle.

II. À titre de profession habituelle

S'agissant de la profession, la notion renvoie à l'exercice d'une activité dans le but de se procurer des revenus. Il y a dans la notion de profession une idée de continuité de l'activité qui permet de produire des bénéfices afin de subvenir à ses besoins. En jurisprudence, la profession habituelle a pu être envisagée comme une occupation sérieuse procurant à son auteur ses principales ressources (CA Paris 13 janvier 1976).

L'exigence du caractère habituel de la profession implique la répétition des actes de commerce. Cette exigence permet d'écarter la qualité de commerçant en présence d'actes de commerce accomplis de manière isolée ou occasionnelle. La jurisprudence considère que l'accomplissement d'un seul acte de commerce n'est pas constitutif du caractère habituel. Les juges relèvent avec précision que les opérations sont bien accomplies à titre habituel et à titre professionnel, mais leur degré d'exigence varie selon les espèces. Par ailleurs, cette exigence d'habitude ne signifie pas que la profession doit être exercée à titre exclusif, car le droit français admet qu'une personne puisse exercer plusieurs professions distinctes. C'est notamment le cas pour l'agriculteur qui peut exercer en plus de son activité civile une activité commerciale, et le législateur a d'ailleurs souhaité favoriser cette pluri-activité dans le domaine de l'agriculture (en ce sens, v. loi d'orientation agricole du 1er février 1995). Le cumul de plusieurs qualités professionnelles est donc possible même si l'une des activités est commerciale, sous réserve de certaines conditions liées à la compatibilité de ces professions.

III. À titre indépendant

Cette condition a été posée par la jurisprudence et consiste à exiger du commerçant qu'il soit indépendant d'un point de vue juridique. Ainsi, l'exercice d'actes de commerce à titre de profession habituelle ne peut conférer la qualité de commerçant que s'il est accompli à titre personnel et pour son compte. Cette condition de l'indépendance juridique permet d'écarter la qualité de commerçant pour un certain nombre de personnes qui travaillent pour le compte d'autrui. Ainsi, ne sont pas indépendantes les personnes salariées : en étant liées à leur employeur par un contrat de travail, le lien de subordination qui en résulte est incompatible avec l'autonomie juridique exigée du commerçant. Les mandataires sociaux n'ont pas non plus la qualité de commerçants du fait de l'absence d'indépendance juridique : en tant qu'organes de ces sociétés, les dirigeants de sociétés commerciales ne font que représenter la société qu'ils dirigent et agissent pour son compte. Ces personnes ne peuvent être en principe être qualifiées de commerçantes car elles n'exercent pas l'activité commerciale en leur nom et pour leur compte. En revanche, l'indépendance exigée est de nature juridique et ne consiste pas à prendre en compte l'éventuelle dépendance économique dans laquelle se trouvent certains commerçants : les membres de réseaux de distribution, tels que les franchisés ou les concessionnaires, sont souvent dépendants d'un point de vue économique à l'égard du franchiseur ou du concédant. Pour autant, ils bénéficient d'une indépendance juridique et travaillent en leur nom et pour leur compte. La jurisprudence les considère donc comme des commerçants.

IV. Indifférence de l'inscription au registre du commerce et des sociétés

L'immatriculation au registre du commerce et des sociétés n'est pas une condition d'acquisition de la qualité de commerçant. Cette immatriculation n'emporte qu'une présomption simple de la qualité de commerçant : la preuve contraire de la qualité non-commerçante d'une personne pourra donc être rapportée le cas échéant par un tiers (v. thème 6). Par conséquent, la qualité de commerçant ne découle pas de son inscription sur un registre mais de l'exercice d'une activité commerciale. Elle résulte de la preuve que la personne remplit les critères d'accomplissement des actes de commerce à titre de profession habituelle et à titre personnel. La commercialité de l'individu rapportée par tous moyens est alors prononcée par le juge et apparaît à la demande de créanciers à titre de sanction.

Il est en effet possible de remplir les conditions de l'exercice d'actes de commerce à titre de profession habituelle au sens de l'article L. 121-1 du Code de commerce, de manière indépendante sans être immatriculé au registre du commerce et des sociétés. La personne est alors qualifiée par les juges de commerçant de fait à l'occasion d'un litige dont la solution suppose de déterminer la qualité de commerçant d'une personne. À l'inverse, le commerçant de droit est celui qui est inscrit en cette qualité au registre du commerce et des sociétés.

La qualification de commerçant de fait va avoir d'importantes conséquences car ce commerçant de fait sera tenu des obligations liées au statut de commerçant sans pouvoir revendiquer à son profit ce statut de commerçant. Par conséquent, cette personne pourra se voir opposer cette qualité de commerçant sans pouvoir revendiquer un droit sur ce fondement, en raison du défaut d'immatriculation au registre.

Des critères ont été proposés par la doctrine pour caractériser la profession commerciale, parmi lesquels la circulation, l'entreprise, l'entremise ou encore la spéculation. La jurisprudence ne fait pas un usage systématique de ces critères doctrinaux. Toutefois, les juges utilisent parfois la notion de spéculation pour qualifier une activité de commerciale. L'intention spéculative peut également permettre d'écarter une activité de la sphère commerciale en l'absence d'esprit de lucre.

Exercice 1. Commentaire d'arrêt

Sujet

Cour de cassation
Chambre commerciale
Audience publique du mardi 5 décembre 2006
N° de pourvoi : 04-20039
Publié au *Bulletin*
Rejet
M. Tricot, président

RÉPUBLIQUE FRANÇAISE
AU NOM DU PEUPLE FRANÇAIS

Sur le moyen unique :

Attendu, selon l'arrêt attaqué (Toulouse, 5 octobre 2004), que suivant contrat dit de partenariat du 5 février 2001, la société Diagamter a concédé à M. X… le droit d'exploiter, selon ses méthodes et son savoir-faire et sous l'enseigne Diagamter, une activité d'expert en diagnostic immobilier (amiante, termites, surface habitable, état des lieux, valeur de l'immeuble…) ; que lui reprochant de ne plus payer les redevances mises à sa charge par la convention, la société Diagamter a assigné M. X… devant le tribunal de commerce de Toulouse ; que ce dernier a soulevé l'incompétence de la juridiction saisie au motif qu'il n'était pas commerçant et que la clause attributive de compétence figurant au contrat ne lui était pas opposable ;

Attendu que M. X… fait grief à l'arrêt, statuant sur contredit, d'avoir rejeté son exception d'incompétence au profit du tribunal de grande instance de Bourges alors, selon le moyen, que l'activité consistant à émettre une opinion sur l'état ou la consistance d'un immeuble, qui ne comporte ni gestion d'affaires d'autrui, ni fournitures de matériel quelconque, ni mise à disposition temporaire de main-d'œuvre qui soit sous les ordres du client, constitue une activité civile ; que celui qui exerce une telle activité n'a pas la qualité de commerçant ; que toute clause qui, directement ou indirectement, déroge aux règles de compétence territoriale est réputée non écrite à moins qu'elle n'ait été convenue entre des personnes ayant toutes contracté en qualité de commerçant ; qu'en décidant néanmoins, pour décider que la clause stipulée dans le contrat du 5 février 2001, attribuant compétence au tribunal de commerce de Toulouse pour connaître du litige, pouvait être opposée à M. X… que celui-ci exerçait une activité commerciale dès lors que son activité portait, en matière immobilière, sur le diagnostic d'amiante, l'état parasitaire, le diagnostic thermique et plomb, la détermination de la surface habitable, l'expertise et la valeur vénale, et de façon générale tous diagnostics et toutes opérations connexes participant à la pérennité, à l'optimisation et à la transmission du patrimoine, bien qu'une telle activité, qui ne comporte ni gestion d'affaires d'autrui, ni fournitures de matériel quelconque, ni mise à disposition temporaire de main-d'œuvre qui soit sous les ordres du client, a la nature d'une activité civile, ce dont il résultait que M. X... n'avait pas la qualité de commerçant et que la clause attributive de compétence était réputée non écrite, la cour d'appel a violé les articles L. 110-1 du code de commerce et 48 du nouveau code de procédure civile ;

Mais attendu qu'après avoir énoncé que l'article L. 110-1 6 du code de commerce répute actes de commerce « toute entreprise de fournitures », et que cette disposition s'applique à la fourniture de services, l'arrêt retient que l'activité de M. X..., qui porte sur le diagnostic d'amiante, l'état parasitaire, le diagnostic thermique et plomb, la détermination de la surface habitable, l'expertise et la valeur vénale et de façon générale tous diagnostics et toutes opérations connexes participant à la pérennité, à l'optimisation et la transmission du patrimoine, entre dans la catégorie des fournitures de service et qu'une telle activité, qui n'est pas purement intellectuelle, revêt un caractère commercial dès lors qu'elle est exercée à titre habituel et lucratif ; qu'en l'état de ces constatations et appréciations, la cour d'appel a légalement justifié sa décision ; que le moyen n'est pas fondé ;

PAR CES MOTIFS :

REJETTE le pourvoi.

Conseils pour aborder le sujet

L'arrêt proposé ne soulève pas de difficultés juridiques majeures mais il pose une solution nouvelle qu'il conviendra d'apprécier.

Suggestion de correction

Introduction

L'arrêt de rejet rendu par la chambre commerciale de la Cour de cassation le 5 décembre 2006 contribue à l'élargissement du domaine de la commercialité en y englobant désormais les experts en diagnostics immobiliers.

En l'espèce, une société et une personne physique ont signé un contrat de partenariat par lequel la société concède à cette personne physique le droit d'exploiter une activité d'expert en diagnostic immobilier selon ses méthodes, son savoir-faire et sous son enseigne.

La société assigne ensuite son cocontractant pour défaut de paiement des redevances prévues à la convention. M. X est poursuivi en paiement par la société devant le tribunal de commerce de Toulouse en vertu d'une clause attributive de compétence territoriale insérée au contrat. M. X soulève l'exception d'incompétence du tribunal de commerce au motif qu'il n'est pas commerçant et que la clause attributive de compétence à la juridiction toulousaine ne lui est pas opposable. L'exception d'incompétence ayant été rejetée en première instance, M. X a formé un contredit pour demander la compétence du tribunal de grande instance de Bourges. Le contredit fut rejeté par les juges du fond et la Cour de cassation rejeta le pourvoi du diagnostiqueur. La cour d'appel a décidé que la clause litigieuse était opposable au diagnostiqueur en raison de sa qualité de commerçant et a pour cela jugé que l'activité de diagnostic en matière immobilière était de nature commerciale. L'argumentation du pourvoi consista à démontrer le caractère civil de l'activité de diagnostic immobilier et la qualité civile qui en résulte pour ce professionnel.

La Cour de cassation devait donc déterminer la qualité de l'expert en diagnostic immobilier afin d'en déduire le régime juridique, et plus précisément les règles de dérogations conventionnelles à la compétence territoriale. La Cour de cassation retient à la suite de la cour d'appel que l'activité de diagnostic immobilier « *entre dans la catégorie des fournitures de service et qu'une telle activité, qui n'est pas purement intellectuelle, revêt un caractère commercial dès lors qu'elle est exercée à titre habituel et lucratif* ». Par cette nouvelle prise de position, la Cour de cassation ajoute une nouvelle activité à la sphère commerciale : pour la première fois, l'expertise de diagnostic immobilier est qualifiée d'activité commerciale et ces experts de commerçants. L'essor de cette activité devait conduire à s'interroger sur sa nature libérale ou commerciale ainsi que sur la qualité des personnes qui l'exercent. En l'absence de texte sur ce point, il revenait à la jurisprudence de décider du sort de cette activité nouvelle. Aussi, pour analyser la validité de la clause attributive de compétence et plus largement les règles applicables au diagnostiqueur immobilier (II), il est nécessaire au préalable de déterminer la qualification de cette profession (I).

I. Détermination de la qualité du diagnostiqueur immobilier

L'arrêt détaille les conditions pour faire entrer le diagnostiqueur immobilier dans la catégorie des commerçants et précise que l'activité est exercée à titre habituel et lucratif (A) et qu'il s'agit bien d'une activité réputée commerciale (B).

A. Une activité habituelle et lucrative

Les conditions de l'article L. 121-1 du Code de commerce devaient être remplies pour que la qualité de commerçant puisse être attribuée à M. X. En vertu de cet article, « *sont commerçants ceux qui exercent des actes de commerce et en font leur profession habituelle* ». Cette définition est complétée en jurisprudence par une autre condition relative à l'indépendance de la personne. Pour être commerçant, l'activité exercée doit représenter une profession habituelle réalisée de manière autonome en son nom et pour son compte. L'activité d'expertise en diagnostic immobilier constitue bien une profession, le législateur ayant largement contribué au développement de cette activité en multipliant les exigences techniques en matière immobilière. Le législateur a imposé un nombre croissant de diagnostics au vendeur d'immeuble, notamment en matière de plomb, d'amiante, de termites, d'installation de gaz et d'électricité, de performance énergétique (art. L. 271-4 CCH).

L'exigence relative à la profession suppose que l'activité soit une source de revenus et implique l'intention spéculative. Cette condition prive d'effets des actes qui seraient réalisés de manière occasionnelle. L'exigence de l'exercice habituel de la profession suppose une répétition des actes de commerce, ce qui ne faisait aucun doute en l'espèce.

La Cour de cassation reprend à son compte la précision donnée par la cour d'appel s'agissant de l'exigence du caractère lucratif de l'activité. Par opposition aux professions libérales, l'activité commerciale est en effet animée par l'esprit de lucre. La spéculation est parfois utilisée par la jurisprudence comme critère de qualification du commerçant. La recherche du profit est un des traits caractéristiques de l'activité commerciale mais il est trop large pour être suffisant. Cependant, la Cour de cassation s'y réfère dans l'arrêt pour disqualifier l'activité de libérale et la qualifier d'activité commerciale. L'intention spéculative permet de conforter la qualification commerciale opérée à l'égard des diagnostiqueurs immobiliers : la fracture est bien nette avec la qualification libérale qui jusque-là impliquait de mener une activité libérale désintéressée.

L'arrêt déduit de cet exercice habituel et lucratif le caractère commercial de l'expertise en diagnostic immobilier. Mais pour rattacher cette activité au secteur marchand, encore fallait-il qualifier les actes d'expertise en actes de commerce.

B. Une activité réputée commerciale

L'accomplissement d'actes de commerce doit être constaté pour que les conditions attributives de la qualité de commerçant soient réunies. L'activité du défendeur doit être analysée afin de déterminer si l'expertise en matière immobilière a une nature civile ou commerciale.

L'article L. 110-1 6° du Code de commerce répute acte de commerce toute entreprise de fournitures. Cette catégorie vise notamment la fourniture de services et elle est conçue par la jurisprudence de manière large.

En l'espèce, la cour d'appel et la Cour de cassation considèrent que l'établissement des diagnostics techniques relève de la catégorie de la fourniture de services. La cour d'appel a bien détaillé le contenu de l'activité afin de trancher entre le caractère civil ou commercial. Elle a ainsi constaté que l'activité en matière immobilière consiste à réaliser « *le diagnostic d'amiante, l'état parasitaire, le diagnostic thermique et plomb, la détermination de la surface habitable, l'expertise et la valeur vénale et de façon générale tous diagnostics et toutes opérations connexes participant à la pérennité, à l'optimisation et la transmission du patrimoine* ». Or cette activité entre dans la catégorie des fournitures de services. La portée de cette disposition du Code de commerce est donc encore élargie et le domaine de la commercialité s'est enrichi d'une nouvelle activité.

Traditionnellement, l'expertise en matière immobilière était qualifiée d'activité civile car elle était conçue comme une activité libérale du fait de son lien avec l'immeuble et surtout en raison de son caractère intellectuel. Le demandeur au pourvoi a tenté de démontrer que son activité était étrangère à tout négoce. Il a en effet précisé que l'activité est de nature civile car elle consiste « *à émettre une opinion sur l'état ou sur la consistance d'un immeuble qui ne comporte ni gestion d'affaires d'autrui, ni fournitures de matériel quelconque, ni mise à disposition temporaire de main-d'œuvre qui soit sous les ordres du client* ». Le caractère strictement intellectuel est donc mis en avant mais cette argumentation n'a pas convaincu la Cour de cassation qui retient que cette activité « [...] *n'est pas purement intellectuelle* ». Autrement dit, l'aspect intellectuel est désormais insuffisant pour caractériser l'activité de libérale. Comment expliquer ce changement ? Sans doute parce que les avis rendus par les experts en diagnostic immobilier sont aujourd'hui conditionnés par l'utilisation d'équipements spécialisés qui rendent la partie intellectuelle de ce travail résiduelle. La diminution de la part intellectuelle de ce travail conduit à réfuter sa qualification civile pour le faire basculer dans la sphère des actes de commerce sur le fondement de la fourniture de services. Cette activité qui n'est pas exclusivement intellectuelle revêt un caractère commercial dès lors qu'elle est exercée à titre habituel. La qualité de commerçant est alors logiquement attribuée à ce professionnel.

II. Les effets de la qualité de commerçant

La reconnaissance de la qualité de commerçant conditionne l'application de règles applicables aux seuls commerçants, comme celles retenues en matière de détermination de la juridiction compétente (A). La solution de la Cour de cassation est novatrice et elle tend à accroître le domaine de la commercialité : sa portée devra être examinée (B).

A. La juridiction compétente

De la qualité de commerçant du diagnostiqueur immobilier dépend l'opposabilité de la clause litigieuse et la compétence du tribunal de commerce, et de manière générale le régime juridique de ce professionnel.

L'enjeu immédiat du litige était de déterminer le tribunal compétent. La clause contestée désignait le tribunal de commerce de Toulouse alors que l'exception d'incompétence était soulevée par M. X au profit du tribunal de grande instance de Bourges. Cette exception fut rejetée par les juges du fond. Il fallait donc déterminer si la clause attributive de compétence insérée dans le contrat de partenariat était valable, ce qui conduisait à s'interroger sur les conditions auxquelles on peut déroger au principe de compétence territoriale. En vertu de l'article 48 du Code de procédure civile, une telle clause est valable si elle est convenue entre des parties commerçantes et si elle a été spécifiée de manière très apparente dans l'engagement de la partie à laquelle on l'oppose. Cette dernière condition relative à l'apparence de la clause n'était pas invoquée et ne posait pas de difficulté. La question était de déterminer si la clause était en l'espèce opposée à un commerçant ou à une personne civile, ce qui aurait conduit à rejeter son application. Le défendeur considérait que la clause ne lui était pas opposable du fait de sa qualité de professionnel civil et qu'il fallait donc revenir aux principes de droit commun. En effet, en vertu de l'article 42 du Code de procédure civile, la compétence est attribuée au tribunal du lieu du domicile du défendeur. Ce n'est pas la solution retenue par l'arrêt qui considère que la clause dérogatoire était opposée par une personne commerçante à une personne commerçante et qu'elle est donc applicable à l'espèce.

Ainsi, la qualification de l'expert en diagnostic immobilier en commerçant influence directement la compétence du tribunal : la compétence de la juridiction consulaire de Toulouse ne soulève aucune difficulté, et est parfaitement opposable à l'expert. La portée de la qualification commerciale de l'expert concerne également d'autres aspects du régime juridique du diagnostiqueur immobilier.

Si la compétence était visée dans l'arrêt, il faut préciser que le régime de la preuve sera libre à l'encontre de ce professionnel commerçant (art. L. 110-3 C. co.), et qu'il sera soumis aux obligations du commerçant, telle la tenue d'une comptabilité commerciale (art. L. 123-15 C. co.). La décision rendue par la chambre commerciale est donc riche en conséquences juridiques pour les experts en diagnostics immobiliers.

B. Une solution novatrice tendant à l'accroissement du domaine de la commercialité

L'apparition récente de la profession suppose que soient posés les principes juridiques de sa qualification et de son régime. La confrontation de cette activité avec le Code de commerce conduit la Cour de cassation à l'intégrer dans l'activité commerciale par l'application d'articles très anciens du Code, démonstration s'il en était nécessaire de l'adaptabilité de ces dispositions à des activités nouvelles. Cependant, la solution de la Cour de cassation repose sur une formule ambiguë. En énonçant « *qu'une telle activité, qui n'est pas purement intellectuelle, revêt un caractère commercial dès lors qu'elle est exercée à titre habituel et lucratif* », la Cour semble faire de l'exercice habituel et lucratif la condition déterminante du caractère commercial de l'activité. Il aurait été préférable de rappeler que c'est la caractérisation des actes de commerce qui détermine avant tout la nature commerciale de l'activité et qui permet éventuellement de retenir l'existence d'une profession commerciale.

Par ailleurs, la qualification d'activité commerciale peut être discutée, le caractère intellectuel de la profession n'étant pas écarté par l'arrêt. Tout est affaire de proportion et un certain subjectivisme existe dans cette prise de position de la Cour de cassation. L'expert en diagnostic immobilier exerce une activité dont la dimension intellectuelle n'est pas niée, mais qui apparaît désormais insuffisante pour que cette activité demeure classée dans la catégorie des professions libérales. Le caractère intellectuel de l'activité apparaît comme l'autre critère essentiel de la distinction entre le professionnel libéral et le professionnel commerçant. L'effacement du caractère intellectuel conduit à un détachement de cette profession de la sphère libérale et à son intégration dans la sphère marchande. Ainsi, cette affaire illustre la diminution de l'influence du droit civil au profit du droit commercial, et il reste à savoir jusqu'où la jurisprudence ira dans cette expansion contemporaine du droit commercial.

Exercice 2. Cas pratique

Sujet

Paul est propriétaire d'un magasin d'électroménager et de vente de paraboles. Passionné de photographie, il vient d'acheter à Franck, un ami exploitant un magasin de vente de matériel photographique, du matériel pour un montant de 4 850 euros dont il a réglé 1 000 euros. Mais le matériel lui a été volé et Paul refuse de payer le solde prétendant même qu'aucune opération n'a été conclue. Franck souhaite établir la réalité de l'opération en justice et contraindre Paul au paiement du solde de 3 850 euros demeuré impayé. Vous préciserez quelles sont les chances de paiement de la créance par Paul à Franck.

Étant souffrant, Paul confie de plus en plus la boutique à sa fille Alice qui vient d'avoir 16 ans. Alice est très présente dans la boutique afin d'aider son père. Depuis longtemps, Alice s'occupe de la réception des livraisons des fournisseurs, elle dispose ensuite les marchandises dans le magasin et s'occupe également de la clientèle. Elle vient de passer des commandes d'objets et a procédé à quelques aménagements dans la boutique. Elle a pour cela effectué plusieurs commandes importantes. Son père veut arrêter l'activité commerciale et souhaite lui transmettre très rapidement le fonds de commerce. Il souhaiterait en connaître les conséquences. Vous apprécierez la situation d'Alice au regard de son travail dans l'entreprise ainsi qu'au regard d'une prochaine transmission du fonds de commerce.

Conseils pour aborder le sujet

Le sujet pose plusieurs problèmes dont la résolution suppose une bonne connaissance du droit des affaires mais aussi des règles de droit civil en matière de preuve et de capacité. Les questions sont précises et techniques, et les solutions doivent être correctement argumentées.

Suggestion de correction

La qualification de l'acte litigieux

Il est nécessaire de situer la qualité juridique des parties.

S'agissant tout d'abord de Paul, son activité consiste à exploiter une entreprise de vente d'électroménager et de paraboles. Son activité consiste à vendre des produits qu'il a préalablement achetés. Il effectue donc des achats de biens meubles pour les revendre,.autrement dit des actes de commerce par nature (art. L. 110-1 C. co.). Il effectue ces actes à titre de profession habituelle et de manière indépendante et lucrative. Paul remplit les conditions attributives de la qualité de commerçant (art. L. 121-1 C. co.). Sa passion pour la photographie ne relève pas de son activité professionnelle mais de sa vie privée.

S'agissant ensuite de Franck, il exploite un magasin de vente de matériel de photographie. À ce titre, Franck effectue des actes de commerce par nature à titre de profession habituelle de manière indépendante. Il est donc commerçant.

Il s'agit alors de qualifier l'achat de matériel réalisé par Paul au magasin de Franck. À l'égard de Franck, l'acte constitue un achat pour revendre effectué dans le cadre de son activité commerciale. L'acte constitue un acte de commerce (par nature). À l'égard de Paul, la théorie de l'accessoire subjectif conduit à présumer le caractère commercial de l'acte. En effet, un acte passé par un commerçant est présumé être un acte de commerce et fait donc l'objet d'une présomption de commercialité. En l'espèce, l'auteur de l'acte a bien la qualité de commerçant. Pourtant, la seconde condition relative au rattachement de l'acte à l'activité commerciale de Paul n'est pas remplie : l'achat n'a pas été effectué pour les besoins de l'entreprise de Paul, puisque l'acte a été effectué à titre privé pour assouvir sa passion pour la photographie. N'étant pas rattachable à l'activité commerciale de Paul, l'acte est pour lui un acte civil.

Commercial à l'égard d'une partie (Franck), et civil à l'égard de l'autre (Paul), l'achat constitue un acte mixte dont le régime juridique est soumis à une application distributive des règles de droit civil et de droit commercial.

Comment prouver cet acte mixte ? Paul n'a réglé qu'une partie du prix avant de se faire voler le matériel. À la suite de cet incident, Paul refuse de payer le solde et prétend qu'aucune opération n'a été conclue. La difficulté pour Franck est d'établir à la fois l'existence de l'opération et le montant du solde restant à payer. Il faut donc déterminer quels sont les modes de preuve qu'il peut utiliser. Un commerçant veut prouver un acte à l'égard d'un commerçant ayant contracté pour des besoins privés. Cette preuve doit être rapportée selon le régime civil de la preuve. L'acte portant sur une somme supérieure à 1 500 euros, la preuve par écrit de cet acte est nécessaire (art. 1341 C. civ.). En l'absence d'un tel écrit, un autre mode de preuve n'est pas possible, sous réserve de l'existence d'un écrit incomplet qui pourrait à certaines conditions constituer un commencement de preuve par écrit (art. 1 347 C. civ.). Or, selon les prétentions de Paul consistant à invoquer l'inexistence de l'opération, il apparaît qu'aucun écrit n'a été rédigé. Les effets du système de la preuve légale sont sévères pour Franck qui ne peut rapporter la preuve de cet achat et ne sera pas payé du solde dû par Paul. Mais en tant que commerçant, il aurait dû établir une facture ou un bon de commande en dépit des relations amicales existant avec Paul (sur l'obligation d'établir des factures : art. L. 441-3 C. co). Il paraît impossible pour Franck d'établir la réalité de l'opération et par conséquent de contraindre Paul au paiement du solde impayé.

Rôle d'Alice

S'agissant d'apprécier le rôle d'Alice dans l'entreprise, il est nécessaire de qualifier les opérations qu'elle réalise pour l'activité de son père.

Le rôle joué par la fille du commerçant dans l'entreprise pour s'occuper des livraisons des fournisseurs, des marchandises ainsi que des clients est difficilement qualifiable d'un point de vue juridique et relève plutôt de l'entraide familiale. S'agissant des commandes d'objets et des aménagements dans la boutique qui ont conduit à plusieurs commandes importantes, ces actes sont passés dans le cadre de l'entreprise : ils peuvent devenir commerciaux sur le fondement de la théorie de l'accessoire subjectif. Pour cela, deux conditions sont nécessaires : les actes doivent être passés pour les besoins de l'exploitation et l'auteur des actes doit avoir la qualité de commerçant. La condition relative à la qualité de commerçant fait défaut et empêche la qualification commerciale des actes passés par Alice. Il s'agirait d'actes civils mais encore faut-il que ces actes aient été valablement passés, ce qui suppose la capacité pour passer ces actes. En effet, Alice, la fille de Paul, est mineure : elle ne dispose pas de la capacité juridique et ne peut donc passer des actes de commerce pas plus que des actes civils (art. 1 108 C. civ.). Or, il existe une impossibilité pour le mineur même émancipé d'être commerçant (art. L. 121-2 C. co. et art. 413-8 C. civ.) et d'effectuer des actes de commerce. Il s'agit d'une incapacité de jouissance. Le mineur doit être représenté pour passer de tels actes, comme pour les actes civils, et le mineur même émancipé ne peut accomplir que des actes de commerce à titre isolé, sous réserve des interdictions légales relatives à certains actes (ex : art. L. 511-5 C. co. interdisant à tout mineur même émancipé de souscrire une lettre de change). Par cette incapacité, il s'agit de protéger la personne mineure contre les risques représentés par l'exploitation commerciale. Les actes de commerce effectués par un mineur sont donc nuls en principe. Cette nullité est relative et ne peut donc être invoquée que par le mineur. De tels actes peuvent également être rescindables pour lésion (art. 1 304 et s. C. civ.).

Toutefois, pour apprécier la validité des opérations effectuées par Alice, il est nécessaire de distinguer selon la gravité des actes. Ainsi, les actes graves sont ceux qui ne peuvent être effectués par le tuteur seul (ex : la vente d'un fonds de commerce). Les actes qui ne sont pas qualifiés de graves sont ceux qu'un tuteur peut accomplir seul, et par analogie le mineur peut les accomplir seul. Les commandes d'objets et les aménagements dans la boutique qui ont conduit à plusieurs commandes importantes apparaissent comme des actes de disposition et peuvent engager de manière substantielle le patrimoine de l'entreprise. Dans ce cas, il s'agira d'actes graves qui pourront être annulés. Mais si ces commandes ne sont pas constitutives d'actes graves, elles pouvaient valablement être passées par Alice.

La prochaine transmission du fonds de commerce à Alice

S'agissant d'apprécier la situation d'Alice au regard d'une prochaine transmission du fonds de commerce, plusieurs précisions doivent être apportées. Si Alice devient propriétaire du fonds de commerce, elle ne pourra pas l'exploiter avant sa majorité ni même en recourant aux services d'un salarié. Il est donc nécessaire de trouver une voie qui lui permette de recevoir le fonds de commerce sans se voir attribuer la qualité de commerçant du fait de cette transmission. Deux solutions sont possibles : la première consiste à louer le fonds de commerce à un locataire-gérant qui l'exploite à ses risques et périls dans l'attente qu'Alice devienne majeure. La seconde solution consiste à créer une société à laquelle le fonds sera apporté et dans laquelle Alice deviendra associée. Le choix de la forme sociétaire doit être guidé par le statut de l'associé. Il faut écarter les sociétés dans lesquelles les associés ont la qualité de commerçant, comme c'est le cas dans une société en nom collectif. Ainsi, Alice deviendrait titulaire de parts sociales ou d'actions avec d'autres associés (ex : SARL, SA), ou seule (ex : EURL, SASU).

Exercice 3. Exposé oral

Sujet

Le conjoint du commerçant participant à l'activité commerciale dans l'entreprise familiale

Conseils pour aborder le sujet

Il s'agit d'un sujet classique, mais l'exposé oral implique de structurer correctement les développements. En outre, des connaissances techniques et actualisées sont nécessaires.

Suggestion de correction

Introduction

Le commerçant peut être aidé dans l'exercice de l'activité commerciale par son conjoint. Le Code de commerce prévoit dans l'un de ses chapitres des dispositions relatives aux « *conjoints du chef d'entreprise travaillant dans l'entreprise familiale ou du partenaire lié au chef d'entreprise par un pacte civil de solidarité* ». Ces dispositions sont issues d'une loi du 10 juillet 1982 ainsi que d'une loi n° 2005-882 du 2 août 2005, du décret d'application du 1er août 2006 et de la loi n° 2008-776 de modernisation de l'économie du 4 août 2008. Le dispositif concerne désormais le conjoint du chef d'une entreprise commerciale, artisanale ou libérale ainsi que le partenaire du chef d'entreprise lié par un PACS. Ce régime légal du conjoint du commerçant a été étendu au partenaire lié par un PACS par la loi de modernisation de l'économie du 4 août 2008 (art. L. 121-8 C. co.). Ainsi, les époux peuvent opter pour l'un des statuts proposés par la loi et en principe, le conjoint n'est pas commerçant dans la mesure où il agit pour le compte du commerçant. Selon l'article L. 121-3 du Code de commerce, « *le conjoint d'un commerçant n'est réputé lui-même commerçant que s'il exerce une activité commerciale séparée de celle de son époux* ». Toutefois, dès que chaque époux remplit les conditions de la qualité de commerçant, ils peuvent être séparément qualifiés de commerçants au titre de l'entreprise familiale.

Dans un souci de protection des conjoints travaillant dans l'entreprise familiale, la loi du 10 juillet 1982 a organisé différents statuts. L'exercice de cette option a longtemps été une faculté, mais la loi du 2 août 2005 en faveur des petites et moyennes entreprises ne laisse plus le choix : l'article L. 121-4 du Code de commerce impose désormais le choix d'un statut au conjoint travaillant dans l'entreprise familiale.

Il faut analyser la situation dans laquelle le conjoint a opté pour un statut offert par la loi avant d'envisager les conséquences de cette coopération familiale.

I. Le choix d'un statut légal

Le conjoint du commerçant doit choisir un statut mais peut librement opter parmi les statuts proposés. Le statut de conjoint associé ne présente guère de spécificités : les époux peuvent être associés seuls ou avec d'autres dans tout type de société et peuvent y réaliser tout type d'apports en société. Le conjoint devient alors un associé et n'exerce pas nécessairement une activité dans l'entreprise. Selon les formes de sociétés, il pourra participer à l'activité et bénéficiera alors des droits reconnus au conjoint travaillant dans l'entreprise (L. 2 août 2005). Les autres statuts visent directement le cas du travail du conjoint dans l'entreprise, et nous envisagerons le statut du conjoint salarié (A) et celui de conjoint collaborateur (B).

A. Le statut de conjoint salarié

Depuis la loi du 10 juillet 1982, il est admis qu'un contrat de travail peut exister entre des époux.

Le conjoint optant pour le statut de salarié acquiert la qualité de salarié à condition qu'existe une véritable relation de travail. Cela suppose qu'il participe effectivement à l'entreprise à titre professionnel et habituel et qu'il perçoive une rémunération au moins égale au SMIC. À ces conditions communes à tous les salariés, le conjoint est réputé exercer son activité sous l'autorité de son époux, ce qui consiste à présumer l'existence du lien de subordination entre le salarié et l'employeur.

Pour le conjoint qui en bénéficie, l'avantage de ce statut réside dans l'application de droits sociaux attachés à la qualité de salarié (régime général de Sécurité sociale, retraite, indemnités de chômage). Les salaires sont déductibles des bénéfices de l'entreprise dans la limite du SMIC et à la condition que le commerçant ait adhéré à un Centre de gestion agréé. Malgré ces avantages, le statut est très coûteux pour l'entrepreneur notamment en termes de cotisations sociales, ce qui le rend faiblement attractif en pratique. Le conjoint salarié exerce des actes de commerce de manière subordonnée pour le compte de son conjoint commerçant et ne peut en principe encourir la qualification de commerçant. Cependant, un tiers pourrait établir le caractère fictif de son contrat de travail en démontrant que les fonctions assumées par le conjoint salarié sont incompatibles avec le lien de subordination lié au contrat de travail, et que ce conjoint remplit en outre les conditions d'acquisition de la qualité de commerçant.

B. Le statut de conjoint collaborateur

Le statut de conjoint collaborateur suppose que le conjoint du chef d'une entreprise commerciale, artisanale ou libérale exerce une activité professionnelle dans l'entreprise sans recevoir de rémunération et sans avoir la qualité d'associé au sens de l'article 1832 du Code civil (art. R. 121-1 C. co.). Il peut à certaines conditions exercer une autre activité, et notamment le cumul est permis avec une activité salariée exercée à temps partiel (art. R. 121-2 C. co. *a contrario*). Le statut de conjoint collaborateur est également offert au conjoint non associé du gérant associé unique ou du gérant associé majoritaire d'une SARL ou d'une SELARL dès que l'effectif de l'entreprise n'excède pas vingt salariés (art. L. 121-4 et R. 121-3 C. co.).

Le bénéfice de ce statut suppose l'inscription en tant que conjoint collaborateur au registre du commerce et des sociétés.

Sous réserve des diverses conditions, cette inscription produit plusieurs conséquences. Tout d'abord, le conjoint collaborateur devient électeur et éligible pour la désignation des membres des chambres de commerce et d'industrie et des tribunaux de commerce. En matière sociale, la protection offerte au conjoint a été améliorée (ex : assurance vieillesse), et les cotisations sociales versées pour ce dernier sont déductibles du bénéfice imposable. En cas de décès du commerçant, un droit à l'indemnisation existe au profit du conjoint afin de compenser l'absence de salaire. En vertu d'une loi du 31 décembre 1989 relative au développement des entreprises commerciales et artisanales, il bénéficie d'une créance sur la succession s'il a participé pendant dix ans à l'activité de l'entreprise, sans percevoir de salaire ni être associé aux bénéfices et aux pertes. Cette créance qui s'ajoute à la part du conjoint survivant, est égale à trois fois le SMIC annuel en vigueur au jour de la succession sans pouvoir excéder 25 % de l'actif successoral.

Par ailleurs, l'inscription au registre du commerce et des sociétés crée une présomption de mandat pour l'accomplissement des actes d'administration concernant les besoins de l'entreprise. Le conjoint collaborateur est réputé avoir reçu du chef d'entreprise le mandat d'accomplir en son nom les actes d'administration concernant les besoins de l'entreprise (art. L. 121-6 C. co.). Le législateur a précisé que ces actes de gestion et d'administration n'entraînent à la charge du conjoint collaborateur aucune obligation personnelle à l'égard des tiers (art. L. 121-7 C. co.). La présomption de mandat cesse par la dissolution du mariage, la séparation de corps ou de biens, ou encore par déclaration faite devant notaire.

Le statut du conjoint collaborateur par le bénéfice de cette présomption de mandat écarte la qualité de commerçant pour le conjoint. Cette solution est confortée par la présomption de non-commercialité prévue à l'article L. 121-3 du Code de commerce. Cette présomption de non-commercialité est néanmoins susceptible d'être renversée dans le cas où ce conjoint outrepasserait son rôle de collaboration et exercerait des pouvoirs dépassant ses fonctions. Un tiers, souvent un créancier, peut prouver que le conjoint accomplit les actes de commerce à titre de profession habituelle en son nom personnel et qu'il a donc lui aussi la qualité de commerçant. Par conséquent, le choix d'un statut légal n'interdit pas de prouver que la situation du conjoint ne correspond pas aux pouvoirs qui lui sont conférés par ce statut et qu'en outre il répond aux critères d'attribution de la qualité de commerçant, ce qui fait de lui un commerçant de fait. Si cette preuve est possible, elle reste difficile à établir.

Après avoir évoqué les statuts possibles, les conséquences de la participation du conjoint doivent être envisagées.

II. Les conséquences de cette participation

Le conjoint peut néanmoins participer de manière importante à l'activité de son conjoint commerçant, ce qui crée le risque d'une qualification de la participation en coexploitation (A). Par ailleurs, les conséquences de la participation doivent être exposées s'agissant des règles de gestion de l'entreprise familiale (B).

A. Le risque de coexploitation

Dans le cas où aucun statut n'a été choisi, le conjoint participant à l'exploitation encourt des qualifications différentes selon l'étendue des pouvoirs qui lui sont conférés.

La participation du conjoint à l'activité commerciale de son conjoint peut se faire naturellement au titre de la collaboration conjugale, et cette collaboration était jusqu'à présent la plus répandue. Lorsqu'il intervient à titre de simple auxiliaire et se borne par conséquent à aider son conjoint, cette intervention, même régulière, ne peut lui conférer la qualité de commerçant. Simple assistant (ex : tenue de caisse, réception des clients), le conjoint ne peut alors être qualifié de commerçant. La difficulté tient à la rédaction actuelle de l'article L. 121-4 du Code de commerce qui impose le choix d'un statut au conjoint de l'entrepreneur et exclut corrélativement toute autre forme de collaboration, y compris la collaboration informelle. Toutefois, il n'existe pas de sanction du défaut de choix d'un statut. La jurisprudence pourrait sanctionner pour travail dissimulé (art. L. 8221-1 C. trav.), comme la Cour de cassation a pu le faire dans le passé (Cass. crim. 22 octobre 2002, *Bull. crim.* n° 192). Cependant, l'incitation à l'option d'un statut que suscite le texte va sans doute diminuer les cas de collaboration informelle entre époux.

Lorsque le conjoint participe à l'entreprise familiale, l'exclusion de la qualité de commerçant à son égard est par ailleurs consacrée par l'article L. 121-3 du Code de commerce. Selon cet article, le principe est bien que le conjoint n'a la qualité de commerçant que s'il exerce lui-même un commerce séparé : il n'a pas cette qualité s'il intervient dans l'activité commerciale de son conjoint commerçant. Cette présomption est considérée comme une présomption simple de non-commercialité à l'égard du conjoint du commerçant. Cette présomption peut donc être renversée par la preuve contraire : il s'agit alors de démontrer que la participation du conjoint excède une simple aide, pour prendre une part active dans le commerce avec des prérogatives et des responsabilités équivalentes à celles du conjoint seul immatriculé au registre du commerce et des sociétés en tant que commerçant. En effet, la coexploitation est la situation dans laquelle deux personnes exploitent ensemble une même entreprise alors qu'une seule est immatriculée au registre du commerce et des sociétés en tant que commerçante. C'est souvent une demande d'un créancier qui va poser la question du rôle du conjoint au sein de l'entreprise familiale et de l'éventuelle reconnaissance judiciaire de sa qualité de commerçant. C'est alors au demandeur de prouver l'existence de la coexploitation. Ainsi, l'absence d'immatriculation au registre du commerce et des sociétés du conjoint du commerçant participant à l'exploitation n'empêche pas sa qualification de commerçant s'il remplit les critères de cette qualité.

Lorsque le conjoint participe à la direction du fonds de commerce et effectue des actes de commerce (ex : passation de commandes, négociation et conclusion de prêts auprès des banquiers), il peut être considéré comme accomplissant des actes de commerce de manière indépendante à titre de profession habituelle au sens de l'article L. 121-1 du Code de commerce. La qualité de commerçant lui est reconnue, et en tant que commerçant de fait le statut juridique du commerçant lui est applicable (ex : présomption de solidarité à l'égard des dettes de l'exploitation, ou encore ouverture d'une procédure collective en cas de cessation des paiements).

Par ailleurs, l'adoption d'un statut légal n'empêche pas la reconnaissance judiciaire de la qualité de commerçant pour le conjoint du commerçant, même si les statuts sont en principe incompatibles avec la qualité de commerçant (art. L. 121-4 C. co.). Il faudra établir que le rôle du conjoint dépasse celui d'un salarié en cas de contrat de travail ou le rôle d'un collaborateur, et de réunir les conditions d'acquisition de la qualité de commerçant.

La participation du conjoint est susceptible d'influer sur les règles de gestion du fonds de commerce.

B. Les règles de gestion

Le mariage a une influence sur la gestion de l'entreprise familiale, notamment lorsque dans un régime de communauté légale les biens professionnels sont des biens communs. L'article 1424 du Code civil précisait déjà que « *les époux ne peuvent, l'un sans l'autre, aliéner ou grever de droits réels les immeubles, fonds de commerce et exploitations dépendant de la communauté* [...]. *Ils ne peuvent, sans leur conjoint, percevoir les capitaux provenant de telles opérations* ». Le système de cogestion imposant le consentement du conjoint pour certaines opérations relatives à l'entreprise familiale a été renforcé par la loi du 10 juillet 1982 relative aux conjoints d'artisans et de commerçants travaillant dans l'entreprise familiale (art. 2). Selon l'article L. 121-5 du Code de commerce, le conjoint travaillant dans l'entreprise doit consentir à la vente et à la constitution de sûretés sur les éléments du fonds de commerce nécessaires à l'exploitation du fonds lorsque ce fonds dépend de la communauté légale. Le consentement exprès de l'époux est également requis en cas de location-gérance du fonds, ainsi que pour la perception de capitaux provenant de ces diverses opérations. Les actes passés sans le consentement du conjoint peuvent faire l'objet d'une annulation par une action en nullité exercée dans les deux années à compter du jour où le conjoint a eu connaissance de cet acte. Ainsi, dans le régime de la communauté légale, la gestion concurrente des époux est le principe et permet à chaque époux d'administrer et de disposer seul des biens communs (art. 1 424 al. 1er C. civ.), sous réserve des actes précisément soumis à la cogestion impliquant d'obtenir le consentement du conjoint (art. 1 424 C. civ. et L. 121-5 C. co.).

La participation du conjoint dans l'entreprise familiale peut aussi influencer le devenir de l'entreprise lors du décès du commerçant. En cas de décès du commerçant, le conjoint survivant peut demander l'attribution préférentielle de toute l'entreprise ou d'une partie à l'exploitation de laquelle il participe ou a participé (art. 831 C. civ.).

Enfin en cas de divorce, la loi du 2 août 2005 en faveur des petites et moyennes entreprises prévoit une disposition protectrice du conjoint quel que soit son statut. C'est désormais l'article 1387-1 du Code civil qui donne au juge le pouvoir de mettre à la charge exclusive du conjoint qui « *conserve le patrimoine personnel ou à défaut la qualification professionnelle ayant servi de fondement à l'entreprise* », les dettes ou les sûretés consenties par les époux, solidairement ou séparément dans le cadre de la gestion de l'entreprise.

Thème 3 Le fonds de commerce

Bibliographie

J. Derruppé, « L'avenir du fonds de commerce et de la propriété commerciale », in *Mélanges F. Terré*, Dalloz/PUF/J.-Cl. 1999, p. 577.

J. Mestre (dir.), « Le fonds de commerce (1909-2009) : un centenaire à rajeunir », *GP* n° spécial 31 mai au 4 juin 2009.

A. Mendoza-Caminade, « La notion de fonds de commerce à l'épreuve de l'internet : faut-il admettre le fonds de commerce électronique ? », in *Libre droit, Mélanges en l'honneur de Ph. le Tourneau*, Dalloz 2008, p. 763.

J. Monéger, « Émergence et évolution de la notion de fonds de commerce », *AJDI* 2001, 1042.

Rappel de cours

Le fonds de commerce regroupe des biens meubles servant à l'exploitation de l'activité. Plus précisément, il s'agit d'éléments corporels et incorporels qui permettent à un entrepreneur d'exercer son activité. Le Code de commerce réglemente les opérations relatives au fonds mais ne définit pas cette notion. Aussi est-il nécessaire de préciser la nature du fonds de commerce (I) avant d'envisager sa composition (II).

I. La nature juridique du fonds de commerce

Le fonds de commerce est un ensemble de biens qui constitue une universalité (A) et il représente un bien meuble incorporel (B).

A. Le fonds de commerce : une universalité de fait

Le fonds de commerce est une notion dont il est difficile de donner une définition précise. Les différents biens composant le fonds sont réunis pour une finalité unique qui est l'exercice de l'activité commerciale. Cette masse de biens affectée à l'activité commerciale ne constitue pas une simple juxtaposition de biens mais une entité unique et distincte des biens qui la compose. Cette permanence du fonds est exprimée par la qualification d'universalité. Le fonds est en effet indépendant des biens qui le composent, ce qui permet de conclure des opérations sur le fonds lui-même, telles que la vente ou encore la location-gérance. À l'inverse, le fonds subsiste en dépit des changements réalisés dans sa composition : la vente d'éléments du fonds ne fait pas en principe disparaître le fonds. Si le fonds représente une unité économique affectée à l'exploitation commerciale, il s'agit d'une universalité de fait. Le fonds n'a pas la personnalité juridique et ne forme pas un patrimoine distinct pour le commerçant. Cela découle de la conception française de la personnalité juridique qui reste marquée par la théorie personnaliste du patrimoine d'Aubry et Rau. En vertu du principe de l'unité du patrimoine, le principe reste que le commerçant a un seul patrimoine et ne peut en détenir plusieurs. La notion de patrimoine d'affectation n'est pas retenue en droit français mais quelques dispositions – EURL et SASU – et l'admission récente de la fiducie permettent de contourner cette absence.

En tant qu'universalité de fait non dotée d'un actif et d'un passif corrélatif, le fonds de commerce fait partie du patrimoine du commerçant. Les créances et les dettes restent personnelles au commerçant et ne se transmettent donc pas avec ce fonds. Il existe des exceptions légales prévoyant la transmission de certaines créances ou de certaines dettes (ex : la transmission des contrats de travail en cours au nouvel employeur du fonds de commerce en application de l'article L. 1224-1 du Code du travail).

B. Le fonds de commerce : un bien meuble incorporel

La masse de biens que constitue le fonds est un bien distinct par rapport aux biens qui le composent, et ce bien est qualifié de bien meuble. En effet, les immeubles sont exclus du fonds de commerce et un fonds de commerce ne comporte jamais d'immeuble ou de droit immobilier. Le fonds est donc soumis au régime applicable aux meubles.

Enfin, le fonds de commerce est un bien meuble incorporel. Cette qualification n'est pas évidente dans la mesure où le fonds de commerce comporte des biens incorporels mais aussi des biens meubles corporels, comme les marchandises ou encore le matériel. Parce que les éléments incorporels sont plus importants que les éléments corporels, le caractère incorporel prévaut pour la qualification. C'est particulièrement le cas de la clientèle qui apparaît comme l'élément essentiel du fonds.

De cette qualification en bien meuble incorporel découlent des conséquences parmi lesquelles le fait de ne pas pouvoir appliquer le régime juridique des meubles corporels (ex : art. 2 276 C. civ. relatif à la possession).

Après avoir cerné la nature juridique du fonds de commerce, il est temps d'envisager sa composition.

II. La composition du fonds de commerce

Le Code de commerce comporte plusieurs articles énumérant de manière non exhaustive des éléments entrant dans la composition du fonds de commerce. Ainsi, l'article L. 141-5 du Code de commerce relatif au privilège du vendeur de fonds de commerce évoque l'enseigne, le nom commercial, le droit au bail, la clientèle et l'achalandage, le matériel et les marchandises. L'article L. 142-2 du Code de commerce relatif au nantissement mentionne comme faisant partie d'un fonds l'enseigne et le nom commercial, le droit au bail, la clientèle et l'achalandage, le mobilier commercial, le matériel ou l'outillage servant à l'exploitation du fonds, les brevets d'invention, les licences, les marques de fabrique et de commerce, les dessins et modèles industriels, et généralement les droits de propriété industrielle, littéraire ou artistique qui y sont attachés.

Ces énumérations ne sont ni impératives ni limitatives, et la composition du fonds de commerce est donc modulable. Un fonds peut comporter par exemple des droits de propriété industrielle qui ne figurent pas dans la liste exemplative du Code, ou encore des licences et autorisations administratives. Cependant, il existe un élément sans lequel le fonds de commerce ne saurait exister : il s'agit de la clientèle. La jurisprudence a fait de la clientèle l'élément essentiel du fonds de commerce.

Le fonds est donc composé de manière essentielle de biens incorporels ainsi que d'éléments purement matériels.

A. Les éléments incorporels du fonds

Le Code de commerce se réfère à plusieurs éléments incorporels : l'enseigne, le nom commercial, le droit au bail, la clientèle et l'achalandage (v. notamment l'art. L. 141-5 C. co.). Les éléments mentionnés seront successivement envisagés.

1. La clientèle et l'achalandage

C'est l'élément sans lequel il n'y a pas de fonds de commerce, et la jurisprudence l'a affirmé depuis longtemps (Cass. req. 23 octobre 1934 : S. 1934, 1, 392). La clientèle est l'élément constitutif du fonds sans lequel le fonds ne peut exister ou être cédé.

Une distinction est possible entre la clientèle et l'achalandage : cette dernière correspond aux clients de passage attirés essentiellement par l'emplacement du fonds. La jurisprudence dominante ne retient plus la distinction et assimile le chaland à un client.

S'il s'agit du critère d'existence du fonds de commerce, la clientèle dépend des autres éléments du fonds qui permettent de l'attirer et de l'accroître. Aussi, lorsqu'un élément du fonds est déterminant pour l'attraction de la clientèle, la cession du fonds implique également la cession du support d'attraction de la clientèle.

2. Le nom commercial

Le nom commercial est la dénomination du fonds de commerce. Son régime est jurisprudentiel en l'absence de dispositions légales.

Le nom commercial est un bien incorporel du fonds de commerce et se transmet avec lui à défaut de convention contraire. Le nom commercial peut être cédé isolément.

Le nom commercial choisi doit permettre de distinguer le fonds des concurrents, ce qui suppose que le nom choisi soit disponible. Le choix d'un nom fantaisiste est libre, mais le choix le plus fréquent est celui de son nom de famille.

Une fois le nom choisi, il n'existe pas de formalités d'enregistrement pour le nom commercial, et il est possible de l'indiquer lors de l'inscription au registre du commerce et des sociétés.

La protection de ce signe distinctif intervient par son usage public et continu. En outre, le nom commercial n'est protégé en principe qu'entre concurrents à raison d'un risque de confusion dans l'esprit du public. Le nom commercial est soumis au principe de spécialité et délimite la protection du droit en fonction de l'activité exercée par le titulaire.

L'action en protection du nom commercial relève du droit commun et en particulier de l'action en responsabilité civile pour faute délictuelle du fait personnel. Ces actions fondées sur les articles 1382 et 1383 du Code civil sont l'action en concurrence déloyale et l'action en agissements parasitaires.

3. L'enseigne

Il s'agit d'un signe matériel apposé sur la façade du local d'exploitation. L'enseigne réalise une localisation géographique de l'établissement dans lequel est reçu le public. Son rôle est variable selon le type d'activité, et elle est d'ailleurs facultative : le commerçant n'est pas obligé d'en utiliser une, ou il peut en utiliser plusieurs s'il dispose de plusieurs points de vente ; il n'existe pas de limitation en la matière.

Le choix est large car il peut s'agir d'une dénomination, d'un dessin, ou encore d'un emblème. La protection de l'enseigne est subordonnée à son usage public continu, et elle est assurée par l'action en concurrence déloyale ou par l'action en agissements parasitaires.

4. Le droit au bail

Lorsque le commerçant n'est pas propriétaire de l'immeuble dans lequel il exploite le fonds, il loue ce local commercial par un contrat de bail commercial. Parce que la stabilité du fonds de commerce est subordonnée au maintien dans cet emplacement géographique, le bail commercial attribue d'importants droits au locataire-commerçant.

Il lui confère ce que l'on appelle la propriété commerciale qui consiste pour le commerçant à disposer d'un droit au renouvellement du bail commercial, ou à défaut d'une indemnité d'éviction dont la valeur est très importante.

B. Les éléments corporels du fonds

1. Le matériel et l'outillage

Il s'agit des machines et des outils qui servent à l'exploitation du fonds. Leur importance est variable selon l'objet de l'exploitation.

Il est possible que ces éléments ne soient pas compris dans le fonds lorsque le commerçant n'en est pas propriétaire, soit par l'utilisation du crédit-bail comme technique de financement, soit par l'effet d'une clause de réserve de propriété par laquelle le vendeur du bien conserve la propriété du bien vendu jusqu'au complet paiement de ce bien.

Ces éléments facultatifs du fonds peuvent être traités séparément du fonds et être loués, nantis ou cédés indépendamment du fonds de commerce.

2. Les marchandises

Destinées à être vendues, les marchandises, aussi appelées stocks, sont l'élément le plus volatile du fonds. Il s'agit des biens mobiliers destinés à la vente et qui sont l'objet de l'activité commerciale : elles ont vocation à être renouvelées et ne sont pas stables. Aussi, elles ne sont pas en principe utilisées comme garantie pour obtenir du crédit. Elles sont traditionnellement exclues du nantissement du fonds de commerce. En revanche, elles font partie de l'assiette du privilège du vendeur, et il existe désormais un gage sur les stocks sans dépossession (art. L. 527-1 et s. C. co.), sous réserve des biens soumis à une clause de réserve de propriété.

Exercice 1. Commentaire d'arrêt

Sujet

Cour de cassation
Chambre civile 3
Audience publique du mercredi 19 janvier 2005
N° de pourvoi : 03-15283
Publié au *Bulletin*
Rejet
M. Weber, président

RÉPUBLIQUE FRANÇAISE
AU NOM DU PEUPLE FRANÇAIS

Sur le moyen unique :

Attendu, selon l'arrêt attaqué (Basse-Terre, 10 février 2003), que, par acte du 1er novembre 1993, la société Grand Case Beach Club Management Association (société Grand Case) a consenti à Mme X... Y... une «convention d'occupation précaire» pour une durée de douze mois pour un local intégré dans un hôtel ; que, faisant valoir qu'elle s'était maintenue dans les lieux à l'issue du terme fixé par la convention, Mme X... Y... a assigné la société Grand Case pour voir dire qu'elle bénéficie d'un bail soumis au statut des baux commerciaux et déclarer nul et de nul effet le congé que lui a délivré le bailleur le 5 septembre 2000 ;

Attendu que la société Grand Case, assistée de M. Z... A..., ès qualités de commissaire à l'exécution du plan de continuation de cette société, fait grief à l'arrêt d'accueillir ces demandes alors, selon le moyen :

1° que ne bénéficie pas d'un bail commercial le commerçant qui exploite un magasin situé dans un hôtel, s'il ne démontre pas qu'il dispose en permanence d'une clientèle propre qui est prédominante ;

qu'en jugeant que Mme X… Y…, qui exploitait la boutique située dans l'enceinte de l'hôtel Grand Case Beach Club, bénéficiait d'un bail commercial en se fondant, d'une part, sur des attestations affirmant que pendant la basse saison un grand nombre de clients provenaient de l'extérieur ou se bornant à mentionner l'existence de ces clients, et, d'autre part, sur un constat d'huissier de justice constatant que la boutique était accessible aux personnes étrangères à l'hôtel en dépit du système de sécurité mis en place, sans relever aucun élément permettant d'établir que la clientèle de Mme X… Y… était en permanence prédominante sur celle de l'hôtel, la cour d'appel a privé sa décision de base légale au regard des articles L. 145-5 et L. 145-9 du Code de commerce ;

2° que le commerçant qui exploite un magasin situé dans un hôtel dont il suit les horaires d'ouverture, de fermeture et les conditions d'exploitation, ne dispose pas librement des lieux et ne bénéficie pas d'une autonomie de gestion, circonstances qui sont exclusives du statut des baux commerciaux ; qu'en l'espèce, la société à responsabilité limitée Grand Case Beach Club Management Association rappelait que Mme X… Y… exploitait la boutique de l'hôtel Grand Case Beach Club conformément au règlement intérieur de l'hôtel qui lui imposait non seulement les horaires d'ouverture et de fermeture de cette boutique mais également les prestations qu'elle devait fournir à la clientèle ; qu'en se bornant à dire que ces éléments ne constituaient pas une entrave effective à son activité commerciale, sans expliquer en quoi la locataire disposait néanmoins librement des lieux et gérait librement son activité, la cour d'appel a privé sa décision de base légale au regard des articles L. 145-5 et L. 145-9 du Code de commerce ;

Mais attendu que le statut des baux commerciaux s'applique aux baux de locaux stables et permanents dans lesquels est exploité un fonds de commerce ou un fonds artisanal, ces fonds se caractérisant par l'existence d'une clientèle propre au commerçant ou à l'artisan, que, toutefois, le bénéfice du statut peut être dénié si l'exploitant du fonds est soumis à des contraintes incompatibles avec le libre exercice de son activité ; qu'ayant relevé que la réalité de l'activité commerciale de Mme X… Y… et l'existence de marchandises offerte à la vente n'étaient pas contestées, que le magasin était accessible à une clientèle autre que celle de l'hôtel et que lui était adressée par des tiers une clientèle extérieure variée de touristes et de résidents Saint-Martinois et retenu que les contraintes imposées à Mme X… Y… par le règlement intérieur de l'hôtel ne constituaient pas une entrave effective à son activité commerciale, faisant ressortir ainsi l'absence de contraintes incompatibles avec le libre exercice de celle-ci, la cour d'appel, qui en a justement déduit que, Mme X… Y… était fondée à se prévaloir du bénéfice du statut des baux commerciaux, a légalement justifié sa décision ;

PAR CES MOTIFS :

REJETTE le pourvoi.

Conseils pour aborder le sujet

Il s'agit de commenter un arrêt novateur concernant un thème sur lequel la jurisprudence apparaît quelque peu chaotique. Il convient de bien analyser les différentes précisions apportées par la Cour de cassation.

Suggestion de correction

Introduction

L'arrêt rendu par la Cour de cassation le 19 janvier 2005 prend position sur la question de l'attribution du statut des baux commerciaux aux commerces intégrés.

En l'espèce, une société a consenti une convention d'occupation précaire d'un local à une commerçante dont le magasin était situé à l'intérieur d'un hôtel. La commerçante est restée dans les lieux loués à l'expiration de la convention, puis elle a reçu un congé délivré par le bailleur. La commerçante a alors assigné la société bailleresse pour faire déclarer nul le congé et pour revendiquer l'application du statut des baux commerciaux. La cour d'appel a accueilli la demande de la locataire et un pourvoi en cassation a été formé par la bailleresse. Selon le pourvoi, le commerçant intégré dans un hôtel ne bénéficie pas d'un bail commercial s'il ne dispose pas d'une clientèle propre prédominante de manière permanente. Le pourvoi reproche alors à la cour d'appel d'avoir considéré que la preneuse bénéficiait d'un bail commercial sans relever d'élément permettant de conclure à la prédominance permanente de la clientèle de la preneuse sur celle de l'hôtel. Par ailleurs, l'exploitante ne disposait pas librement des lieux et ne bénéficiait pas d'une autonomie de gestion en raison de circonstances exclusives du statut des baux commerciaux, telles que les horaires de l'activité et le choix des prestations proposées à la clientèle. Ces divers éléments imposés par un règlement intérieur de l'hôtel à la commerçante ne constituent pas pour la cour d'appel une entrave à son activité commerciale, sans que la cour d'appel justifie en quoi la locataire disposait librement des lieux et gérait librement son activité. Selon le pourvoi, l'arrêt de la cour d'appel serait entaché d'un défaut de base légale au regard des articles L. 145-5 et L. 145-9 du Code de commerce relatifs au bail commercial.

La Cour de cassation devait se prononcer sur les conditions auxquelles les commerces intégrés dans un ensemble plus vaste bénéficient du statut des baux commerciaux. Plus précisément, il s'agit de déterminer si le commerce dépendant de l'ensemble plus vaste dispose d'une clientèle propre et d'une autonomie de gestion.

La jurisprudence est variable sur cette question et il appartenait à la Cour de cassation d'apporter une réponse claire. C'est ce qu'elle fait en confirmant que la condition d'application du statut des baux commerciaux relative à la propriété du fonds de commerce intégré se limite à l'existence d'une clientèle propre. En outre, la libre exploitation n'est pas entravée. Ainsi, la Cour rappelle que le statut « *s'applique aux baux de locaux stables et permanents dans lesquels est exploité un fonds de commerce ou un fonds artisanal, ces fonds se caractérisant par l'existence d'une clientèle propre au commerçant ou à l'artisan* », et précise que « *le bénéfice du statut peut être dénié si l'exploitant du fonds est soumis à des contraintes incompatibles avec le libre exercice de son activité* ». Elle approuve ensuite les juges du fond qui ont retenu l'existence d'une clientèle propre et l'absence de contraintes incompatibles avec le libre exercice de l'activité commerciale de la locataire. La locataire bénéficiait donc du régime des baux commerciaux et la Cour de cassation rejeta le pourvoi.

L'arrêt s'inscrit dans une certaine continuité de la jurisprudence mais assouplit les conditions d'application du statut des baux commerciaux aux commerces intégrés. D'une part, s'agissant de l'appréciation de la clientèle propre, cette dernière n'a pas besoin d'être prépondérante. L'autonomie de gestion traditionnellement exigée n'est pas utilisée en tant que telle et laisse la place à l'absence de contraintes incompatibles avec le libre exercice de l'activité commerciale. La Cour de cassation fait application des critères d'application du statut des baux commerciaux pour les commerces intégrés qui pour certains sont maintenus (I) et assouplis pour d'autres (II).

I. Conditions maintenues pour l'application du statut

La Cour de cassation rappelle de manière claire que le bénéfice du statut des baux commerciaux est subordonné à l'exigence d'une exploitation dans un local stable et permanent (A) et à l'existence d'un fonds de commerce caractérisée par une clientèle propre (B).

A. L'exploitation d'un fonds de commerce dans un local stable et permanent

L'affaire soulevait la question de la qualification de la convention locative : il s'agit de déterminer si la qualification de convention d'occupation précaire est adaptée ou si la requalification en bail commercial est nécessaire. Cette dernière qualification permet alors à l'exploitante de bénéficier de la propriété commerciale, alors que les conventions d'occupation précaire en sont traditionnellement exclues. Il est donc essentiel de bien distinguer ces deux types de conventions, notamment grâce à ces conditions relatives au local. C'est l'article L. 145-1 du Code de commerce qui exige pour le bénéfice du régime des baux commerciaux l'exploitation d'un fonds de commerce dans le local loué.

Selon la jurisprudence, un local au sens du décret du 30 septembre 1953 est un lieu clos et couvert dans lequel la clientèle est reçue. L'exigence de stabilité permet d'exclure du champ d'application du bail commercial des constructions non fixes jugées insuffisamment solides par les juges du fond. Ce caractère ne semble pas avoir été soulevé devant les juges. Le caractère permanent consiste à exiger la potentialité de l'exploitation sans que l'activité soit réellement exercée de manière continue sans interruption. La notion de local stable et permanent varie selon les espèces et relève de l'appréciation souveraine des juges du fond.

En l'espèce, elle est mise en avant par la Cour de cassation pour justifier la requalification de la convention d'occupation précaire. La précarité du contrat est rejetée et il s'agit alors de donner une nouvelle qualification à la convention. La qualification de bail commercial revendiquée par la commerçante supposait la reconnaissance à son profit de la propriété du fonds de commerce, ce qui impliquait d'établir l'existence d'une clientèle personnelle.

B. Une clientèle propre au commerce intégré

Au-delà de la seule existence d'une clientèle, l'exploitation d'un fonds de commerce au sein d'un établissement d'accueil implique de rechercher qui du commerce intégré ou de l'établissement d'accueil est propriétaire de cette clientèle. La clientèle peut en effet être attirée avant tout par les caractéristiques de l'établissement principal, faisant ainsi du commerçant un simple exploitant d'une clientèle qui ne lui appartient pas. Dans un arrêt de principe du 24 avril 1970 (Cass. ass. plén., 24 avril 1970, *Bull. civ.* 1970, ass. plén., n° 3), l'Assemblée plénière de la Cour de cassation a considéré que le commerce situé dans l'enceinte d'un établissement plus vaste peut bénéficier du statut des baux commerciaux s'il dispose d'une clientèle personnelle. En l'espèce, les juges du fond ont relevé l'absence de clientèle personnelle de la buvette située au sein d'un hippodrome, car la clientèle se limitait à celle de la société des courses hippiques. La question est appréciée au cas par cas et relève du pouvoir souverain d'appréciation des juges du fond.

Dans la décision commentée, la Cour a relevé que la boutique était accessible aux personnes étrangères à l'hôtel. Une clientèle extérieure est attachée à l'exploitante de la boutique et la composition de cette clientèle est précisée par la cour d'appel ; elle serait constituée de touristes ainsi que de résidents. L'origine distincte de cette clientèle par rapport à celle de l'hôtel suffit pour justifier le caractère personnel de la clientèle.

Ainsi est facilitée la reconnaissance d'une clientèle du magasin intégré et cet arrêt rejoint la jurisprudence admettant la possibilité d'une clientèle propre au franchisé au sein d'un réseau de distribution. Ce courant inauguré par la décision Trévisan (Cass. 3e civ. 27 mars 2002, *Bull. civ.* 2002, III, n° 77) a reconnu au franchisé la propriété d'une clientèle locale par opposition à la clientèle nationale du franchiseur, notamment parce qu'il exploite son activité à ses risques et périls. En affirmant que le commerce intégré bénéficie de la protection des baux commerciaux dès qu'une clientèle y est rattachée, la Cour de cassation semble aligner la situation de l'exploitant du commerce intégré sur celle de tout autre commerçant.

Si la clientèle propre aux commerces intégrés est appréciée souplement, le bénéfice du statut des baux commerciaux suppose encore de remplir des conditions qui sont assouplies par la Cour de cassation.

II. Conditions assouplies pour l'application du statut

Le fonds de commerce est caractérisé par l'existence d'une clientèle propre, et la preuve de la clientèle propre des commerces intégrés est admise souplement et n'a pas besoin d'être prépondérante par rapport à celle de l'établissement principal (B). Pour autant, la Cour de cassation conditionne le bénéfice du bail commercial à l'absence de contraintes incompatibles avec la libre activité (A).

A. L'absence de contraintes incompatibles avec la libre activité

En jurisprudence, l'exploitation d'une clientèle personnelle au commerce intégré ne suffit pas pour revendiquer le statut des baux commerciaux, et il est encore nécessaire à l'exploitant de démontrer une autonomie de gestion dans son activité. Classiquement, le défaut d'autonomie a pour grave conséquence d'écarter la protection statutaire pour le commerçant. Parmi les indices utilisés pour éprouver l'autonomie du commerçant situé au sein d'un établissement plus vaste, figurent notamment les horaires d'ouverture et de fermeture du commerce, le libre accès au magasin, ou encore la soumission à certaines exigences concernant par exemple la publicité. Ces éléments variés apparaissent souvent très restrictifs pour les commerçants dépendants.

En l'espèce, s'agissant d'un commerce intégré dans un ensemble hôtelier, le critère de l'autonomie de gestion aurait conduit à conclure à la dépendance du fonds à l'égard du fonds principal. En effet, les contraintes découlant du règlement intérieur, en particulier quant aux horaires d'ouverture et fermeture de la boutique, sont en général jugées exclusives d'une véritable autonomie de gestion (pour un défaut d'autonomie de gestion en raison des moyens de travail et des horaires d'ouverture : Cass. 3e civ. 1er octobre 2003, *Loyers et copr.* 2003, comm. 239). C'est ce que faisait valoir la société bailleresse à l'appui de son pourvoi.

Mais la Cour de cassation parait abandonner ce critère pour utiliser celui de l'absence de contraintes incompatibles avec le libre exercice de l'activité commerciale.

Les contraintes sont avérées du fait des horaires d'ouverture et des prestations imposés. Pourtant ces contraintes ne sont pas constitutives d'une entrave effective à l'exercice de l'activité commerciale pour la Cour de cassation qui n'apporte aucune précision supplémentaire. S'agissant d'apprécier ce nouveau critère, on peut dire qu'il correspond à une autonomie de gestion allégée, car le critère traditionnel d'autonomie de gestion conduit en principe les juges à reconnaître l'absence de liberté du locataire du fait de la fixation des horaires par l'établissement principal. Or, pour la Cour de cassation, les contraintes liées au règlement intérieur de l'hôtel n'étaient pas suffisantes pour porter atteinte à la liberté d'exercice de l'activité de l'exploitante.

Cette analyse de la Cour de cassation permet par le critère de l'absence de contraintes incompatibles avec le libre exercice de l'activité commerciale d'établir plus aisément l'indépendance du commerce intégré à l'égard de l'hôtel.

B. L'abandon confirmé du caractère prépondérant de la clientèle

Le pourvoi invoquait le défaut de preuve du caractère prépondérant de la clientèle personnelle de l'exploitante sur celle de l'hôtel. En effet, la jurisprudence a exigé dans certaines décisions que la clientèle soit prépondérante par rapport à celle de l'établissement principal. Ce fut le cas dans une affaire similaire concernant une exploitation située dans le hall d'un hôtel. Il avait été jugé que la clientèle personnelle du commerçant devait être prédominante par rapport à celle de l'hôtel (Cass. 3e civ. 4 novembre 1992, *D.* 1994, somm. p. 51, obs. L. Rozes). Cette exigence jurisprudentielle ajoutée aux textes de la loi rendait la preuve le plus souvent impossible pour les commerces intégrés, leur interdisant le bénéfice des baux commerciaux.

Aussi, la Cour de cassation a-t-elle finalement écarté ce critère et admet qu'il n'est pas nécessaire de rechercher si la clientèle personnelle du preneur est prépondérante par rapport à celle de l'établissement principal (Cass. 3e civ. 19 mars 2003, *Bull. civ.* 2003, III, n° 66). C'est pourquoi la cour d'appel n'a pas exigé ce caractère prépondérant de la clientèle du commerce inclus comme le pourvoi le lui a reproché. C'est aussi la voie choisie par la Cour qui conduit au rejet de l'argument soulevé par le pourvoi. La demanderesse prétendait que « *ne bénéficie pas d'un bail commercial le commerçant qui exploite un magasin situé dans un hôtel, s'il ne démontre pas qu'il dispose en permanence d'une clientèle propre qui est prédominante* ».

En n'exigeant pas une clientèle prépondérante du commerce intégré, la Cour de cassation conforte l'abandon de ce critère, et seule compte l'existence d'une clientèle propre. Par cet arrêt, la Cour de cassation assouplit considérablement la reconnaissance d'une clientèle personnelle au commerçant intégré et renforce sa position libérale favorable aux commerces intégrés.

Exercice 2. Cas pratique

Sujet

Chantal Z est une créatrice de mode talentueuse dont les vêtements se sont rapidement retrouvés photographiés dans les magazines de mode. Il y a quelques années, elle a créé une société portant son nom avec l'aide d'investisseurs étrangers. La société anonyme Chantal Z connaît un succès mondial mais la politique commerciale de la société ne convenait plus à Chantal Z. Aussi a-t-elle quitté la société pour retrouver sa liberté de création et va constituer une nouvelle société pour exercer ses talents sous son nom patronymique. Apprenant la nouvelle de cette prochaine création, la société qui vient de déposer plusieurs marques constituées du nom de Chantal Z la menace d'une action en concurrence déloyale ainsi qu'en contrefaçon. Chantal Z envisage de faire interdire l'usage par la société de la dénomination.

Chantal Z a également créé un fonds de commerce de vêtements pour enfants qui bénéficie d'une bonne réputation notamment grâce à la marque Opetit. Elle vient de vendre ce fonds de commerce, et l'acte de vente précise que parmi les éléments cédés figurent la clientèle et l'achalandage, le matériel et les agencements, les marchandises, ainsi que le droit au bail. La marque notoire Opetit fait l'objet d'un contrat séparé de licence par lequel Chantal Z concède à l'acheteur du fonds l'usage de ce signe distinctif.

Le propriétaire du local dans lequel est exploité le fonds de commerce menace de faire annuler la cession du fonds de commerce. Il prétend que l'acte intitulé « *Cession de fonds de commerce* » est en fait une cession du droit au bail. Or, le bail commercial prévoit l'interdiction de céder le bail sans le fonds de commerce.

Chantal Z souhaite connaître votre avis sur les différents problèmes rencontrés.

Conseils pour aborder le sujet

La première difficulté consiste à bien recenser les problèmes sans en oublier. Il s'agit en effet d'une question ouverte, ce qui implique une analyse attentive des faits proposés. Les questions posées sont précises et impliquent un exposé clair de leur problématique. La question relative à l'utilisation du nom de famille dans la vie des affaires est une question technique renvoyant à de la jurisprudence précise qu'il faut connaître. La seconde question est plus classique mais exige un raisonnement très structuré.

Suggestion de correction

1. L'utilisation du nom de famille par le porteur

La première question à examiner concerne la menace d'action en concurrence déloyale et en contrefaçon. La création d'une nouvelle société par Chantal pose-t-elle une difficulté du fait de l'utilisation de son nom de famille à titre de signe distinctif ?

Chantal Z a donné son nom à la société anonyme qu'elle a constituée avec d'autres associés. Le nom de famille est de ce fait utilisé à titre de dénomination sociale de la société. Ce choix est tout à fait licite dès lors que le porteur du nom a autorisé cet usage, et dans la plupart des cas cette autorisation résulte de la seule signature des statuts lors de la constitution de la société par l'associé porteur du patronyme.

Or, à partir du moment où le nom patronymique est utilisé pour l'exercice du commerce, il s'opère une transformation du nom et de ses caractères. Le patronyme utilisé pour le commerce devient un nom commercial s'il est utilisé pour désigner un fonds de commerce, et il constitue un objet de propriété faisant partie de ce fonds de commerce. Élément du fonds de commerce, il possède une valeur patrimoniale parfois très importante. Une affaire célèbre a imposé cette patrimonialisation du nom devenu un signe distinctif de l'entreprise : il s'agit de l'affaire Bordas dans laquelle la Chambre commerciale de la Cour de cassation a rendu un arrêt de principe le 12 mars 1985. L'associé Pierre Bordas avait quitté la société qui portait son nom et entendait interdire à celle-ci l'utilisation de son nom patronymique Bordas. La Cour de cassation s'y opposa et jugea que ce patronyme est devenu un objet de propriété incorporelle de la personne morale, s'étant ainsi détaché de la personne physique à laquelle il était originairement attaché. La jurisprudence est constante depuis cette décision. Chantal Z ne peut pas faire interdire l'usage de son nom par la société anonyme, car ce nom utilisé à titre de dénomination sociale est devenu la propriété de la personne morale et s'est détaché de la personne de Chantal Z dans la vie des affaires.

En outre, si Chantal Z crée une nouvelle société portant son nom dans ce même milieu de la mode, elle s'expose effectivement à une action en concurrence déloyale. Comme le nom commercial, la dénomination sociale possède un régime particulier lié au fait qu'il est un élément de l'entreprise permettant d'attirer la clientèle de celle-ci. Aussi, l'utilisation d'une dénomination sociale identique ou similaire peut être un moyen de détourner la clientèle d'une autre personne et ainsi de lui faire une concurrence déloyale. La création postérieure par Chantal Z d'une société utilisant la même dénomination que la société anonyme antérieurement créée est susceptible de créer un risque de confusion pour le public et de conduire à un détournement de la clientèle. L'utilisation postérieure de son nom de famille à titre de signe distinctif d'une entreprise concurrente pourra être sanctionnée.

Toutefois, il est nécessaire d'examiner la portée exacte de l'autorisation consentie par Chantal Z au profit de la société anonyme. À défaut d'acte séparé, l'autorisation a sans doute été donnée par la signature des statuts prévoyant que la société porterait ce nom à titre de dénomination sociale. Or si cela permet à la société d'utiliser le nom de famille à titre de nom de la personne morale, la question est ensuite de savoir si cela l'autorisait à procéder aux dépôts postérieurs de marques constituées par le patronyme de Chantal Z. L'arrêt Bordas avait admis que l'autorisation d'usage du nom donnée par un associé fondateur l'était pour tout emploi commercial, ce qui permettait à la personne morale de décliner le patronyme sous divers signes distinctifs et de l'utiliser notamment à titre d'enseigne, de marques ou encore de nom commercial.

Cependant, la Cour de cassation a réduit cette possibilité d'usage par un arrêt rendu le 6 mai 2003. En l'espèce, un célèbre cuisinier avait donné son nom à une société et le problème était de déterminer la portée exacte de l'accord portant sur son nom. Le cuisinier reprochait en effet à la société d'avoir procédé aux dépôts de marques constituées par son nom en fraude de ses droits. Autrement dit, la Cour de cassation devait déterminer si l'insertion du nom dans les statuts confère à la société ainsi nommée un droit général d'emploi du nom en l'absence de précision contractuelle contraire. La Cour de cassation répond par la négative, car « [...] *le consentement donné par un associé fondateur, dont le nom est notoirement connu, à l'insertion de son patronyme dans la dénomination d'une société exerçant son activité dans le même domaine, ne saurait, sans accord de sa part et en l'absence de renonciation expresse ou tacite à ses droits patrimoniaux, autoriser la société à déposer ce patronyme à titre de marque pour désigner les mêmes produits ou services* ». La Cour de cassation en déduit que l'associé fondateur n'a pas renoncé à ses droits sur son patronyme, aussi la société ne pouvait déposer ce patronyme à titre de marque sans son autorisation. Désormais, seul l'usage qui a fait l'objet du contrat ou des statuts est concédé à la société.

La portée de l'autorisation que Chantal Z a consentie à la société anonyme est donc limitée à l'usage du nom de famille à titre de dénomination sociale et ne peut être étendue aux marques. Non seulement Chantal Z n'encourt pas d'action en contrefaçon sur le fondement des marques déposées par la société, mais Chantal Z a la possibilité de demander l'annulation de ces marques.

2. Le bailleur du local dans lequel est exploité le fonds de commerce menace d'agir en justice pour faire annuler la cession du fonds de commerce.

Il invoque la violation d'une clause du bail commercial en vertu de laquelle le bail ne peut être cédé isolément sans le fonds de commerce. Cette clause est parfaitement valable en vertu de l'article L. 145-16 du Code de commerce dès que l'interdiction ne porte pas sur la cession simultanée du droit au bail et du fonds de commerce.

Le bailleur prétend que la vente du fonds de commerce cache une vente du seul droit au bail. Pour vérifier cette prétention, il est nécessaire de savoir si la clientèle a été cédée par Chantal Z à l'acheteur du fonds. La clientèle est en effet l'élément essentiel sans lequel le fonds ne saurait exister. Aussi la transmission du fonds est-elle subordonnée à la transmission de la clientèle. Il est précisé que dans l'acte de vente figurent la clientèle et l'achalandage. Il semble donc bien que le fonds ait été cédé.

Cependant, la clientèle est parfois attachée à certains éléments du fonds de commerce qui ont une importance prépondérante pour attirer la clientèle. Ces éléments qui sont des supports d'exploitation de la clientèle, doivent être transmis avec elle pour qu'il y ait effectivement cession. Il faut alors vérifier si de tels supports d'exploitation de la clientèle existent dans le fonds cédé, et le cas échéant s'ils figurent parmi les éléments cédés dans l'acte litigieux. Il apparaît que la marque Opetit n'entre pas dans la liste des éléments cédés et fait l'objet d'un contrat de licence séparé. Autrement dit, Chantal s'est réservée la propriété de la marque dont elle concède le seul usage à l'acheteur de son fonds. Le caractère notoire de cette marque démontre qu'il s'agit d'un élément important dans l'attraction de la clientèle et sur lequel repose la bonne réputation de l'entreprise. Ainsi, Chantal n'a pas pu céder la clientèle du fonds de commerce sans ce support d'exploitation que constitue la marque Opetit. La clientèle n'étant pas transmise, le fonds ne l'a pas été au moyen de l'acte intitulé « *Cession de fonds de commerce* ». Cet acte peut être requalifié en cession du matériel et des agencements, des marchandises et du droit au bail. Le bailleur pourrait donc obtenir satisfaction car la clause d'interdiction de la cession isolée du droit au bail commercial figurant dans la convention locative n'a pas été respectée.

Exercice 3. Exposé oral

Sujet

Les caractéristiques actuelles de la clientèle du fonds de commerce

Conseils pour aborder le sujet

L'exposé proposé requiert la mobilisation de connaissances sur un thème technique dont la définition est délicate et qui nécessite des connaissances précises. Le travail préparatoire doit permettre de recenser ces caractéristiques afin de procéder à une organisation cohérente et équilibrée des développements exposés.

Suggestion de correction

Introduction

La clientèle est l'élément le plus important du fonds de commerce, celui sans lequel il n'existe pas de fonds de commerce. La jurisprudence rappelle fréquemment que la clientèle est un élément constitutif du fonds de commerce. La clientèle peut être définie comme l'ensemble des personnes qui sont en relation d'affaires habituelles ou occasionnelles avec le commerçant.

Le Code de commerce ne traite pas spécifiquement de la clientèle et se contente de la mentionner à l'occasion de la réglementation des opérations relatives au fonds de commerce (v. notamment art. L. 141-5 C. co.). Plus précisément, ces dispositions visent à la fois la clientèle et l'achalandage, ce qui semble indiquer que leur distinction est nécessaire. Il est en effet possible de définir le chaland comme la personne qui est de passage dans le commerce, autrement dit une personne avant tout attirée par l'emplacement du fonds. Pour la doctrine dominante, cette distinction n'a pas de conséquence juridique et la clientèle constituerait une notion unitaire : aussi la distinction entre la clientèle et l'achalandage n'a qu'une portée formelle, car les deux éléments seraient synonymes et pourraient être utilisés indifféremment.

La place de la clientèle au regard du fonds de commerce fait l'objet de conceptions opposées. Une première conception fait de la clientèle un élément du fonds de commerce parmi les autres : son rôle est certes essentiel mais la clientèle reste assimilée à l'une des composantes du fonds. En vertu d'une autre conception, la clientèle ne peut être rangée parmi les éléments du fonds parce qu'elle en est l'essence : elle est en fait identifiée au fonds lui-même. Ce courant met en exergue l'importance de la clientèle au regard du fonds de commerce au point d'analyser le fonds de commerce comme un droit de clientèle (G. Ripert et R. Roblot, *Traité de droit commercial*, t. 1, vol. 1, 18e éd. par L. Vogel, LGDJ, 2001, n° 443). La clientèle n'est pas un élément du fonds mais son objet : le commerçant n'exploite les éléments du fonds que dans le but d'attirer et d'accroître sa clientèle. La jurisprudence n'a pas été influencée par les analyses modernes de la doctrine et continuent d'affirmer que la clientèle représente l'élément essentiel du fonds de commerce sans lequel le fonds ne saurait exister. Cette position est conforme aux dispositions du Code de commerce qui présentent la clientèle parmi les éléments incorporels composant le fonds de commerce.

La clientèle apparaît donc comme l'élément déterminant du fonds de commerce : elle en est la condition de constitution, de transmission et de disparition. Cependant, la clientèle est parfois indissociable d'un autre élément du fonds de commerce qui s'avère décisif dans la captation de la clientèle. Ce peut être le cas d'une marque notoire ou encore du droit au bail commercial. Dans ce cas, le sort du fonds de commerce est lié à celui de la clientèle et de son support d'exploitation. Il n'y a par exemple cession du fonds que si l'élément qui capte la clientèle est également cédé ; dans le cas contraire, il y aurait simplement une cession d'éléments du fonds à titre isolé. Ainsi, le fonds de commerce est composé de la clientèle de manière primordiale, mais également d'autres éléments dont la nature et la diversité varient selon l'activité exercée. Mais encore faut-il qu'il s'agisse d'une véritable clientèle constitutive d'un fonds de commerce, ce qui suppose la réunion de trois caractéristiques : la clientèle doit être commerciale, elle doit être réelle et revêtir une certaine autonomie. Ainsi, l'étude des caractéristiques actuelles de la clientèle du fonds de commerce nous conduira à exposer les conditions de l'existence d'une clientèle (I), puis les conditions d'existence d'une clientèle autonome d'un fonds de commerce (II).

I. L'existence d'une clientèle commerciale

Cette existence implique l'exigence du caractère commercial de la clientèle (A) ainsi que celle de son caractère certain (B).

A. Le caractère commercial de la clientèle

L'exigence d'un caractère commercial de la clientèle suppose que la clientèle soit attirée grâce à une activité commerciale. Autrement dit, la clientèle doit résulter de l'accomplissement d'actes de commerce, ce qui implique la réalisation d'actes de commerce au sens des articles L. 110-1 et L. 110-2 du Code de commerce. En présence d'une clientèle commerciale, le fonds est alors qualifié de fonds de commerce et le régime juridique applicable relève du droit commercial.

À l'inverse, ne constituent pas une clientèle commerciale les clientèles résultant d'actes civils. Dans le cas d'une activité libérale, la clientèle est attachée à la personne exerçant l'activité, comme par exemple un avocat ou un médecin. Par ailleurs, les artisans et les agriculteurs dont la profession est civile par nature disposent respectivement d'un fonds artisanal et d'un fonds agricole ; le régime juridique de ces fonds est soumis de manière principale au droit civil mais se rapprochent par de nombreux aspects au régime du fonds de commerce (ex : statut des baux).

Par conséquent, une clientèle civile ne permet pas de caractériser un fonds de commerce mais un fonds civil, plus précisément un fonds artisanal, agricole ou libéral selon l'activité exercée. L'intérêt de distinguer la clientèle commerciale de la clientèle civile porte alors sur les modalités de cession d'une telle clientèle. Le commerçant a toute liberté pour céder sa clientèle et cette cession est admise depuis très longtemps. Ce n'était pas le cas de la clientèle civile dont la cession était interdite (l'objet du contrat étant hors commerce au sens de l'article 1128 C. civ.), et seules les conventions de présentation du successeur à la clientèle étaient admises. Par un arrêt du 7 novembre 2000 (*Bull. civ.* I, n° 283), la première Chambre civile de la Cour de cassation a admis la licéité de la cession d'une clientèle libérale « *à la condition que soit sauvegardée la liberté de choix du patient* ». Sous réserve de certaines conditions, la clientèle civile est donc un bien cessible et constitutif d'un fonds libéral.

Si l'on assiste à une certaine unification des notions de clientèles, seule la clientèle commerciale est caractéristique d'un fonds de commerce, et elle doit encore être certaine pour que ce fonds de commerce existe.

B. L'existence d'une clientèle réelle et certaine

Pour être valable et constitutive d'un fonds de commerce, la clientèle doit être réelle et certaine, et ne peut présenter un caractère hypothétique ou futur. Il en résulte que le fonds n'existe que si l'on traite avec une véritable clientèle, et lorsque la clientèle véritable cesse de fréquenter l'exploitation, le fonds disparaît. Cette exigence pose la question de la création de la clientèle et de sa disparition. Il s'agit de déterminer à partir de quel moment la clientèle est constituée et à quel moment elle cesse d'exister.

S'agissant tout d'abord de la création du fonds, cette création est déterminée par l'apparition de la clientèle qui permet de savoir à quel moment existe le fonds de commerce. En effet, la jurisprudence considère que l'existence d'une clientèle réelle et certaine est constitutive de l'existence du fonds de commerce. L'intérêt pratique est important puisque l'existence du fonds permet par exemple de conclure des opérations sur le fonds de commerce.

La clientèle résulte en principe d'un commencement d'exploitation et ne peut exister dès l'ouverture de l'établissement. Le critère repose sur le fait que la clientèle prend l'habitude de se servir chez le commerçant, ce qui varie selon les espèces. Aucun seuil n'a été fixé pour qu'un nombre minimum de personnes puisse être considéré comme constitutif d'une clientèle. Ainsi, la jurisprudence considère parfois qu'un nombre faible de clients suffit pour que la clientèle soit reconnue, et dans le cas de sous-traitants, un nombre très limité peut être jugé suffisant (voire même un seul fournisseur : Cass. com. 7 décembre 1965).

Si le principe en jurisprudence est que la clientèle n'apparaît pas dès l'ouverture du commerce, il existe une exception : la clientèle existe parfois dès l'ouverture du commerce, et elle est bien réelle et certaine. Cette solution a été consacrée par la chambre commerciale de la Cour de cassation dans un arrêt du 27 février 1973 (*D.* 1974, 283, note J. Derruppé). Dans cette affaire relative à une station-service, la Cour de cassation a considéré que la clientèle préexistait à l'ouverture de la station-service, car elle est attirée essentiellement par la marque détenue par la compagnie pétrolière et n'a pas de lien avec l'activité de l'exploitant de la station-service. En conséquence, la clientèle liée à la marque pétrolière appartient à la compagnie pétrolière et non à l'exploitant de la station-service. En l'espèce, la clientèle est réelle et certaine dès l'ouverture de l'établissement, aussi le fonds existe-t-il corrélativement dès cette ouverture au public. La question à résoudre concernait la qualification du contrat liant l'exploitant de la station-service à la compagnie pétrolière : après avoir écarté l'existence d'un bail commercial, les juges ont qualifié le contrat de location-gérance car la compagnie pétrolière titulaire de la clientèle préexistante de la station-service n'a fait que louer le fonds de commerce dont elle est propriétaire. Ce n'est donc qu'en présence d'une marque notoire que la clientèle peut exister avant même un commencement d'exploitation de l'entreprise.

S'agissant ensuite de la disparition du fonds de commerce, la permanence du fonds de commerce suppose une exploitation en cours. Dès que l'exploitation cesse de manière définitive, la disparition du fonds intervient.

Après l'existence d'une clientèle à caractère commercial, une autre caractéristique doit encore être remplie par la clientèle de son fonds de commerce qui consiste à être personnelle au commerçant.

II. L'existence d'une clientèle personnelle au commerçant

Pour que fonds de commerce appartienne au commerçant qui l'exploite, la clientèle doit être personnelle à cet exploitant. La clientèle doit découler du travail effectué par le commerçant afin de pouvoir lui en attribuer la propriété ainsi que celle du fonds.

Cette caractéristique de la clientèle pose des difficultés en pratique lorsque l'activité est dépendante d'une autre entreprise, car cette dernière entreprise peut alors être propriétaire de la clientèle exploitée. Deux hypothèses peuvent être distinguées selon que le commerçant est un distributeur membre d'un réseau de distribution (A), ou que l'activité est exploitée au sein d'un établissement commercial plus vaste (B).

A. La situation du commerçant distributeur

Le caractère autonome de la clientèle est difficile à établir lorsque le commerçant est un distributeur lié par un contrat de franchise ou de concession. La question posée aux juges du fond est de savoir si la clientèle est rattachée au commerçant ou au fabricant. Cela consiste à savoir si la clientèle est attirée par les qualités de l'exploitation ou du commerçant, ou plutôt par le signe distinctif dont le franchiseur ou le concédant lui concède l'usage.

Bien que ces distributeurs soient des commerçants et bénéficient d'une autonomie juridique, la titularité de la clientèle leur a longtemps été refusée par la jurisprudence. Cette dernière considérait que la clientèle était attirée principalement par la marque du franchiseur ou du concédant et appartenait donc au titulaire de ce signe distinctif. Les décisions ont admis cependant que le commerçant puisse bénéficier d'une clientèle propre à condition d'en faire la preuve, en rapportant par exemple que l'existence de la clientèle est liée à son activité personnelle.

À la suite d'une évolution jurisprudentielle chaotique, la Cour de cassation a rendu le 27 mars 2002 un arrêt de principe (*D.* 2002, 2400, note H. Kenfack) par lequel elle admet que le franchisé est titulaire d'une clientèle locale. Cette clientèle locale est le fait de moyens mis en œuvre par le franchisé à ses risques et périls, et parmi les éléments cités par la Cour de cassation figurent notamment les éléments corporels et le droit au bail. Le franchiseur est quant à lui titulaire d'une clientèle nationale qui est attirée par sa marque.

La reconnaissance d'une clientèle locale est donc subordonnée à la propriété par le franchisé de moyens d'exploitation permettant de mettre en œuvre l'activité, et susceptibles de jouer un rôle dans l'attraction de la clientèle. La clientèle attribuée à l'activité du franchisé permet de reconnaître au franchisé la propriété du fonds de commerce, ce qui lui permet notamment de bénéficier du statut des baux commerciaux. Ainsi la jurisprudence a admis une importante solution qui pourra permettre plus facilement que par le passé aux commerçants distributeurs de se voir reconnaître la propriété au moins partielle de la clientèle qu'ils exploitent. Cette solution ne peut être appliquée systématiquement car tout dépend des circonstances de chaque espèce. La question de l'existence d'une clientèle personnelle se pose par ailleurs à l'égard des commerces localisés à proximité ou à l'intérieur d'un ensemble plus vaste.

B. La situation du commerçant situé au sein d'un établissement commercial plus vaste

Il existe une sorte de dépendance géographique dans le sens ou il s'agit de commerces inclus dans l'enceinte d'une entreprise commerciale plus vaste. Parmi les exemples tirés de la jurisprudence, on peut citer le cas d'une boutique exploité dans le hall d'un hôtel, d'un restaurant exploité dans l'enceinte d'une gare, d'un aéroport, d'un stade ou d'une salle de spectacles. Il peut également s'agir d'un magasin situé dans la galerie marchande d'un supermarché ou d'un centre commercial.

Il s'agit alors de déterminer si la clientèle du magasin est rattachée à l'exploitant ou à l'établissement plus vaste au sein duquel se situe le magasin. L'enjeu de cette question réside le plus souvent dans le bénéfice du statut des baux commerciaux pour le commerçant dès qu'il peut se voir reconnaître la propriété d'un fonds de commerce grâce à une clientèle qui lui serait personnelle.

L'Assemblée plénière de la Cour de cassation, le 24 avril 1970 (*D.* 1970.381, note R.L. ; *JCP* 1970, II, 16489, note B. Boccara), s'est prononcée sur cette question en considérant qu'il s'agit d'une question de fait relevant donc du pouvoir souverain d'appréciation des juges du fond. Par conséquent, la Cour de cassation admet que les juges du fond puissent considérer que l'exploitant du fonds dispose d'une clientèle personnelle. En l'espèce, les juges du fond ont précisé que le commerçant était soumis aux heures d'ouverture de la société de courses et la buvette n'était donc ouverte que lors des courses. Les juges en ont déduit que la clientèle de la buvette était celle fréquentant l'hippodrome, et que l'exploitant n'avait donc pas de clientèle personnelle. Le bénéfice du statut des baux commerciaux a été refusé à l'exploitant.

Le caractère personnel de la clientèle dépend des circonstances de chaque espèce, et cette question de fait est appréciée souverainement par les juges du fond. Le critère déterminant retenu par la jurisprudence réside dans l'autonomie de gestion dont bénéfice l'exploitant (Cass. 3e civ. 5 février 2003). Pour établir qu'une clientèle personnelle lui est attachée, l'exploitant doit prouver sa liberté de gestion et n'a pas besoin de démontrer que sa clientèle personnelle est prépondérante par rapport à celle de l'établissement principal (Cass. 3e civ. 19 janvier 2005).

Les juges du fond se fondent notamment sur les heures d'ouverture de l'entreprise et examinent si elles sont fixées librement par le commerçant ou par l'établissement d'accueil. L'emplacement du magasin peut être un indice de la liberté de gestion dans le cas où le public a un accès direct au magasin. Cette entrée indépendante peut en effet permettre d'accueillir la clientèle en dehors des heures d'ouverture de l'établissement plus vaste. Enfin, la spécificité de l'activité peut à elle seule être attractive d'une clientèle personnelle.

Les juges du fond tirent donc argument de ce pouvoir personnel d'attraction de la clientèle pour admettre que la clientèle est personnelle à l'exploitant. Mais la solution inverse est également fréquente en cas de dépendance du commerçant à l'égard de l'établissement d'accueil.

Finalement, les caractéristiques de la clientèle s'avèrent fondamentales pour la reconnaissance d'une véritable clientèle créatrice d'un fonds de commerce qui permet alors au commerçant de bénéficier du régime du droit commercial.

Thème 4 Le statut des baux commerciaux

Bibliographie

F. Auque, « La toilette des baux commerciaux et professionnels : à propos de la loi LME du 4 août 2008 », *JCP Ent.* 2008, actu. 427.

M.-D. Bernard, « La notion d'« intérêt pour le commerce considéré » à la lumière du rapport Pelletier », *D. aff.* 2004, p. 2358.

J. Monéger, « Bail commercial et code de commerce », *RTDCom.* 2000, p. 851.

J. Monéger et Ph.-H. Brault, « La modernisation du statut des baux dans la loi de modernisation de l'économie du 4 août 2008 », *JCP Ent.* 2008, 2200.

Y. Rouquet, « Clause de recettes, droit d'option et indemnité d'occupation », *D.* 2007, AJ, p. 2602.

Rappel de cours

Lorsque le commerçant loue les locaux dans lesquels il exploite son fonds de commerce, le contrat de louage est un bail commercial soumis au statut des baux commerciaux. La nécessité de protéger le locataire-commerçant contre le risque du défaut de renouvellement de son contrat a conduit le législateur a instauré un statut spécial protecteur du preneur commerçant. Dès 1926, le législateur s'est occupé de la situation du commerçant-preneur, mais le statut des baux commerciaux a été essentiellement élaboré par un décret du 30 septembre 1953. Cette réglementation du bail commercial est aujourd'hui codifiée aux articles L. 145-1 et suivants du Code de commerce.

Ce statut vise à protéger la stabilité du fonds de commerce et confère au locataire-commerçant la propriété commerciale qui consiste à lui reconnaître un véritable droit au renouvellement du bail et à défaut le droit à une indemnité d'éviction.

Le statut des baux commerciaux fait depuis longtemps l'objet de nombreuses critiques, et un avant-projet de réforme en 2004 devait conduire à une refonte du système. Cette réforme n'a pas vu le jour et quelques modifications du statut ont été opérées par la loi de modernisation de l'économie du 4 août 2008.

Pour exposer ce droit dérogatoire du droit commun, le champ d'application du statut des baux commerciaux sera envisagé avant d'aborder les dispositions applicables à l'arrivée du terme du bail.

I. Le domaine d'application du statut du bail commercial

Le statut des baux commerciaux est d'ordre public et toute clause du contrat qui viendrait supprimer ou réduire les droits du locataire est nulle (art. L. 145-15 C. co.). Nous verrons quelles sont les conditions d'application du bail commercial avant d'envisager les droits et obligations des parties.

A. Les conditions du bail commercial

Selon l'article L. 145-1 du Code de commerce, « *les dispositions du présent chapitre s'appliquent aux baux des immeubles ou locaux dans lesquels un fonds est exploité, que ce fonds appartienne, soit à un commerçant ou à un industriel immatriculé au registre du commerce et des sociétés, soit à un chef d'une entreprise immatriculée au répertoire des métiers, accomplissant ou non des actes de commerce* ».

Parmi les conditions légales, certaines concernent les contractants, l'exploitation dans les locaux loués et la durée du contrat.

1. Les conditions relatives aux parties

Il n'existe pas de spécificité quant aux conditions relatives au bailleur qui doit avoir la capacité à conclure le bail. Le preneur doit en principe être un commerçant inscrit au registre du commerce et des sociétés. La loi de modernisation de l'économie du 4 août 2008 a simplifié cette formalité en présence d'une pluralité de preneurs du bail commercial : désormais, le statut s'applique même si certains co-preneurs ne sont pas immatriculés au registre du commerce et des sociétés dès que l'exploitant du fonds a procédé à cette immatriculation. En cas de décès de l'exploitant titulaire du bail, les héritiers peuvent demander le maintien de l'immatriculation de leur ayant cause pour les besoins de la succession (art. L. 145-1 III C. co.).

Cette exigence de l'immatriculation n'est appréciée qu'au jour de la demande de renouvellement lorsque le bénéfice du statut est invoqué, et elle n'a pas besoin d'être réalisée au jour de la conclusion du contrat.

Le Code de commerce étend la possibilité de conclure un bail commercial aux industriels immatriculés au registre du commerce et des sociétés et aux artisans inscrits au répertoire des métiers. En outre, des extensions législatives sont prévues au bénéfice de certains locataires, comme les établissements d'enseignement ou encore certaines coopératives (art. L. 145-2 C. co.). Enfin, des personnes non visées dans le domaine d'application de l'article L. 145-1 du Code de commerce peuvent conventionnellement adopter le statut des baux commerciaux.

L'adoption du statut est soumise à la volonté non équivoque des parties qui ne doivent pas par ailleurs être soumise à un autre statut impératif de baux. Par la loi de modernisation de l'économie du 4 août 2008, une consécration légale est intervenue s'agissant de l'adoption conventionnelle du statut par les professionnels : le nouvel article L. 145-2 I 7° du Code de commerce vise l'adoption conventionnelle du statut pour un local à usage exclusivement professionnel si les parties ont conventionnellement adopté ce régime.

En revanche, les commerçants étrangers ne peuvent pas bénéficier du statut des baux commerciaux, même lorsqu'ils sont titulaires d'une carte de commerçant étranger. Cependant, certaines personnes sont assimilées aux nationaux, en particulier les ressortissants de l'Union européenne (art. L. 145-13 C. co.).

2. L'exploitation dans les lieux loués

L'article L.145-1 vise les baux des immeubles ou locaux dans lesquels est exploité un fonds de commerce. Le local loué doit consister en un immeuble ou un local à destination commerciale. En principe, le statut ne s'applique pas aux terrains nus (art. L. 145-1 al. 1 et 2 C. co.), et ne concerne les locaux accessoires au local principal que si leur privation est de nature à compromettre l'exploitation (art. L. 145-1 al. 1-1 °C. co.).

Les locaux loués doivent permettre l'exploitation d'un fonds pour que le statut s'applique, ce qui implique l'existence d'une clientèle personnelle au commerçant titulaire du bail.

Cependant, le preneur peut confier l'exploitation du fonds à une autre personne comme un locataire-gérant. Si une exploitation effective est nécessaire, il n'est pas exigé qu'elle soit le fait du titulaire du bail.

3. La durée du bail

Par une disposition d'ordre public, le bail commercial est d'une durée minimale de neuf ans (art. L. 145-4 C. co.), et les conventions trop longues ou trop courtes seront exclues du statut du fait de leur durée. Il faut préciser que cette durée minimale s'impose surtout à l'égard du bailleur, car le locataire bénéficie de la possibilité de résilier le contrat à chaque échéance triennale sans avoir à attendre la fin du contrat.

Sont ainsi exclus du domaine du statut en raison de leur courte durée les locations saisonnières et les baux de moins de deux ans (art. L. 145-5 C. co.), ainsi que les conventions d'occupation précaire.

Des conventions de trop longue durée sont également exclues du statut, comme les baux emphytéotiques, les baux à construction, la concession immobilière et le crédit-bail immobilier.

B. Les droits et obligations des parties

En tant que contrat de louage, le bail commercial est soumis au droit commun des baux, aussi les droits et obligations des parties sont ceux du droit commun (art. 1719 et s. C. civ.). La spécificité du statut des baux commerciaux concerne cependant le preneur, et c'est pourquoi les droits du preneur seront envisagés avant d'évoquer ses obligations.

1. Les droits du preneur

Comme tout preneur, le locataire-commerçant bénéficie d'un droit de jouissance, et il dispose également de prérogatives spéciales résultant du statut des baux commerciaux concernant l'affection des lieux loués, la possibilité de mettre un terme de façon anticipée au contrat et la mise en œuvre des clauses résolutoires.

a. La modification de l'affectation des lieux loués

Cette modification est appelée déspécialisation et elle est réglementée par les articles L. 145-47 à L. 145-55 du Code de commerce. En principe, le bail commercial précise que l'immeuble est affecté à une activité commerciale, mais le locataire a la possibilité de modifier le commerce qui y sera exercé. Selon l'étendue de la modification, on distingue la déspécialisation simple et la déspécialisation plénière.

En cas de déspécialisation simple, le locataire souhaite adjoindre des activités connexes ou complémentaires à l'activité initiale qui subsiste. Le locataire doit alors notifier son intention au propriétaire, et ce dernier peut contester en justice le caractère connexe ou complémentaire de l'activité ; la notion d'activité connexe ou complémentaire relève de l'appréciation souveraine des juges du fond. La déspécialisation partielle est de droit pour le locataire et le propriétaire ne peut que solliciter une augmentation du loyer lors de la prochaine révision triennale.

La déspécialisation plénière constitue un changement total d'activité qui n'est pas de droit pour le locataire. Elle s'apprécie « *eu égard à la conjoncture économique et aux nécessités de l'organisation rationnelle de la distribution, lorsque ces activités sont compatibles avec la destination, les caractères et la situation de l'immeuble et de l'ensemble immobilier* » (art. L. 145-48 C. co.). La déspécialisation doit être demandée au propriétaire, et ce dernier dispose de trois mois pour faire connaître son intention, le silence valant acceptation. S'il refuse, le locataire doit saisir le tribunal de grande instance qui peut l'autoriser s'il considère que le refus n'est pas justifié. En contrepartie de la déspécialisation totale, le bailleur peut obtenir une augmentation immédiate du loyer.

b. Le droit de mettre un terme au contrat

Le locataire peut résilier le contrat à l'expiration de chaque période triennale et doit pour cela adresser un congé au bailleur au moins six mois à l'avance par acte extrajudiciaire (art. L. 145-4 C. co.). Néanmoins, le contrat peut comporter une clause contraire.

Le locataire a également la possibilité de céder le contrat (art. L. 145-16 C. co.). Ce droit de cession du bail est d'ordre public lorsque la cession du bail s'accompagne de la cession du fonds de commerce. Pour lui être opposable, la cession doit être signifiée au propriétaire, sous réserve de l'acceptation du propriétaire dans un acte authentique (art. 1690 C. civ.).

c. La mise en œuvre des clauses résolutoires

En cas de manquement du locataire à ses obligations, il est fréquemment inséré dans le contrat des clauses de résiliation de plein droit aussi appelées clauses résolutoires. Selon l'article L. 145-41 du Code de commerce, la clause ne peut entraîner la résiliation du contrat aux torts du locataire qu'un mois après une mise en demeure de s'exécuter qui mentionne, à peine de nullité, ce délai. Tant que la résiliation n'est pas constatée par une décision de justice ayant acquis force de chose jugée, le locataire peut demander et obtenir des délais de paiement d'une durée maximum de 2 ans (art. 1244-1 C. civ.).

2. Les obligations du preneur

En matière de bail commercial, le preneur doit essentiellement exploiter le fonds de commerce et payer les loyers.

L'obligation d'exploiter est une obligation essentielle du contrat et son non-respect conduit à de graves sanctions comme la perte du droit au renouvellement ou même la résiliation anticipée du bail. L'exploitation peut être personnelle au preneur ou elle peut être le fait d'une autre personne. Le preneur peut conclure un contrat de sous-location avec une personne qui exploite le fonds. La sous-location est par principe interdite mais pourrait être autorisée par le bailleur (art. L. 145-31 C. co.).

À côté de l'obligation essentielle de paiement du loyer, le locataire peut être amené à verser une autre somme appelée pas-de-porte. Payée lors de l'entrée dans les lieux, cette somme vise à compenser les inconvénients que le bailleur devra subir du fait du statut des baux commerciaux.

Par ailleurs, le locataire doit payer les loyers dont le montant est librement fixé lors de la conclusion du contrat par les parties. En revanche, la fixation du loyer en cours d'exécution du contrat est strictement encadrée et elle peut être de nature légale ou contractuelle.

La révision conventionnelle du loyer suppose l'insertion d'une clause d'échelle mobile ou d'une clause-recette.

La clause d'échelle mobile fait varier le loyer en fonction d'un indice extérieur au contrat choisi par les parties. Le choix de cet indice est soumis à des conditions, et il doit s'agir d'un indice en relation directe avec l'objet du contrat ou avec l'activité de l'une des parties (art. L. 112-2 al. 1er CMF). Une révision judiciaire pourra être demandée par l'une des parties si par le jeu de la clause, le loyer varie de plus d'un quart par rapport au loyer initial prévu dans le contrat (art. L. 145-39 C. co.). Toutefois, la clause d'échelle mobile n'exclut pas le mécanisme de la révision légale du loyer.

Par la clause-recette, le montant du loyer varie en fonction du chiffre d'affaires du locataire.

Parce qu'elle est risquée, la clause-recette est rarement appliquée à l'intégralité du loyer. En outre, pour la jurisprudence, la clause-recette exclut le mécanisme de la révision légale.

La révision légale du loyer est prévue par les articles L. 145-33 et suivants du Code de commerce.

La révision légale peut être demandée par une partie trois ans au moins après le début du contrat ou après la dernière révision. Le loyer peut être renouvelé tous les trois ans, mais cela suppose que l'une des parties en fasse la demande car la révision n'est pas automatique.

Le principe est que le loyer doit correspondre à la valeur locative (art. L. 145-33 C. co.), et divers critères permettent de déterminer cette valeur locative, comme les caractéristiques du local, la destination des lieux, les obligations respectives des parties, les facteurs locaux de commercialité ou encore les prix couramment pratiqués dans le voisinage. Toutefois, la fixation du loyer à la valeur locative peut conduire à une variation trop importante du montant du loyer, aussi existe-t-il un système de plafonnement. La variation ne peut excéder la variation de l'indice trimestriel du coût de la construction (art. L. 145-38 C. co.).

Le plafonnement pourra être supprimé et le loyer sera fixé à la valeur locative s'il est établi « *une modification matérielle des facteurs locaux de commercialité ayant entraîné par elle-même une variation de plus de 10 % de la valeur locative* ». Le plafonnement est également écarté pour les baux commerciaux dont la durée initiale était supérieure à neuf ans ainsi que pour les baux reconduits tacitement au-delà de douze ans. Le loyer révisé ou renouvelé est par principe fixé par les parties ou en cas de désaccord des parties par le président du tribunal de grande instance.

II. Le terme du bail commercial

Au terme du bail, la propriété commerciale donne au preneur le droit au renouvellement du bail ou, à défaut, au paiement d'une indemnité d'éviction.

A. Les conditions du droit au renouvellement

Le renouvellement ne peut être demandé que par le propriétaire du fonds exploité dans l'immeuble, dès que le fonds a été exploité pendant les trois années qui précèdent l'expiration du bail. En outre, c'est lors du renouvellement du bail que sera vérifiée l'immatriculation du commerçant au registre du commerce et des sociétés.

Le bailleur peut refuser le renouvellement du bail sans avoir à verser d'indemnité d'éviction au locataire dans plusieurs hypothèses. C'est le cas lorsque le bailleur peut invoquer un motif grave et légitime tiré du comportement du locataire (art. L. 145-17-1 °C. co.). Par ailleurs, le propriétaire peut reprendre les locaux si l'immeuble doit être démoli, ou lorsque les locaux sont insalubres ou dangereux, ou encore en cas de reprise pour habiter sous réserve de certaines conditions.

B. La procédure de renouvellement

Le renouvellement n'est pas automatique et doit être demandé par le preneur ou offert par le bailleur. À défaut d'initiative prise par l'une des parties, le bail se poursuit par tacite reconduction et devient un bail à durée indéterminée (art. L. 145-9 C. co.).

Le congé est soumis à une procédure très formaliste sous peine d'inefficacité. Le congé peut être donné aux fins de renouvellement du contrat. Les parties doivent alors s'accorder sur les modalités du bail renouvelé et en particulier sur le loyer du bail renouvelé. Le congé peut être donné à fin d'éviction ou de reprise en fonction du motif que le bailleur souhaite opposer au locataire pour mettre un terme à leur relation sans le versement de l'indemnité d'éviction. Le congé peut être donné pour refuser le renouvellement et proposer le versement de l'indemnité d'éviction. On parle de refus injustifié par lequel le bailleur peut toujours refuser le renouvellement du contrat moyennant le versement d'une indemnité d'éviction. Cette indemnité est destinée à compenser le préjudice causé par le défaut de renouvellement (art. L.145-14 C. co.), et son montant peut être considérable. En effet, son évaluation comprend la valeur marchande du fonds augmentée éventuellement des frais normaux de déménagement et de réinstallation, ainsi que des frais et des droits de mutation à payer pour un fonds de même valeur. Le montant de cette indemnité sera le plus souvent fixé par le tribunal de grande instance. À certaines conditions, le bailleur a la possibilité d'exercer un droit de repentir s'il considère le montant de l'indemnité trop élevée. Ce repentir entraîne le renouvellement du bail.

Exercice 1. Commentaire d'arrêt

Sujet

Cour de cassation
Chambre civile 3
Audience publique du mercredi 27 novembre 2002
N° de pourvoi : 01-12308
Publié au *Bulletin*
Cassation
Président : M. Weber, président

RÉPUBLIQUE FRANÇAISE
AU NOM DU PEUPLE FRANÇAIS

Sur le premier moyen :

Vu l'article L. 145-58 du Code de commerce ;

Attendu que le propriétaire peut, jusqu'à l'expiration d'un délai de quinze jours à compter de la date à laquelle la décision est passée en force de chose jugée, se soustraire au paiement de l'indemnité d'éviction, à charge par lui de supporter les frais de l'instance et de consentir au renouvellement du bail ; que ce droit ne peut être exercé qu'autant que le locataire est encore dans les lieux et n'a pas déjà loué ou acheté un autre immeuble destiné à sa réinstallation ;

Attendu, selon l'arrêt attaqué (Paris, 7 mars 2001), que la société civile immobilière rue de Vanves (la SCI), propriétaire de locaux à usage commercial donnés à bail à la société Renault, pour neuf ans à compter du 1er octobre 1984, lui a délivré congé pour le 1er octobre 1993, avec refus de renouvellement du bail et offre d'une indemnité d'éviction ; qu'au cours de la procédure de fixation de cette indemnité, la bailleresse a, par acte du 30 septembre 1993, notifié à la locataire qu'elle entendait exercer son droit de repentir ; que, le 13 octobre suivant, la locataire lui a fait sommation d'être présente le lendemain au constat de sortie des lieux et de reprendre les clés, précisant avoir libéré les locaux le 30 septembre 1993 ;

Attendu que, pour dire que la SCI bailleresse n'a pas valablement exercé son droit de repentir, l'arrêt retient que la société Renault démontre avoir pris toutes les dispositions pour quitter les lieux le 30 septembre 1993, qu'elle avait en effet pour cette date résilié les contrats de fourniture d'eau et d'air comprimé, de nettoyage industriel, de protection contre l'incendie, de telle sorte qu'il lui était impossible de rester dans les locaux au-delà, que les opérations de déménagement étaient arrivées à un point tel que son départ des lieux avait pris un caractère irréversible, qu'enfin les travaux importants qu'elle avait fait réaliser dans une succursale l'avaient été dans le but d'y transférer son activité le 30 septembre 1993 ;

Qu'en statuant ainsi, tout en constatant, qu'au jour de l'exercice du droit de repentir de la bailleresse, les opérations de déménagement entreprises par la locataire n'étaient pas terminées et que les clés des locaux loués n'étaient pas restituées, la cour d'appel a violé le texte susvisé ;

PAR CES MOTIFS, et sans qu'il y ait lieu de statuer sur le second moyen :

CASSE ET ANNULE.

Conseils pour aborder le sujet

La difficulté du sujet réside dans sa technicité. Le commentaire doit reposer sur un plan clair et simple qui permette une organisation cohérente des connaissances du candidat sur ce sujet complexe.

Suggestion de correction

Introduction

Lorsque le bailleur refuse le renouvellement du bail commercial au locataire, il doit en principe lui offrir le paiement d'une indemnité d'éviction destinée à compenser le préjudice subi du fait de ce non-renouvellement du contrat. Le montant de cette indemnité est souvent importante, aussi est-il permis au bailleur de renoncer à cette indemnité grâce à l'exercice du droit de repentir. L'arrêt de cassation rendu par la Cour de cassation le 27 novembre 2002 porte sur les modalités d'exercice de ce droit de repentir par le bailleur.

Un contrat de bail commercial a été conclu entre un propriétaire de locaux, la SCI, et la société Renault pour une durée de neuf ans. À l'expiration du contrat, la bailleresse a délivré congé à son locataire avec refus de renouvellement du bail et offre d'une indemnité d'éviction pour le 1er octobre 1993. Puis au cours de la procédure de fixation de cette indemnité, la bailleresse a notifié à la locataire sa volonté d'exercer son droit de repentir. La notification de l'exercice du droit de repentir a lieu le 30 septembre 1993, juste à la veille du jour de la prise d'effet du congé. Or, la locataire prétend avoir libéré les lieux à cette date du 30 septembre 1993, et cette libération aurait fait échec au droit de repentir du bailleur. Ainsi, la société locataire somme le 13 octobre 1993 la propriétaire d'être présente le 14 octobre pour constater la remise des locaux ainsi que des clés.

La cour d'appel considère que le droit de repentir n'a pas été valablement exercé par la bailleresse car la locataire avait déjà libéré les lieux. Selon l'arrêt d'appel, la locataire a prouvé qu'elle avait pris toutes les dispositions pour quitter les lieux le 30 septembre 1993. À cette fin, la cour d'appel a relevé que la résiliation de divers contrats à cette date a rendu impossible son maintien dans les lieux. Par ailleurs, les opérations de déménagement étaient avancées au point que le départ des lieux soit irréversible. Enfin, la société avait fait réaliser des travaux dans d'autres locaux afin d'y transférer l'activité à cette date.

La question posée par cette affaire était de déterminer les conditions d'exercice du droit de repentir, et plus précisément si le droit de repentir du bailleur a été paralysé par la libération des lieux par le locataire. Par un arrêt de principe rendu au visa de l'article L. 145-58 du Code de commerce relatif au droit de repentir, la Cour de cassation censure l'arrêt de la cour d'appel. Elle considère en effet que la cour d'appel a violé cet article en retenant que le droit de repentir n'avait pas été correctement exercé. Alors qu'elle a constaté qu'au jour de l'exercice de ce droit de repentir par la bailleresse, le déménagement de la locataire n'est pas terminé et que les clés des lieux loués n'avaient pas été restituées.

La Cour de cassation fait donc une analyse souple de l'exercice du droit de repentir et considère que son exercice reste possible dès que la libération des locaux loués n'est pas réalisée par le locataire, alors même que ce locataire a entrepris des démarches importantes pour sa réinstallation. Cette prérogative exceptionnelle du bailleur suppose le respect de conditions en principe alternatives qui sont remises en cause par l'arrêt (I), et engendre des effets très importants pour les parties (II).

I. L'application particulière des conditions de mise en œuvre du droit de repentir

Selon l'article L. 145-58 du Code de commerce, le droit de repentir reste possible dès que le locataire est encore dans les lieux (A) et qu'il n'a pas déjà loué ou acheté un autre immeuble destiné à sa réinstallation (B).

A. L'indifférence des démarches entreprises pour la réinstallation du locataire

Le congé portant refus de renouvellement enjoint le locataire à quitter les lieux et à prendre toutes dispositions afin de se réinstaller dans un autre immeuble. Par ce congé, le bailleur a manifesté sa volonté de voir le locataire quitter les lieux, lequel a donc entrepris des démarches pour se réinstaller. Dès lors, il a procédé aux opérations nécessaires à sa réinstallation et la loi le protège à l'encontre d'un revirement du bailleur : les opérations de location ou d'achat d'un immeuble destiné à la réinstallation rendent impossible l'exercice du droit de repentir par le bailleur. Conformément à l'article L. 145-58 du Code de commerce, « *ce droit ne peut être exercé qu'autant que le locataire* [...] *n'a pas déjà loué ou acheté un autre immeuble destiné à sa réinstallation* ». La réalisation d'opérations juridiques prime sur le revirement du bailleur dans la mesure où il intervient postérieurement. À ce titre, le locataire qui occupe encore les lieux mais qui justifie avoir loué ou acheté un autre immeuble aux fins de réinstallation fait échec au droit de repentir du bailleur. En l'espèce, la concomitance de la notification du droit de repentir et de la libération des lieux posait la question de l'ordonnancement des deux événements. La cour d'appel a admis que le locataire ne pouvait être considéré comme se trouvant encore dans les lieux, dès lors que son départ a pris un caractère irréversible et que d'importants travaux ont été réalisés dans une succursale afin d'y transférer l'activité du locataire. De manière surprenante, la Cour de cassation écarte la motivation classique fondée sur l'existence d'actes juridiques passés en vue de la réinstallation du locataire. Aucun élément de fait ne permet d'ailleurs d'étayer l'existence d'un tel acte. Cependant, les travaux entrepris pour le transfert de l'activité dans la succursale impliquent que le locataire bénéficie d'un droit soit qu'il ait conclu un nouveau bail soit qu'il ait acheté le local. La Cour de cassation considère qu'indépendamment des mesures de départ entreprises, le locataire n'a toutefois pas encore quitté les lieux loués dès lors que les opérations de déménagement sont en cours et que les clés n'ont pas été restituées au bailleur.

Quelles que soient les démarches entreprises par le locataire, le bailleur a encore la possibilité d'exercer son droit de repentir si le maintien dans les lieux du locataire est établi.

B. La primauté du maintien dans les lieux

Pour l'exercice du droit de repentir, le locataire doit encore être présent dans les lieux. Selon l'article L. 145-58 du Code de commerce, le droit de repentir « [...] *ne peut être exercé qu'autant que le locataire est encore dans les lieux* ». Le jeu du droit de repentir est paralysé par le départ du locataire, et ce départ devient le critère décisif dans cette affaire pour déterminer si le droit de repentir a été valablement exercé ou si le locataire avait déjà obtempéré au congé portant refus de renouvellement. La notion de départ du locataire est une question de fait relevant de l'appréciation souveraine des juges du fond. Il s'agissait donc de savoir si le locataire était encore présent dans les lieux au jour où le bailleur lui a notifié sa volonté d'exercer son droit de repentir.

La Cour d'appel a retenu que la libération des lieux loués s'était bien réalisée. Selon la Cour d'appel, le locataire a démontré avoir pris toutes les dispositions pour quitter les lieux et deux arguments peuvent être avancés pour illustrer cette libération des locaux : d'une part, la résiliation de plusieurs contrats nécessaires à l'exploitation commerciale du locataire, et d'autre part, le déménagement dont l'avancement conférait au départ des lieux un caractère irréversible.

La Cour de cassation a adopté une solution inverse et elle a censuré la décision d'appel au visa de l'article L. 145-58 du Code de commerce : « *qu'en statuant ainsi, tout en constatant, qu'au jour de l'exercice du droit de repentir de la bailleresse, les opérations de déménagement entreprises par la locataire n'étaient pas terminées et que les clés des locaux loués n'étaient pas restituées, la cour d'appel a violé l'article susvisé* ». La libération des locaux loués ne s'est pas produite pour la Cour de cassation en raison du déménagement toujours en cours et des clés non restituées. Ainsi, la libération matérielle n'est pas intervenue car l'occupation n'est pas complètement finie ; en outre, la libération juridique caractérisée par la remise des clés est encore nécessaire. Par conséquent, il est nécessaire à la fois de constater la libération totale des locaux ainsi que la remise des clés pour que le départ du locataire puisse être admis.

La préparation par le locataire de sa prochaine réinstallation avant la fin du bail ne permet plus de faire échec au droit de repentir du bailleur dès qu'il n'a pas juridiquement quitté les lieux. Or l'exercice du droit de repentir va entraîner d'importants effets pour les parties.

II. Les effets du droit de repentir

La notification du droit de repentir engage de manière irrévocable le bailleur à consentir un nouveau bail (A). Cependant, la rigueur de cette décision est critiquable (B).

A. Le renouvellement irrévocable du bail

Selon l'alinéa premier, « *le propriétaire peut, jusqu'à l'expiration d'un délai de quinze jours à compter de la date à laquelle la décision est passée en force de chose jugée, se soustraire au paiement de l'indemnité, à charge par lui de supporter les frais de l'instance et de consentir au renouvellement du bail dont les conditions, en cas de désaccord, sont fixées conformément aux dispositions réglementaires prises à cet effet* ». Ainsi, pour se soustraire au paiement de l'indemnité d'éviction, le bailleur consent automatiquement le renouvellement du bail commercial. Cette décision est irrévocable conformément à l'article L. 145-59 du Code de commerce, et le bailleur ne peut plus changer d'avis. Ce caractère irrévocable permet de protéger le locataire contre une ultime volte-face du bailleur. La décision n'a pas de caractère irrévocable pour le locataire, et ce dernier conserve la possibilité d'exercer son droit d'option et de renoncer au renouvellement du bail si le loyer fixé est trop élevé pour lui (art. L. 145-57 C. co.).

Un nouveau bail est renouvelé de manière automatique sans que l'une des parties n'ait à prendre l'initiative de la procédure. Ce nouveau bail prend effet à compter de la notification de l'exercice du droit de repentir. Or, le bail initial a pris fin avec le congé donné par le bailleur. Une période transitoire s'étend de la fin du bail initial jusqu'à la date de prise d'effet du nouveau bail et elle donne droit au paiement d'une indemnité d'occupation. Durant cette période intermédiaire, le locataire doit une indemnité d'occupation (art. L. 145-28 C. co.).

L'autre conséquence de l'exercice du droit de repentir réside dans la prise en charge des frais de l'instance par le bailleur (art. L. 145-58 al. 1er C. co.).

La conséquence fondamentale du droit de repentir réside donc dans le renouvellement du bail, et elle est très rude pour le locataire qui avait opéré les opérations pour sa réinstallation.

B. Une décision critiquable

Les exigences de l'article L. 145-58 du Code de commerce qui consistent dans le maintien du locataire dans les lieux et dans l'absence de tout acte juridique passé pour sa réinstallation peuvent être analysées selon chaque partie. Du point de vue du locataire, les conditions édictées présentent un caractère alternatif dans le sens où il lui suffit de répondre à l'une des deux conditions pour faire échec au droit de repentir du bailleur. Alors que du point de vue du propriétaire, le droit de repentir suppose pour lui la réunion cumulative des deux conditions. L'arrêt remet en cause cette vision traditionnelle de la jurisprudence en admettant que la présence du locataire permet à elle seule l'exercice valable du droit de repentir. Les démarches visant à mettre fin à l'exploitation dans les locaux ont présenté un caractère irréversible, mais elles n'ont pourtant pas eu d'influence sur l'appréciation de la situation du locataire. Les opérations effectuées en vue de la réinstallation ont été écartées par la Cour de cassation qui a ainsi contesté le caractère alternatif des conditions prévues par l'article L. 145-58 du Code de commerce.

La conséquence de l'efficacité juridique du droit de repentir est grave du point de vue du locataire. Dans la perspective de son changement de locaux, il a cessé son exploitation, il a procédé à la résiliation de contrats nécessaires à son activité, et il a entrepris des opérations de déménagement. La cessation de l'activité et les frais engagés pour la réinstallation ainsi que pour les travaux dans les nouveaux locaux représentent d'importants frais qui vont rester à la charge du locataire. L'appréciation très stricte de l'occupation des lieux par la Cour de cassation est peu protectrice du locataire et paraît exagérément favorable au bailleur. Cette décision semble être restée isolée ce qui est sans doute préférable.

Exercice 2. Cas pratique

Sujet

Paul est propriétaire d'un immeuble dans lequel plusieurs locaux commerciaux sont exploités par des locataires. Parmi ces locataires, Alexandrine a passé avec Paul une convention pour l'occupation d'un local exigu au sein de l'immeuble. Il a été convenu par les parties qu'Alexandrine n'occuperait que temporairement les locaux pour exercer son activité de vente d'articles de maroquinerie. La compagne de Paul a en effet l'intention de récupérer ce local pour se lancer prochainement dans l'activité de fleuriste. Aussi, la convention passée avec Alexandrine avait été prévue pour une durée de 24 mois. Peu de temps avant l'échéance, Paul a informé sa locataire qu'elle pouvait rester dans le local quelques mois supplémentaires, le temps pour sa compagne de parfaire sa formation en art floral. Paul vient d'informer Alexandrine qu'elle devra bientôt quitter le local mais cette dernière refuse d'obtempérer.

Par ailleurs, Paul vient de conclure un nouveau bail commercial avec un jeune entrepreneur. Très réservé sur l'avenir de cette exploitation, Paul a exigé au moment de l'entrée dans les lieux le versement d'une somme forfaitaire s'ajoutant au paiement du premier loyer. Il a également imposé plusieurs dispositions contraignantes dont une clause de révision des loyers en fonction de l'indice des prix à la consommation. En outre, craignant une future insolvabilité du locataire, Paul a inséré dans le contrat une clause en vertu de laquelle le défaut de paiement du loyer au 3 du mois en cours entraîne la fin automatique du contrat. Paul s'interroge sur la validité de ces divers éléments.

Enfin, un locataire exploitant une activité de restauration rapide – le bail précisant même que l'activité est limitée à la vente de salades et de sandwiches – vient d'informer Paul qu'il envisage de compléter son activité par celle de pizzeria. Paul n'est pas favorable à ce projet.

Paul souhaite avoir votre avis sur les difficultés rencontrées avec ses locataires.

Conseils pour aborder le sujet

La difficulté sera de qualifier juridiquement les nombreux problèmes du cas pratique. Il convient de répondre séparément et successivement aux questions posées. Le sujet fait appel à des connaissances classiques mais très ciblée.

Suggestion de correction

Paul souhaite avoir votre avis sur les difficultés rencontrées avec ses locataires. En premier lieu, Alexandrine refuse de quitter le local alors que Paul l'a informée qu'elle devra bientôt quitter les lieux.

Le bail initialement conclu par les parties était d'une durée de 24 mois. Or, le Code de commerce exclut les baux d'une durée égale ou inférieure à deux ans du statut des baux commerciaux. Les parties ont en effet la possibilité de conclure un bail ou plusieurs baux successifs d'une durée maximale de deux ans. Selon l'alinéa 1 de l'article L. 145-5 du Code de commerce, « *les parties peuvent, lors de l'entrée dans les lieux du preneur, déroger aux dispositions du présent chapitre à la condition que la durée totale du bail ou des baux successifs ne soit pas supérieure à deux ans* ».

La fixation de cette courte durée de 24 mois permet d'en déduire qu'une convention dérogatoire au statut des baux commerciaux a été conclue. Il n'est pas besoin d'une dérogation expresse pour faire échec à l'application du droit des baux commerciaux dès que la volonté des parties de se soustraire au statut des baux commerciaux est claire et non équivoque. Selon l'article L. 145-5 du Code de commerce, le bail dérogatoire ne donne aucun droit au locataire à l'arrivée du terme, et en particulier aucun droit au renouvellement ni à une indemnité d'éviction. À l'échéance, le bail prend fin de plein droit sans qu'un congé soit nécessaire. Paul a permis à Alexandrine de rester quelques mois supplémentaires dans les lieux. Autrement dit, les parties ont convenu de la poursuite du bail. Or, selon l'alinéa 2 de l'article L. 145-5 du Code de commerce, « *si, à l'expiration de cette durée, le preneur reste et est laissé en possession, il s'opère un nouveau bail dont l'effet est réglé par les dispositions du présent chapitre* ». Dans ces conditions, il s'est formé automatiquement à compter de l'échéance du bail initial un nouveau bail de nature différente : il s'agit d'un bail commercial de neuf ans soumis au statut des baux commerciaux.

La seule possibilité pour éviter cette transformation du bail dérogatoire en bail commercial eut été de procéder au renouvellement du bail dérogatoire. Mais un tel renouvellement n'est valable que si le locataire renonce au bénéfice du statut des baux commerciaux après l'expiration du bail dérogatoire. En effet, ce n'est qu'à la fin du bail dérogatoire que le locataire retrouve sa vocation au statut des baux commerciaux et peut éventuellement renoncer à son droit acquis au bénéfice de ce statut. En l'espèce, c'est peu de temps avant l'échéance du bail initial que Paul a informé sa locataire qu'elle pouvait rester dans le local quelques mois supplémentaires. Le bail dérogatoire s'est donc transformé en bail commercial car la locataire a été laissée en possession des lieux à l'expiration du bail dérogatoire. Le nouveau bail commercial de 9 ans permet à Alexandrine de revendiquer les droits découlant du statut des baux commerciaux et de refuser de quitter les lieux, sous réserve du paiement d'une indemnité d'éviction à la fin du bail.

Cependant, si ce bail dérogatoire s'est transformé à son expiration en bail commercial, cette transformation n'est pas automatique et les conditions d'application du statut doivent encore être réunies. En l'espèce, cela ne semble pas poser de difficulté. Il est toutefois possible de discuter du caractère exigu du local pour savoir si le local loué correspond bien à la notion de local visé par l'article L. 145-1 du Code de commerce. Il s'agit d'un local à destination commerciale situé dans un immeuble. Pour la jurisprudence, le local constitue un lieu clos et couvert dans lequel peut être exercée une exploitation commerciale ou artisanale. Aussi exigu soit-il, le local loué correspond à ces exigences et ne peut être un obstacle à l'application du statut des baux commerciaux au profit d'Alexandrine.

Parmi les difficultés rencontrées avec ses locataires, Paul doute de la validité de plusieurs éléments concernant le nouveau bail commercial qui le lie avec un jeune entrepreneur et trois points doivent être examinés.

Tout d'abord, il faut examiner la validité du versement par le locataire d'une somme forfaitaire s'ajoutant au paiement du premier loyer. La somme forfaitaire a été versée à Paul par le locataire lors de l'entrée dans les lieux et est distincte du paiement du premier loyer. Cette somme peut s'analyser en un pas-de-porte qui consiste pour le bailleur à exiger du locataire le paiement d'une somme d'argent lors de la conclusion du contrat. Il s'agit d'un usage ancien qui est parfaitement valable : il peut être justifié par la volonté de dédommager le bailleur au regard de la lourdeur du statut des baux commerciaux qui, de manière indirecte, prive le bailleur de la libre disposition de ses locaux pendant une longue période. Aussi Paul a pu parfaitement exiger le versement de ce pas-de-porte, bien qu'il soit de moins en moins exigé en pratique, les bailleurs préférant demander des loyers plus élevés. Si son utilisation est moins courante, c'est également en raison de la nature juridique incertaine de ce pas-de-porte. Selon une jurisprudence majoritaire, le pas-de-porte doit être analysé en un supplément de loyer et doit donc être imposé au titre de l'impôt sur le revenu. La solution n'est pas définitive et une qualification différente en indemnité compensatrice pourrait être retenue en fonction des circonstances, le régime d'imposition étant alors différent. Il appartient aux juges du fond de rechercher la commune volonté des parties. Cette difficulté de détermination de la nature juridique du pas-de-porte a des conséquences quant à la fixation du prix révisé ou renouvelé : s'il constitue un supplément de loyer, il sera pris en compte pour les calculs de révision triennale du loyer ou pour le renouvellement du bail.

Un deuxième point doit être examiné afin de déterminer la validité de la clause de révision des loyers en fonction de l'indice des prix à la consommation.

Le paiement du loyer est l'obligation la plus importante mise à la charge du jeune locataire, et la difficulté réside dans la fixation de ce loyer. Lors de la conclusion du contrat, la fixation initiale est libre pour les parties, et elles peuvent prévoir des clauses contractuelles de révision. Paul a inséré une clause de révision en fonction d'un indice économique. Cette clause est qualifiée de clause d'échelle mobile et consiste à faire évoluer le montant du loyer en fonction de l'indice choisi. Sa validité de principe ne pose aucune difficulté et elle est prévue par l'article L. 145-39 du Code de commerce : la révision du loyer peut alors être demandée dès que le loyer varie de plus d'un quart par rapport au prix précédemment fixé, et en présence d'une clause d'échelle mobile, la révision légale reste possible. En revanche, le choix de l'indice n'est pas libre pour les parties afin d'éviter les effets inflationnistes des clauses d'échelle mobile : l'indice doit être choisi en relation directe avec l'objet du contrat ou avec l'activité des parties. En vertu de l'article L. 112-2 du Code monétaire et financier, « *est réputée en relation directe avec l'objet d'une convention relative à un immeuble bâti toute clause prévoyant une indexation sur la variation de l'indice national du coût de la construction publié par l'Institut national des statistiques et des études économiques ou, pour des activités commerciales définies par décret, sur la variation de l'indice trimestriel des loyers commerciaux publié dans des conditions fixées par ce même décret par l'Institut national de la statistique et des études économiques* ». Les indices légalement consacrés n'ont pas été choisis pour ce contrat et il faut déterminer si l'indice de prix à la consommation adopté est licite. Or, l'article L. 112-2 du Code monétaire et financier édicte l'interdiction de « [...] *toute clause prévoyant des indexations fondées sur le salaire minimum de croissance, sur le niveau général des prix ou des salaires ou sur les prix des biens, produits ou services n'ayant pas de relation directe avec l'objet du statut ou de la convention ou avec l'activité de l'une des parties* ». Par conséquent, l'indice des prix à la consommation choisi par Paul peut être considéré comme illicite et la nullité de la clause d'indexation est encourue. Selon la jurisprudence, seule la clause illicite encourt la nullité et cette dernière ne rejaillit pas sur le contrat de bail. Ce dernier est maintenu et son loyer n'est plus indexé, à moins que les parties ne conviennent de substituer un nouvel indice à l'indice annulé. Il faut donc conseiller à Paul de négocier avec son locataire l'adoption d'un nouvel indice licite. À défaut, le loyer est fixé au montant initialement convenu par les parties. Enfin, il faut informer Paul que sur le fondement de la nullité de l'indice, il pourrait être tenu de restituer le trop-perçu des loyers calculés sur le fondement de l'indexation illicite.

Le dernier point à analyser concerne une clause en vertu de laquelle le défaut de paiement du loyer au 3 du mois en cours entraîne la fin automatique du contrat. La clause peut être qualifiée de clause de résiliation de plein droit, dite encore clause résolutoire. Ces clauses sont fréquemment insérées par les bailleurs en cas de manquement du locataire à ses obligations et spécialement comme en l'espèce en cas de défaut de paiement des loyers à l'échéance. Cette clause insérée par Paul est licite par principe, mais parce que les effets de cette clause sont très graves, la clause résolutoire fait l'objet d'une réglementation stricte prévue à l'article L. 145-41 du Code de commerce, cette disposition étant d'ordre public. Selon l'alinéa premier de cet article, « *toute clause insérée dans le bail prévoyant la résiliation de plein droit ne produit effet qu'un mois après un commandement demeuré infructueux. Le commandement doit, à peine de nullité, mentionner ce délai* ». Ainsi, la clause résolutoire ne produit effet qu'un mois après un commandement resté infructueux, le commandement devant préciser ce délai. La clause n'a pas été valablement prévue par le contrat puisqu'elle ne prévoit pas de mise en demeure préalable du locataire. Or, ce commandement de payer est obligatoire et informe le locataire à peine de nullité du risque de résiliation du contrat si le paiement n'est pas effectué. Cette mise en demeure permet au débiteur de régulariser sa situation dans le mois de l'acte d'huissier. La nullité de la clause est donc encourue et Paul avait raison de douter de la validité de cette disposition. En cas d'inexécution par le locataire de ses obligations, Paul devra saisir le tribunal pour faire prononcer la résiliation du contrat.

Enfin, un locataire exploitant une activité de restauration rapide - le bail précisant même que l'activité est limitée à la vente de salades et de sandwiches - vient d'informer Paul qu'il envisage de compléter son activité par celle de pizzeria. Paul n'est pas favorable à ce projet.

Le bail commercial contient une clause relative à la destination des lieux et cette destination portant sur la restauration rapide caractérisée par la vente de salades et de sandwiches est en principe immuable (art. 1 728 C. civ.) : le locataire ne peut exercer dans les lieux loués que l'activité prévue au bail. Cependant, le statut des baux commerciaux reconnaît au locataire le droit à la déspécialisation qui consiste en un changement d'affectation des lieux loués en cours d'exécution du bail. Cette prérogative permet aux commerçants d'adapter leur activité en fonction de l'évolution des circonstances économiques. Aux articles L. 145-47 et suivants, le Code de commerce réglemente la déspécialisation et distingue la déspécialisation simple de la déspécialisation plénière. La déspécialisation simple est le droit pour le locataire de procéder à l'adjonction à son commerce d'activités connexes ou complémentaires. La déspécialisation plénière est le changement total d'activité.

Pour savoir si le locataire peut envisager ce projet ou si Paul peut s'y opposer, il faut tout d'abord analyser si la nouvelle activité proposée constitue une activité connexe ou complémentaire de l'activité initialement prévue par le bail. Le locataire a pour activité la restauration rapide consistant à vendre des salades et des sandwiches. La question est de déterminer si l'activité de pizzeria est connexe ou complémentaire par rapport à son activité d'origine, ce qui relève de l'appréciation souveraine des juges du fond. Les critères utilisés par les juges pour apprécier les notions de connexité ou de complémentarité consistent en principe dans l'identité du public visé par les anciennes et les nouvelles activités, ou dans le fait de proposer des produits ou des services similaires. Cependant, la jurisprudence s'attache également à l'identité des méthodes de travail et recherche si les équipements doivent être ou non modifiés. Ainsi il a pu être jugé que l'activité de pizzeria suppose une cuisson et est susceptible d'engendrer des nuisances olfactives (Cass. 3e civ. 18 juin 2002).

En l'espèce, il n'est pas possible de trancher et les deux hypothèses doivent être envisagées.

En cas de déspécialisation simple, il s'agit d'un droit d'ordre public pour le locataire. Il doit simplement respecter une procédure d'information qui consiste à faire connaître son intention par acte extrajudiciaire portant l'indication de l'activité envisagée. Paul ne pourra pas s'opposer à une telle déspécialisation simple mais pourrait contester le caractère connexe ou complémentaire de l'activité nouvelle. Il dispose d'un délai de deux mois pour contester ce caractère connexe ou complémentaire de l'activité de pizzeria. En cas de divergence d'appréciation entre les parties, c'est le tribunal de grande instance qui tranchera en fonction des usages commerciaux. La déspécialisation partielle permettra à Paul de demander une augmentation de loyer lors de la prochaine échéance triennale.

Si la déspécialisation est ni partielle ni complémentaire de l'activité initiale, elle sera totale, et les conditions seront plus contraignantes. La portée de la déspécialisation totale est différente car elle opère une transformation du fonds de commerce. Cette déspécialisation n'est pas de droit pour le locataire et Paul peut la refuser. Selon l'article L. 145-48 du Code de commerce, « *le locataire peut, sur sa demande, être autorisé à exercer dans les lieux loués une ou plusieurs activités différentes de celles prévues au bail, eu égard à la conjoncture économique et aux nécessités de l'organisation rationnelle de la distribution, lorsque ces activités sont compatibles avec la destination, les caractères et la situation de l'immeuble ou de l'ensemble immobilier* ».

Le locataire devra par acte d'huissier demander l'autorisation de changement d'activité à Paul lequel dispose d'un délai de trois mois pour répondre. En cas de refus du bailleur, le preneur peut saisir le tribunal de grande instance qui tranchera pour déterminer si le refus est justifié.

En cas de déspécialisation plénière, Paul pourrait demander une augmentation immédiate du loyer sans avoir à attendre la prochaine échéance triennale.

Exercice 3. Exposé oral

Sujet

La cession du bail commercial

Conseils pour aborder le sujet

À la fois précis et technique, le sujet exige une bonne maîtrise de cette question que le candidat devra présenter clairement.

Suggestion de correction

Le commerçant peut exercer son activité dans un immeuble qui lui appartient, mais il est fréquent qu'il n'en soit pas le propriétaire et qu'il se contente de le louer.

Ce bail revêt pour le commerçant une importance déterminante et pour éviter le risque d'un refus de renouvellement de la part du bailleur, le législateur a édicté des dispositions protectrices pour le fonds de commerce. C'est essentiellement le décret du 30 septembre 1993 aujourd'hui codifié aux articles L. 145-1 et suivants du Code de commerce qui régit le bail commercial et accorde la propriété commerciale aux locataires. Cette volonté d'assurer la stabilité du fonds de commerce se retrouve lors des diverses étapes du bail commercial, et lorsque le locataire souhaite céder son bail commercial en cours d'exécution de son contrat.

La cession de bail est un contrat par lequel le locataire transmet à un tiers le bénéfice du contrat de location à un tiers qui va prendre sa place et se substituer à lui.

En droit commun du contrat de louage, l'article 1717 du Code civil prévoit que le locataire peut librement céder son bail sauf stipulation contraire du bail. En pratique, un tel bail est conclu *intuitu personae* et ne peut être cédé par le locataire à un tiers qu'avec le consentement du bailleur. En droit commercial, la cession du bail est essentielle car la cession du fonds implique le plus souvent celle du bail qui lui sert de support. Le local étant en général un élément indispensable pour l'exploitation, il apparaît vital que le commerçant puisse céder le bail avec son exploitation. C'est pourquoi le Code de commerce autorise la cession du bail commercial qui constitue le corollaire indispensable de la cession du fonds. Cette dérogation au droit commun vise à protéger les commerçants en leur permettant de céder leurs fonds de commerce avec l'emplacement et elle est assurée avec vigueur par l'article L. 145-16 du Code de commerce qui est d'ordre public. Cette cessibilité du bail imposée au bailleur est une exception à l'effet relatif des contrats. Pour autant, si le droit du locataire-commerçant est préservé, il apparaît naturel que le bailleur puisse opérer un certain contrôle s'agissant du changement de débiteur découlant de la cession du contrat. Le cessionnaire va en effet prendre la place du locataire initial et devra exécuter à son tour les obligations résultant du contrat de bail. Il paraît légitime que le bailleur puisse s'assurer de certaines qualités du successeur, telles que l'honorabilité ou la solvabilité. Aussi, le législateur assure une protection du bail conçu comme un support d'exploitation du fonds de commerce, mais cela n'empêche par le bailleur de bénéficier d'un certain droit de regard. L'opération présente en effet des risques multiples. L'examen de ce contrat implique d'examiner les conditions de la cession (I), puis d'envisager les effets de cette cession (II).

I. Les conditions de la cession

Les possibilités de la cession diffèrent selon que le bail est cédé ou non avec le fonds de commerce (A), et le respect d'un certain formalisme est encore nécessaire à la validité de la cession (B).

A. La cession à l'acquéreur du fonds de commerce

La cession isolée du bail indépendamment du fonds de commerce est en principe possible, mais le principe de liberté de cette cession est supplétif et peut être limité ou exclu par le contrat de bail : le locataire n'est protégé par la loi que dans le cas où il cède son fonds de commerce. Le bail peut donc interdire la cession au profit d'un tiers qui ne serait pas l'acquéreur du fonds de commerce. On trouve souvent dans les contrats la clause interdisant au locataire de céder son bail, sauf à un successeur dans son commerce. Par exception, en cas de départ à la retraite du commerçant ou en cas d'invalidité, le locataire peut toujours céder librement son bail y compris à un non-acquéreur du fonds de commerce, à condition d'en informer le propriétaire qui peut exercer un droit de préemption sur le bail. Par une autre exception, le bail peut être transmis sans l'accord du bailleur et nonobstant toute clause contraire, en cas de fusion de sociétés ou d'apport partiel d'actif soumis au régime de scissions, à la société issue de la fusion ou bénéficiaire de l'apport. En effet, en vertu de l'alinéa 2 de l'article L. 145-16 du Code de commerce, « *la société issue de la fusion ou la société bénéficiaire de l'apport est, nonobstant toute stipulation contraire, substituée à celle au profit de laquelle le bail était consenti dans tous les droits et obligations découlant de ce bail* ». Ainsi, la cession a lieu librement en cas de fusion du cédant ou d'apport partiel d'actif.

Dès que la cession du bail s'accompagne de celle du fonds de commerce, cette cession est libre, et le propriétaire ne peut pas s'y opposer nonobstant toute clause contraire. La clause qui interdirait une telle cession encourt la nullité. Les clauses interdisant cette cession ou celle des droits que le locataire tient du statut à l'acquéreur de son fonds de commerce sont nulles. En effet, selon l'alinéa premier de l'article L. 145-16 du Code de commerce, « *sont également nulles, quelle qu'en soit la forme, les conventions tendant à interdire au locataire de céder son bail ou les droits qu'il tient du présent chapitre à l'acquéreur de son fonds de commerce ou de son entreprise* ». Par conséquent, la cession du bail à l'acquéreur du fonds de commerce est libre et toute clause prohibitive de cette cession est nulle car elle vise à empêcher la transmission du bail au cessionnaire du fonds de commerce.

Valable par principe, cette cession de bail commercial reste néanmoins soumise à des conditions de formalité.

B. Les formalités de cession

Une spécificité récente doit être mentionnée concernant certaines cessions de baux commerciaux. En cas de cession d'un bail relatif à des locaux situés dans un périmètre de sauvegarde du commerce et de l'artisanat de proximité délimité par le conseil municipal, la commune bénéficie d'un droit de préemption (art. L. 214-1 et s. et R. 214-1 et s. C. urb.). Dans ce cas, la cession est subordonnée à une déclaration préalable par le cédant à la commune à peine de nullité de la cession, l'action en nullité se prescrivant par cinq ans à compter de la cession (art. L. 214-1 al. 4 C. urb.). Cette déclaration préalable doit mentionner les conditions de la cession ainsi que le prix.

Considérée comme une cession de créance contre le bailleur, la cession est soumise aux formalités prévues par l'article 1690 du Code civil. Pour que la cession soit opposable au bailleur, elle doit lui être signifiée, sauf s'il l'a acceptée dans un acte authentique. Cette formalité légale est nécessaire pour rendre la cession opposable au bailleur. En l'absence de signification et plus largement en cas d'inobservation des formalités contractuelles de la cession, la cession serait inopposable au bailleur.

Le bail commercial peut contenir des clauses restrictives dès qu'elles ne s'opposent pas à la transmission du bail mais permettent au bailleur de réduire les dangers que présente pour lui la cession. En effet, s'il ne peut l'interdire, le bailleur peut néanmoins demander des garanties à l'occasion de la cession. Il peut aussi insérer des clauses dites d'agrément ou qui imposent des formalités particulières.

Ainsi, des clauses subordonnant la cession à l'autorisation expresse du bailleur peuvent être valablement insérées dans un bail commercial. Dans ce cas, l'autorisation doit être demandée et obtenue avant la conclusion de la cession. Seul un motif légitime peut justifier le refus de la cession par le bailleur. Le locataire pourra exercer un recours en cas de refus injustifié, et le juge pourrait autoriser le cédant à passer outre le refus injustifié du bailleur et à procéder à la cession. Par ailleurs, le bail commercial prévoit souvent l'exigence d'une forme particulière pour la cession, ou encore la nécessité d'appeler le bailleur à concourir à l'acte. La clause de concours n'implique pas l'autorisation du bailleur mais sa convocation pour la passation de l'acte, ce qui lui permet de vérifier la régularité de la cession. En outre, des clauses de garantie peuvent être imposées au locataire cédant, notamment en matière de paiement des loyers. Le cédant est alors solidairement tenu du paiement des loyers par le locataire cessionnaire, éventuellement jusqu'à la fin du bail.

Enfin, en vertu de l'alinéa 3 de l'article L. 145-16 du Code de commerce, « *en cas de cession, de fusion ou d'apport, si l'obligation de garantie ne peut plus être assurée dans les termes de la convention, le tribunal peut y substituer toutes garanties qu'il juge suffisantes* ». Ainsi, le tribunal peut substituer toute autre garantie à celle qui serait jugée insuffisante.

La cession du bail commercial va produire d'importants effets.

II. Les effets de la cession

S'agissant des effets de la cession, ils diffèrent selon que la cession a été (A) ou non (B) régulièrement accomplie.

A. La cession régulière

La cession emporte le changement de titulaire du bail et dessaisit le cédant au profit du cessionnaire. Au terme de l'opération, le cessionnaire remplace le cédant et va prendre sa place : un nouveau locataire se substitue à l'ancien. Le nouveau locataire bénéficiera de tous les droits dont bénéficiait l'ancien. Ainsi, il bénéficie du droit de jouissance des lieux loués ainsi que de la propriété commerciale. Il dispose du droit au renouvellement du bail. En effet, le bail conclu avec le bailleur est maintenu et seul le titulaire du bail change.

Il sera soumis à toutes les obligations applicables à l'ancien locataire, et parmi ces obligations lui incombent désormais le paiement des loyers ainsi que la prise en charge des réparations locatives. Seuls les manquements à caractère personnel du locataire initial ne relèveront pas de la responsabilité du cessionnaire.

Le cédant est en principe déchargé de ses obligations liées au contrat de bail commercial et notamment du paiement des loyers échus postérieurement à la cession, sous réserve de l'insertion dans le contrat de clauses de garantie solidaire. En effet, selon une jurisprudence constante, le cédant ne peut être tenu du paiement des loyers échus après la cession que s'il en a pris l'engagement par une clause expresse du contrat.

Les effets diffèrent en cas de cession irrégulière.

B. La cession irrégulière

L'hypothèse est celle où le formalisme nécessaire n'a pas été respecté pour l'opposabilité de la cession, ou encore lorsque l'agrément requis n'a pas été demandé. Quelle qu'en soit la cause, l'irrégularité de la cession rend l'acte inopposable au bailleur. Dans ce cas, le cessionnaire du bail est dans une situation délicate car il n'est pas un locataire légitime mais un occupant sans droit ni titre qui peut être expulsé sur la demande du bailleur. En outre, il ne peut pas valablement se prévaloir du bail commercial et du statut des baux commerciaux.

En raison de la cession irrégulière, le bailleur peut demander la résiliation du bail, ou proposer le refus de renouvellement du bail sans indemnité d'éviction pour motif grave et légitime.

L'irrégularité de la cession du bail peut donc conduire à de graves sanctions et les répercussions économiques sont importantes au regard de l'exploitation du fonds cédé. Il faut néanmoins préciser que le bailleur pourrait renoncer à se prévaloir de cette irrégularité. Le défaut de signification peut notamment être suppléé par un acquiescement du bailleur.

Le statut des baux commerciaux a prévu le cas de la cession du bail commercial en cours d'exécution du contrat et une autre voie de transmission du bail pendant son exécution est possible grâce à la sous-location du bail commercial. La réglementation de la transmission du bail commercial illustre la volonté de protéger le locataire-commerçant.

Thème 5 Les contrats sur le fonds de commerce

Bibliographie

J.-P. Blatter, « Le décret d'application du droit de préemption des communes sur les fonds et les baux », *AJDI* février 2008, p. 88.

P. de Coulibeuf, « Le nantissement de fonds de commerce », *Droit et patrimoine* sept. 1995, p. 35.

A. Dejoie et F. Phan Thanh, « La publication de la cession de fonds de commerce », *Répertoire Defrénois* 2009, n° 10, p. 977.

J. Derrupé, « La sanction du dol dans la vente de fonds de commerce », *Mélanges P. Couvrat*, PUF 2001, p. 91.

J.-M. Leloup, « Faut-il supprimer les conditions de mise en location-gérance d'un fonds de commerce ? », *RJCom.* 2001, p. 298.

S. Rezek, « Privilège de vendeur ou de nantissement de fonds de commerce », *JCP N* 2005, I, 1090.

Rappel de cours

Les contrats portant sur le fonds de commerce sont variés et se justifient par la valeur économique importante que représente le fonds. Les contrats conclus sur le fonds de commerce relèvent de trois catégories distinctes selon qu'ils permettent le transfert de la propriété du fonds de commerce, le transfert de la jouissance du fonds, ou l'obtention de crédit au profit du titulaire grâce à l'utilisation du fonds à titre de garantie. Ainsi, la propriété du fonds de commerce est transmissible à titre onéreux par un contrat de vente et par l'apport en société. Le propriétaire du fonds peut ne pas souhaiter l'exploiter lui-même, et il confie alors l'exploitation à une autre personne par le contrat de location-gérance. Enfin, le fonds de commerce représente une valeur économique qui peut être utilisée à titre de garantie par le commerçant lorsqu'il a besoin de financement auprès d'un établissement de crédit. Le fonds de commerce est affecté au remboursement d'un prêt par la technique du nantissement. Il peut enfin faire l'objet d'une technique originale de financement qu'est le crédit-bail.

I. La vente du fonds de commerce

Le Code de commerce prévoit des règles particulières relatives à la vente du fonds de commerce (art. L. 141-1 et s.). La vente du fonds de commerce sera toutefois soumise aux dispositions du Code civil relatives au droit commun de la vente qui s'appliquent subsidiairement à défaut de règles spécifiques. Le régime juridique de cette vente est très formaliste afin de protéger les différents protagonistes de cette opération importante d'un point de vue économique. La loi régit les conditions de la vente du fonds de commerce (A), puis son exécution (B).

A. Les conditions de la vente

Il est nécessaire d'évoquer les conditions de fond et les conditions de forme.

1. Les conditions de fond

S'agissant des conditions de l'article 1108 du Code civil, doivent être réunies la capacité, le consentement, la cause et l'objet.

En tant qu'objet de la vente, le prix de vente doit être déterminé ou déterminable lors de la conclusion du contrat (art. 1591 C. civ.). Une dissimulation d'une partie de ce prix est parfois réalisée par les parties qui recherchent ainsi à diminuer les droits de mutation et qui diminuent également le gage des créanciers du vendeur. Au-delà du redressement du prix insuffisant, l'article 1321-1 du Code civil permet en matière de vente de fonds de commerce l'annulation de la contre-lettre, l'acte ostensible demeurant valable. L'acquéreur est ainsi incité à dénoncer la dissimulation afin de ne payer que le prix apparent de la vente, ou si le supplément occulte a été versé, il peut obtenir son remboursement à condition de le prouver. L'insertion dans le contrat d'une clause d'indivisibilité entre l'acte apparent et l'acte occulte n'a aucune efficacité pour la jurisprudence et ne fait pas échec à l'application de l'article 1321-1 du Code civil.

2. Les conditions de forme

Le contrat de vente de fonds de commerce est soumis à un important formalisme, l'objectif étant de protéger les parties au contrat mais également les créanciers par l'exigence de mentions obligatoires dont l'omission ou l'inexactitude est sanctionnée.

Le contrat de vente du fonds doit comporter des mentions obligatoires qui sont prévues par l'article L. 141-1 du Code de commerce. Cette disposition d'ordre public vise à renseigner l'acheteur sur le fonds de commerce.

L'omission d'une mention peut entraîner la nullité de la vente (art. L. 141-1 C. co) à condition que la victime prouve que le défaut de la mention a vicié son consentement. Sur le fondement de cette nullité relative, le délai pour agir est un délai préfix d'une année à compter de la vente du fonds de commerce (art. L. 141-5 C. co).

L'inexactitude des mentions est assimilée à un vice caché (art. 1644 et 1645 C. civ.) et sanctionnée sur le fondement de la garantie des vices cachés due par le vendeur à l'acheteur (art. L. 141-3 C. co.). L'action doit être intentée dans l'année de la prise de possession (art. L. 141-4 C. co.), et les sanctions consistent selon la volonté de l'acquéreur en la résolution de la vente ou la réduction du prix s'il prouve que l'inexactitude a vicié son consentement et lui a causé un préjudice. En outre, des dommages et intérêts peuvent être obtenus par l'acheteur si le vendeur avait connaissance du vice.

Enfin, une publicité de la vente du fonds de commerce doit être réalisée dans les quinze jours de la vente dans un journal d'annonces légales afin d'avertir les créanciers qu'ils disposent d'un délai de dix jours pour faire opposition à cette vente. Dans les quinze jours de cette première publication doit intervenir une autre publicité au Bulletin officiel des annonces civiles et commerciales. À compter de cette dernière publicité s'écoule un délai de dix jours durant lequel le prix demeure indisponible afin de permettre une éventuelle opposition de la part d'un créancier qui vise à interdire à l'acheteur de payer le prix au vendeur. L'opposition exercée par le créancier a pour effet de bloquer le prix de vente dans les mains de l'acquéreur afin de désintéresser les créanciers du vendeur. Si un créancier considère que le prix de vente est insuffisant pour le désintéresser, il peut former une surenchère du sixième du prix de vente initialement convenu (art. L. 141-19 C. co).

Depuis la loi du 2 août 2005 en faveur des petites et moyennes entreprises, les cessions de fonds de commerce se situant dans un périmètre de sauvegarde du commerce et de l'artisanat délimité par le conseil municipal sont soumises à un droit de préemption en faveur des communes.

En cas de cession de fonds de commerce ou de bail commercial situé dans un périmètre de sauvegarde du commerce et de l'artisanat, le titulaire doit, au-delà d'une certaine superficie, adresser à la commune, à peine de nullité, une déclaration préalable mentionnant le prix et les conditions de la cession. La commune dispose d'un délai de deux mois pour se porteur acquéreur du fonds ou du bail commercial. À défaut de réponse par la commune dans les deux mois suivant la déclaration, il y a renonciation à se prévaloir de son droit de préemption. Le dispositif de préemption est prévu aux articles L. 214-1 et suivants du Code de l'urbanisme et a été complété par un décret du 22 juin 2009 (art. R. 214-1 et s. C. urb.).

B. Les effets de la vente du fonds de commerce

La vente du fonds de commerce a pour effet de transférer la propriété du fonds de commerce à l'acheteur lequel doit payer le prix. Le vendeur doit diverses garanties à son acquéreur (A) et bénéficie de prérogatives aux fins de garantir le paiement du prix par l'acquéreur (B).

1. Les obligations du vendeur

Comme tout vendeur, le vendeur de fonds de commerce doit délivrer la chose et la garantir. L'obligation de garantie se dissocie en garantie des vices cachés et garantie d'éviction.

En cas de vice caché du fonds de commerce (art. 1641 C. civ.), l'acheteur peut agir, dans les deux ans, pour obtenir la résolution de la vente par l'action rédhibitoire, ou une diminution du prix par l'action estimatoire.

Par la garantie d'éviction, le vendeur doit assurer à l'acheteur la paisible possession de la chose et garantir les troubles de droit émanant de tiers, mais aussi les troubles émanant de lui-même : le vendeur doit la garantie de son fait personnel qui consiste à ne pas causer de trouble de droit ou de fait à l'acheteur.

En matière de troubles de fait, le vendeur est tenu d'une obligation légale de non-concurrence qui consiste à ne pas détourner tout ou partie de la clientèle du fonds vendu. Cette obligation est toujours due par le vendeur même en présence d'une clause contraire, et le vendeur engage sa responsabilité en cas de non-respect de cette obligation. Les parties insèrent souvent une clause de non-concurrence du vendeur dans l'acte de vente, ou encore une clause de non-rétablissement. L'intérêt des clauses est de préciser les modalités de la garantie d'éviction due par le vendeur et notamment d'interdire la réinstallation du vendeur, ce que la loi ne prévoit pas.

En tant qu'accessoire du fonds, cette garantie se transmet avec le fonds de commerce au profit des acquéreurs successifs.

2. Les garanties de paiement du vendeur

L'acquéreur a l'obligation de payer le prix et le plus souvent ce paiement ne sera pas immédiat mais à terme. Aussi, le prix sera décomposé en trois catégories que sont les éléments incorporels, le matériel et les marchandises. En cas de retard de paiement, un ordre d'imputation des paiements différés doit être impérativement respecté : les sommes payées s'imputent d'abord sur les marchandises, puis sur le matériel, enfin sur les éléments incorporels. Les parties bénéficient d'une liberté quant à l'ordre d'imputation lorsque le paiement s'effectue au comptant.

Le règlement du prix s'étale souvent sur plusieurs années grâce à des billets à ordres, appelés billets de fonds. Le vendeur doit alors être protégé contre le risque de non-paiement grâce au privilège du vendeur, et à l'action résolutoire.

Le privilège du vendeur du fonds de commerce est une garantie dont peut bénéficier le vendeur à condition d'accomplir des formalités (art. L. 141-5 et L. 141-6 C. co.). Le privilège doit être constaté par acte authentique, ou par acte sous seing privé enregistré. En outre, il doit être inscrit sur un registre spécial tenu au greffe du tribunal de commerce dans les 15 jours de l'acte de vente, à peine de nullité.

Le privilège est alors valable pendant 10 ans à compter du jour de la vente, et confère au vendeur un droit de préférence quant au paiement par rapport aux autres créanciers, ainsi qu'un droit de suite permettant au vendeur de demander le paiement au sous-acquéreur du fonds.

Le vendeur a également la possibilité d'agir en résolution de la vente du fonds de commerce. Cette action fondée sur les articles 1184 et 1654 du Code civil dépend dans sa mise en œuvre du privilège du vendeur. L'action n'est possible que si le vendeur s'en est réservé l'exercice lors de l'inscription du privilège (art. L. 141-6 C. co.), afin que les créanciers inscrits en soient informés. En cas de non-paiement, le vendeur peut demander la résolution de la vente pour inexécution.

II. L'apport en société du fonds de commerce

L'apport en société du fonds de commerce consiste à transférer la propriété du fonds à une société en formation ou déjà existante en contrepartie de droits sociaux au profit de l'apporteur du fonds de commerce.

Le régime de cet apport ne présente guère de spécificité par rapport à celui de la vente, et les conditions ainsi que les formalités sont identiques (art. L. 141-21 C. co.). Des dispositions spécifiques au droit des sociétés existent quant à l'évaluation de cet apport en nature, notamment dans les SARL et SA (art. L. 223-9 et L. 225-14 C. co.). Les créanciers non inscrits de l'apporteur peuvent effectuer des déclarations de créance à la suite desquelles les associés de la société bénéficiaire pourront agir en annulation de l'apport ou en annulation de la société en formation. À défaut d'une telle annulation, la société est solidairement tenue du passif déclaré avec le débiteur principal (art. L. 141-22 C. co.).

III. La location-gérance du fonds de commerce

Un autre contrat très utilisé par la pratique est la location-gérance du fonds de commerce, appelée aussi gérance libre du fonds de commerce. Il s'agit selon l'article L. 144-1 du Code de commerce d'un contrat par lequel le propriétaire d'un fonds de commerce donne ce fonds en location à un autre commerçant qui l'exploite à ses risques et périls. Ce contrat est régi par des dispositions d'ordre public issues d'une loi du 20 mars 1956 et aujourd'hui codifiées aux articles L. 144-1 et suivants du Code de commerce. La conclusion du contrat de location-gérance doit être envisagée avant d'aborder les effets du contrat.

A. La conclusion du contrat

Il existe des conditions de fond et des conditions de forme.

1. Les conditions de fond

Parmi les multiples conditions, l'objet du contrat est l'exploitation du fonds de commerce par le gérant, il est donc nécessaire qu'un fonds de commerce existe et qu'il soit mis à la disposition du gérant par le loueur. En ce qui concerne le gérant, la seule condition réside dans la capacité commerciale car il devient commerçant du fait de la gérance libre.

Le contrat est *intuitu personae* car pour le loueur, la considération de la personne du locataire-gérant est essentielle. Selon l'article L. 144-3 du Code de commerce, le loueur doit avoir exploité le fonds mis en gérance pendant au moins deux ans. Cette condition vise à faire échec aux intentions spéculatives des loueurs, mais des dérogations nombreuses existent qui permettent de louer un fonds alors même que le délai de deux ans n'est pas rempli. Ainsi sont prévues des dispenses légales visées par l'article L. 144-5 du Code de commerce (par exemple au profit de l'État, des collectivités territoriales, ou encore des établissements de crédit). Il existe par ailleurs une possibilité de dispense judiciaire, et le président du tribunal de grande instance peut réduire ou supprimer ce délai de deux ans lorsque le loueur « *justifie qu'il est dans l'impossibilité d'exploiter son fonds personnellement ou par l'intermédiaire de préposés* » (art. L. 144-4 C. co.). Parmi les motifs fondant des dispenses judiciaires peuvent être cités la maladie du propriétaire, l'impossibilité de vendre le fonds, ou encore l'intention d'établir son enfant.

Le non-respect des conditions est sanctionné par la nullité absolue du contrat qui peut être invoquée par tout intéressé, mais les parties ne pourront pas l'invoquer à l'encontre des tiers et notamment des créanciers. En outre, la nullité de la location-gérance conduit à faire perdre au propriétaire du fonds qui loue le local d'exploitation son droit au renouvellement du bail commercial (art. L. 144-10 C. co.).

2. Les conditions de forme

L'écrit n'est pas légalement exigé mais les formalités de publicité le rendent nécessaire.

Une information précontractuelle est due par le loueur au locataire-gérant sur le fondement de l'article L. 330-3 du Code de commerce (art. 1er loi du 31 décembre 1989, dite loi Doubin) qui impose à « *toute personne qui met à la disposition d'une autre personne un nom commercial, une marque ou une enseigne, en exigeant d'elle un engagement d'exclusivité ou de quasi-exclusivité pour l'exercice de son activité* » de remplir un devoir particulièrement important d'information précontractuelle. Cette information prend la forme d'un document donnant des « *informations sincères, qui lui permettent de s'engager en connaissance de cause* ». Ce document doit être remis au co-contractant, accompagné d'un projet du contrat, au moins 20 jours avant la signature du contrat. Si la location-gérance n'est pas expressément visée par le texte, la Cour de cassation a considéré qu'il était applicable à la location-gérance (Cass. com. 10 février 1998, *Bull. civ.* IV, n° 71). Le non-respect de cette information précontractuelle pourrait entraîner la nullité du contrat, si le locataire-gérant établit que le défaut d'information a été constitutif d'un vice du consentement.

Le contrat doit être publié dans un journal d'annonces légales dans les quinze jours de sa conclusion sans qu'il existe de sanction spécifique en cas d'absence ou de retard de cette publication. La location-gérance doit être mentionnée au registre du commerce et des sociétés. Parmi les formalités de publicité, le locataire-gérant doit s'immatriculer au registre du commerce et des sociétés puisqu'il devient commerçant ; alors même que le propriétaire, qui perd la qualité de commerçant, doit se faire radier du registre.

Si l'article L. 144-10 du Code de commerce prévoit que tout contrat de location-gérance ne réunissant pas les conditions légales est nul, la jurisprudence a considéré que cette nullité ne s'appliquait pas en matière de formalités publicitaires.

B. Les effets du contrat

Les effets sont différents à l'égard des parties au contrat et des tiers.

1. Les effets à l'égard des parties

Le loueur a l'obligation de délivrer le bien loué et doit des garanties à son locataire-gérant, notamment la garantie d'éviction de son fait personnel. En tant que propriétaire du fonds, il peut céder ou nantir le bien loué.

Le locataire-gérant doit exploiter le fonds et cette exploitation doit être réalisée en bon père de famille (art. 1 728 al. 1er C. civ.). Il doit en outre payer les loyers.

2. Les effets à l'égard des tiers : le régime des dettes d'exploitation

La conclusion du contrat de location-gérance permet aux créanciers du loueur de demander au tribunal de commerce, dans les trois mois de la publication de la location-gérance, l'exigibilité immédiate de leurs dettes portant sur l'exploitation du fonds (art. L. 144-6 C. co.). Pour obtenir cette déchéance du terme, les créanciers doivent démontrer que la location-gérance met en péril le recouvrement de leurs créances. Par ailleurs, les créanciers du locataire-gérant bénéficient de la solidarité du propriétaire du fonds pour les dettes contractées pour les besoins de l'exploitation par le locataire-gérant. Cette solidarité s'applique aux dettes nées avant la publication du contrat et dans les 6 mois qui suivent sa publication : la dette engage solidairement le locataire-gérant et le loueur (art. L. 144-7 C. co.).

À la fin du contrat, les dettes du locataire-gérant deviennent immédiatement exigibles (art. L. 144-9 C. co.). Enfin, une solidarité du bailleur à l'égard des dettes fiscales du locataire-gérant existe pendant toute la durée du contrat.

L'extinction du contrat de location-gérance peut intervenir pour des causes générales d'extinction du contrat, et notamment la résiliation pour inexécution en application de l'article 1184 du Code civil. La location-gérance peut être conclue à durée indéterminée, ce qui permet à chaque partie de résilier le contrat en respectant un préavis.

Le contrat peut être conclu à durée déterminée, et l'arrivée du terme met fin au contrat.

Le locataire-gérant ne bénéficie pas d'un droit au renouvellement, et la fin du contrat doit être publiée.

Le bailleur n'est pas obligé de reprendre les marchandises, à moins qu'une clause de reprise des stocks n'ait été insérée dans le contrat.

Par ailleurs, le fonds restitué ne peut avoir la même valeur que celui donné en location à l'origine. En cas de diminution de la valeur du fonds, le loueur peut prouver que cette perte de valeur est due à une faute du locataire-gérant qui lui devra alors une indemnité. Les améliorations apportées au fonds par le locataire-gérant peuvent à l'inverse permettre d'obtenir une indemnité dans la mesure où les dépenses engagées ont été utiles à l'exploitation et raisonnables.

IV. Le nantissement du fonds de commerce

Le fonds de commerce peut être un moyen d'obtenir du crédit par le contrat de nantissement qui est une sûreté réelle n'emportant pas la dépossession du débiteur. Par cette hypothèque mobilière, le débiteur consent à son créancier une garantie réelle accessoire à sa dette portant sur le fonds de commerce. Le nantissement du fonds de commerce est régi par les articles L. 142-1 et suivants du Code de commerce : pour produire des effets (B), le nantissement doit respecter des conditions de constitution (A).

A. La constitution du nantissement

Le nantissement conventionnel doit être distingué du nantissement judiciaire.

1. Le nantissement conventionnel du fonds de commerce

Il s'agit d'un contrat conclu entre le créancier et le débiteur qui est propriétaire du fonds de commerce. Ce contrat doit être passé par écrit et doit être constaté par un acte authentique ou par un acte sous seing privé enregistré. Le nantissement doit ensuite être inscrit auprès du greffe du tribunal de commerce dans les quinze jours de sa constitution à peine de nullité. L'assiette du nantissement porte sur certains éléments du fonds de commerce précisé par l'article L. 142-2 du Code de commerce.

2. Le nantissement judiciaire du fonds de commerce

Ce nantissement se rapproche d'une mesure conservatoire. Sur le fondement de l'article 77 de la loi du 9 juillet 1991 portant réforme des procédures civiles d'exécution, un créancier peut se protéger du risque d'insolvabilité de son débiteur : dès lors que la créance paraît fondée en son principe, une demande est adressée au juge d'instance, au président du tribunal de grande instance ou au président du tribunal de commerce, selon la nature de la créance. Le magistrat peut autoriser l'inscription d'un nantissement provisoire, et le créancier doit saisir le tribunal au fond dans le délai d'un mois afin d'obtenir un titre exécutoire. Dans le délai de deux mois, le créancier fait inscrire un nantissement définitif, qui prend date au jour d'inscription du nantissement provisoire.

B. Les effets du nantissement

Les effets à l'égard des créanciers inscrits sont le bénéfice du droit de préférence et du droit de suite. Le droit de préférence permet au créancier nanti d'être payé sur la vente du fonds par préférence aux créanciers chirographaires. Le droit de suite permet au créancier nanti de suivre le fonds en quelque main qu'il se trouve (art. L. 143-12 C. co).

Le propriétaire du fonds reste à la tête de son exploitation et conserve certaines prérogatives qui sont limitées dès que les opérations envisagées sont susceptibles de diminuer le gage des créanciers inscrits. Ainsi, lorsque le débiteur souhaite déplacer le fonds de commerce, il doit notifier pour acceptation le projet aux créanciers (art. L. 143-1 C. co.).

Enfin, peut être mentionnée l'existence d'un nantissement de l'outillage et du matériel d'équipement qui consiste à constituer un nantissement sur ces deux éléments du fonds de commerce (art. L. 525-1 et s. C. co.).

V. Le crédit-bail du fonds de commerce

Depuis une loi du 6 janvier 1986, le crédit-bail des fonds de commerce est possible. Une loi du 31 décembre 1989 prévoit par ailleurs le crédit-bail d'un ou plusieurs éléments incorporels du fonds de commerce.

Le crédit-bail consiste pour une entreprise qui souhaite exploiter un fonds de commerce sans pouvoir l'acheter au comptant, à s'adresser à une entreprise de crédit-bail qui va l'acheter à sa place. L'établissement de crédit-bail passe ensuite un contrat de location-gérance avec l'entreprise appelée le crédit-preneur qui exploitera le fonds et lui consent également une promesse de vente.

Pendant le contrat, le crédit-preneur paie les redevances au crédit-bailleur et pourra à la fin du contrat lever ou non l'option d'achat du fonds de commerce.

Cette opération est très intéressante pour le crédit-preneur qui répond ainsi à ses besoins, ainsi que pour l'établissement de crédit qui conserve la propriété du fonds de commerce, ce qui constitue une garantie efficace en cas de non-paiement des redevances.

Exercice 1. Commentaire d'arrêt

Sujet

Cour de cassation
Chambre commerciale
Audience publique du mardi 23 mars 1999
N° de pourvoi : 97-15 000
Publié au *Bulletin*
Cassation
Président : M. Bézard, président

RÉPUBLIQUE FRANÇAISE
AU NOM DU PEUPLE FRANÇAIS

Sur le moyen unique, pris en sa première branche :

Vu l'article 1er de la loi du 20 mars 1956 ;

Attendu qu'il résulte de l'arrêt attaqué que l'Union pour le recouvrement des cotisations de sécurité sociale et d'allocations familiales (URSSAF) du Gard a assigné la Société équipement de Nîmes Sud (SENIM), propriétaire d'un fonds de commerce d'hôtel-restaurant exploité, sous l'enseigne « Hôtel du Cheval Blanc et des Arènes «, par la SARL le Cheval Blanc, en paiement solidaire de cotisations sociales impayées par cette dernière, en se prévalant de la garantie du loueur de fonds instituée par l'article 8 de la loi du 20 mars 1956 ;

Attendu que pour rejeter la demande l'arrêt retient que la société Le Cheval Blanc a exploité le fonds pendant plusieurs années sans qu'aucun contrat ne soit venu organiser les relations des parties ni aucune redevance convenue, que, même si une location-gérance peut être verbalement conclue, la preuve d'une volonté non équivoque des parties de conclure un tel contrat, qu'il incombe à l'URSSAF de rapporter, n'est pas établie et qu'ainsi, l'URSSAF ne peut revendiquer le bénéfice des dispositions de l'article 8 de la loi du 20 mars 1956 ;

Attendu qu'en se déterminant ainsi, alors qu'elle avait constaté que la société Le Cheval Blanc, qui était indépendante de la société SENIM, avait exploité à ses risques et périls le fonds qui lui avait été concédé par cette dernière dans un intérêt économique commun, dans des conditions qui ne pouvaient dès lors relever que de l'article 1er susvisé, la cour d'appel n'a pas tiré les conséquences légales de ses propres constatations et a méconnu ce texte ;

PAR CES MOTIFS :

CASSE ET ANNULE.

Conseils pour aborder le sujet

L'arrêt proposé pose une solution nouvelle qu'il convient d'expliciter. Il faut également porter une appréciation critique à l'égard de cette décision. Cette analyse implique que le candidat connaisse bien le droit positif existant en matière de contrat de location-gérance.

Suggestion de correction

En tant que bien du commerçant, le fonds de commerce peut être l'objet de diverses opérations et peut faire l'objet d'un contrat de louage. L'arrêt rendu par la chambre commerciale de la Cour de cassation le 23 mars 1999 apporte une précision novatrice concernant la qualification du contrat de location-gérance aussi appelée gérance libre. Aux termes de l'article L. 144-1 du Code de commerce, la location-gérance est « *tout contrat ou convention par lequel le propriétaire ou l'exploitant d'un fonds de commerce ou d'un établissement artisanal en concède totalement ou partiellement la location à un gérant qui l'exploite à ses risques et périls* ».

Au regard des faits rapportés, une location-gérance semblait être conclue entre une société propriétaire d'un fonds de commerce et la société Le Cheval Blanc qui exploitait ce fonds sans qu'aucun contrat ni redevance n'aient été convenus entre les parties. Or, la société gérant le fonds de commerce n'a pas payé des dettes dues à l'URSSAF du fait de cette exploitation.

L'URSSAF assigne en paiement solidaire de cotisations sociales impayées la société propriétaire d'un fonds de commerce exploité par la société Le Cheval Blanc. Pour la cour d'appel, la demande doit être rejetée car le demandeur n'a pas établi la preuve d'une volonté non équivoque des parties de conclure une location-gérance. La cour d'appel a relevé que le prétendu locataire-gérant a exploité le fonds de commerce pendant plusieurs années sans que les relations des parties soient organisées par un contrat et aucune redevance n'était convenue : la volonté des parties de conclure un contrat de location-gérance n'est pas établie de manière non équivoque par le demandeur, alors même que la location-gérance peut être conclue verbalement. Aussi, à défaut de preuve d'une volonté non équivoque de l'existence d'une location-gérance, l'action fondée sur l'article L. 144-7 du Code de commerce (ancien art. 8 L. 1956) qui institue une responsabilité solidaire du propriétaire loueur du fonds doit être rejetée. La question posée par cet arrêt était de déterminer la nature juridique du contrat en l'absence de contrat et en particulier de redevance. L'existence d'une contrepartie financière à la charge du gérant est traditionnellement une condition de l'existence du contrat de la location-gérance. En l'espèce, les juges devaient qualifier la relation des parties en l'absence de contrat et de redevance. La Cour de cassation rend un arrêt de cassation et considère qu'il y a bien location-gérance malgré l'absence de versement de redevances. Il est relevé que la société Le Cheval Blanc exploitant le fonds de commerce était indépendante de la société propriétaire du fonds de commerce. La société Le Cheval Blanc a exploité le fonds de commerce à ses risques et périls, et ce fonds lui a été concédé dans un intérêt économique commun. La cour d'appel a donc méconnu les conséquences de ses propres constatations et a violé l'article premier de la loi de 1956. Cette solution est surprenante car en principe la mise à disposition du fonds de commerce par le propriétaire a en principe pour contrepartie le paiement d'une redevance par le locataire-gérant. L'arrêt opère ainsi une qualification extensive de la location-gérance (I), ce qui entraîne des conséquences juridiques relatives au régime juridique du contrat (II).

I. Une qualification extensive en location-gérance

La location-gérance qui peut être verbale implique en principe l'existence d'une redevance, mais la Cour de cassation délaisse cet élément (A) pour caractériser l'existence d'une exploitation concédée par le loueur au locataire dans un intérêt économique commun (B).

A. L'indifférence de la redevance

La location-gérance du fonds de commerce vise à confier l'exploitation du fonds au gérant libre en toute indépendance. Le gérant qui devient commerçant par ce contrat exploite le fonds à ses risques et périls : il dispose d'une totale autonomie de gestion. La mise à disposition du fonds de commerce par le propriétaire au gérant s'accompagne d'une gestion indépendante par le locataire du fonds de commerce. C'est bien ce qui a été caractérisé par la Cour de cassation : elle a précisé que le locataire était une société indépendante du loueur. En outre, une exploitation « *à ses risques et périls* » par le locataire a bien été relevée par les juges du fond. L'exploitation semble bien conforme à la définition donnée par l'article L. 144-1 du Code de commerce.

En tant que contrat de louage de chose d'un bien meuble incorporel, la location-gérance doit être soumise à l'exigence d'une redevance pour l'existence et la validité du contrat. La location-gérance est traditionnellement qualifiée de louage de chose au sens de l'article 1709 du Code civil qui en fait « *un contrat par lequel l'une des parties s'engage à faire jouir l'autre d'une chose pendant un certain temps, et moyennant un certain prix que celle-ci s'oblige à payer* ». Selon la jurisprudence, l'existence d'une redevance est une condition essentielle de la location-gérance, même si le dispositif légal de la location-gérance ne prévoit pas expressément l'exigence d'une redevance comme condition de validité du contrat. Cette conception classique a été reprise par la cour d'appel : selon cette dernière, en l'absence de contrepartie financière, cette exploitation du fonds pendant plusieurs années sans contrat ne peut être qualifiée de contrat de location-gérance. En conséquence, les dispositions spécifiques à la location-gérance ne sont pas applicables à l'espèce. Cette jurisprudence faisant de la redevance un élément essentiel du contrat de location-gérance est classique. La décision commentée créée une rupture avec la jurisprudence traditionnelle puisque l'absence de redevance est passée sous silence par la Cour de cassation qui met en exergue le critère de l'intérêt économique commun.

B. Un intérêt économique commun

La Cour de cassation retient une interprétation complètement différente au visa de l'article premier de la loi du 20 mars 1956 (art. L. 144-1 C. co.) qui est d'ordre public. Ce texte définit la location-gérance en visant simplement l'exploitation à ses risques et périls par le gérant. La Cour de cassation caractérise l'existence d'une location-gérance par l'exploitation aux risques et périls de la société bénéficiaire, mais se réfère également à un intérêt économique commun avec la société propriétaire. La notion d'intérêt économique commun renvoie à l'idée d'un avantage de la gestion réalisée par le locataire-gérant pour le propriétaire. Ainsi, l'absence de loyer peut être compensée par d'autres liens notamment financiers entre le loueur et le locataire ; l'absence de redevance ne signifie pas nécessairement la gratuité. Au critère classique de la redevance se substitue celui de l'intérêt économique commun du loueur et du locataire. La Cour de cassation ne donne aucune précision sur le critère utilisé qui apparaît très large dès lors que tout loueur de fonds de commerce est nécessairement intéressé à la gestion de son locataire. La Cour de cassation utilise une motivation d'autant plus lapidaire qu'elle ne se réfère pas expressément à la notion de redevance. Sur ce point, elle passe outre l'absence de redevance pour considérer qu'il ne peut s'agir que d'une location-gérance, contrairement à la jurisprudence antérieure.

Ainsi, l'exploitation indépendante aux risques et périls de l'exploitant dans un intérêt commun avec le propriétaire du fonds sont des critères suffisants pour caractériser la location-gérance. La qualification du contrat en location-gérance permet alors d'appliquer le régime légal de la location-gérance, ce qui entraîne des conséquences juridiques pour les parties.

II. Les conséquences juridiques

La qualification du contrat en location-gérance induit l'application des dispositions impératives du régime et notamment de la responsabilité solidaire du loueur à l'égard des dettes de l'exploitation (A). La décision est sévère à l'égard du loueur, et sa portée incertaine devra être analysée (B).

A. La responsabilité solidaire du loueur pour les dettes de l'exploitation

L'exploitant du fonds reconnu comme étant un locataire-gérant est un commerçant responsable de son exploitation à l'égard des tiers. Pourtant, l'article 8 de la loi du 20 mars 1956 (devenu L. 144-7 C. co.) fait peser sur le loueur de fonds de commerce une responsabilité solidaire avec le locataire-gérant pour certaines dettes contractées par le locataire-gérant. Cette responsabilité solidaire court de la publication de la location-gérance à la fin d'un délai de six mois à compter de sa publication. Le créancier invoquait cette solidarité du loueur : en effet, en l'absence même de contrat, aucune publication n'était intervenue puisque cette location-gérance n'existait pas de manière officielle. Au regard de l'article 8 de la loi du 20 mars 1956, l'absence de toute publication rendait la solidarité du loueur avec le locataire sans limitation temporelle tant qu'aucune publication n'était intervenue. L'existence d'une location-gérance n'était pas officiellement reconnue, la libération du loueur quant à sa responsabilité solidaire ne pouvait intervenir et aurait duré autant d'années que la relation désorganisée des parties. Cette responsabilité solidaire est souvent présentée comme permettant de faciliter les débuts de l'exploitation par le gérant libre : il peut se procurer plus facilement du crédit auprès des créanciers, car ces derniers bénéficient de la garantie solidaire du loueur. En l'espèce, cette justification n'est pas pertinente au regard de la durée de plusieurs années de l'exploitation litigieuse. Néanmoins, les tiers peuvent, pour obtenir paiement de leurs créances, se fonder sur le droit de la location-gérance et ainsi actionner le propriétaire du fonds solidairement responsable des dettes avec son locataire-gérant. Cette solution novatrice pose la question de la portée de l'arrêt qui apparaît incertaine.

B. La portée incertaine de l'arrêt

La solution retenue dans cette décision constitue une rupture à l'égard du droit antérieur qui faisait de la redevance un élément essentiel du contrat de location-gérance. L'absence de référence expresse à l'exigence de redevance dans la motivation de la Cour de cassation empêche de considérer qu'il s'agit d'un revirement. Il ne s'agit pas de remettre en cause cette exigence traditionnelle mais d'admettre *a contrario* que l'absence de redevance n'exclut pas l'existence de la location-gérance fut-elle verbale. La solution de l'espèce est conforme à l'esprit de la législation qui est protectrice des créanciers. En privilégiant l'apparence de la situation créée par les parties, la Cour de cassation protège les créanciers qui ont pu croire à l'existence d'une location-gérance entre le propriétaire du fonds de commerce et l'exploitant. Par cette solution, c'est la sécurité juridique qui est recherchée. Si la solution inverse avait été retenue, à l'image de celle de la cour d'appel, l'absence de contrat aurait permis aux parties et spécialement au propriétaire du fonds de contourner les dispositions d'ordre public du régime de la location-gérance. La Cour de cassation a évité que le défaut de dispositions contractuelles ne profite au propriétaire en le dégageant de toute responsabilité du fait de l'exploitation du fonds qu'il a concédée. Les créanciers n'ont pas à prouver la volonté non équivoque des parties de conclure un contrat de location-gérance. L'apparence créée par les parties suffit pour que les tiers puissent s'en servir de fondement à leur action en paiement solidaire des dettes par le loueur de fonds de commerce. La charge de la preuve n'incombe plus au créancier demandeur.

Exercice 2. Cas pratique

Sujet

A et D sont des amis propriétaires d'un fonds de commerce situé en plein centre-ville spécialisé dans la vente d'articles de montagne et d'équipements pour le ski. Ils ont décidé de vendre le fonds de commerce et l'ont cédé à B par un acte sous seing privé du 4 avril dernier. Dans l'acte de cession, il a été précisé que seraient cédés la clientèle et l'achalandage, le droit au bail, le nom commercial, l'enseigne, le matériel d'agencement du magasin ainsi que les stocks. L'acte énumère ensuite diverses mentions et précise les bénéfices commerciaux des 5 dernières années, l'absence de privilège et de nantissement. A et D avait réalisé plusieurs investissements importants pour développer le fonds et ont encore plusieurs dettes auprès de fournisseurs, notamment auprès de Y fournisseur de matériel et de Z artisan qui a réalisé des aménagements dans la boutique. Conseillez les créanciers de A et D pour obtenir le remboursement de leurs créances, leur demande en paiement étant jusqu'alors restée sans réponse.

Après cette période d'inactivité, A a décidé de se relancer dans l'activité commerciale et il a ouvert un magasin de sport situé dans la banlieue depuis le mois de décembre.

Très contrarié par cette installation, B considère que cette concurrence de A n'est pas légale et il menace A de faire fermer son nouveau magasin. En outre, B considère que la vente du fonds de commerce pourrait être annulée. Quel est votre avis ?

Par ailleurs, C le bailleur de B a contacté A afin qu'il règle plusieurs loyers impayés par B. A doit-il payer les loyers ? C prétend par ailleurs qu'il n'a pas été informé de cette vente et qu'une clause du contrat de bail interdisant au locataire de céder le bail n'a pas été respectée. Le propriétaire menace B de l'assigner en résiliation du bail à ses torts exclusifs. Cette menace peut-elle aboutir ?

D a passé un contrat de location-gérance pour la gestion d'un nouveau magasin. L'exploitation par D le locataire-gérant se passait bien, mais il veut mettre un terme au contrat car il considère que le fonds n'est pas suffisamment rentable. Le propriétaire est très déçu d'autant qu'il vient d'obtenir une réduction judiciaire du délai de deux ans qui impose au propriétaire de fonds de commerce d'avoir exploité le fonds loué pendant au moins une durée de deux ans. D peut-il demander la nullité du contrat ?

Analysez les différents problèmes de manière précise et argumentée.

Conseils pour aborder le sujet

Le sujet du cas pratique est complexe en raison des nombreux problèmes à résoudre. Les questions posées au candidat sont formulées en termes larges et ne permettent pas immédiatement d'identifier les problèmes juridiques. Il convient d'envisager chaque problème et de proposer une qualification juridique puis une solution argumentée.

Suggestion de correction

S'agissant des dettes que A et D ont contracté auprès de Y fournisseur de matériel et de Z artisan qui a réalisé des aménagements dans la boutique, la question est de savoir comment les fournisseurs peuvent obtenir le remboursement de leurs créances. Que ces créances soient exigibles ou non, Y et Z peuvent, en tant que créanciers du vendeur, faire opposition au paiement du prix de la cession dans le délai de dix jours suivant la dernière publication de la cession au Bulletin Officiel des Affaires Civiles et Commerciales. L'opposition doit être réalisée par exploit d'huissier notifié au vendeur et à l'acheteur et elle doit mentionner la créance certaine en énonçant le chiffre et la cause de la créance. L'opposition régulièrement effectuée interdit à l'acquéreur de payer sa dette entre les mains du vendeur. Ainsi, l'indisponibilité du prix de la vente entre les mains de l'acquéreur ou de l'intermédiaire est confirmée et maintenue, et la créance du prix reste indisponible et ne peut être cédée ni compensée. Le prix pourra être distribué entre les créanciers en cas d'accord amiable, ou en cas de désaccord, une procédure de distribution aura lieu conformément à une procédure instaurée par un décret du 14 août 1996. Les vendeurs pourraient demander en référé un cantonnement des oppositions afin d'obtenir le solde du prix. La mainlevée pourrait même être obtenue en référé dans le cas où les vendeurs procèdent à la consignation de sommes permettant de désintéresser les créanciers opposants (art. L. 141-15 C. co.).

Dans le cas où Y et Z estiment que le prix de la cession est insuffisant pour les désintéresser, ils peuvent en tant que créanciers opposants, former une surenchère du sixième dans le délai de 20 jours à compter de la dernière publication au *BODACC*. Il s'agit alors de demander la mise en vente aux enchères publiques du fonds de commerce : à défaut de meilleure offre, le créancier surenchérisseur sera déclaré adjudicataire pour le prix de vente majoré du sixième (art. L. 141-19 C. co.). Par conséquent, cette faculté de la surenchère du sixième est peu utilisée par les créanciers qui ne souhaitent pas le plus souvent prendre le risque de devenir propriétaire du fonds de commerce.

L'exercice du droit d'opposition paraît adapté à la demande de Y et Z.

B considère que cette concurrence de A n'est pas légale et menace A de faire fermer son nouveau magasin, mais aussi de faire annuler la vente du fonds de commerce. Il est nécessaire de distinguer la question relative à la concurrence et de l'éventuelle fermeture du fonds de celle de l'annulation de la vente du fonds de commerce.

B invoque une concurrence illégale de la part de A en raison de sa réinstallation mais ne mentionne pas l'existence d'une clause de non-concurrence. Néanmoins, en tant que vendeurs du fonds de commerce, A et D sont tenus de diverses garanties et notamment de la garantie légale d'éviction du fait personnel. Du fait de cette garantie de son fait personnel, tout vendeur est en effet tenu d'assurer à l'acquéreur le droit à la paisible jouissance du fonds vendu. Pour cela, il doit s'abstenir de tout trouble de nature à détourner la clientèle du fonds cédé : ainsi, si sa réinstallation n'est pas interdite, il lui est interdit de se réinstaller dans des conditions qui lui permettraient de faire concurrence à son acheteur et de détourner la clientèle du fonds cédé (art. 1626 et s. C. civ.). Il est alors nécessaire d'examiner si la réinstallation de A peut causer une concurrence et donc une atteinte à la paisible jouissance de l'acquéreur, comme l'affirme ce dernier. L'objet de la nouvelle exploitation porte sur le sport, et cela peut concerner la vente d'articles de montagne et d'équipements pour le ski. Toutefois, la localisation des fonds est différente, l'un étant en plein centre-ville et l'autre situé en banlieue. Aucune réponse définitive ne peut être apportée : tout dépend de savoir si l'ancienne clientèle est susceptible d'être attirée par le nouveau magasin de A, quelle que soit sa localisation. Le fait pour A d'avoir eu une période d'inactivité ne purge pas sa garantie d'éviction, car celle-ci perdure dès qu'une atteinte à la paisible exploitation de l'acquéreur est possible. L'existence d'une concurrence illégale est donc possible et elle relève de l'appréciation souveraine des juges du fond.

Les sanctions peuvent consister en une interdiction de l'exercice de l'activité demandée par la victime, et le juge peut accorder des dommages et intérêts en cas de préjudice.

Il faut en outre préciser que cette garantie d'éviction est à la charge des deux vendeurs et qu'ils ont souscrit cette obligation de manière solidaire. Aussi, même si D n'a pas causé de trouble à la jouissance de l'acquéreur, il sera solidairement tenu de l'éventuelle atteinte portée par A et pourra être solidairement sanctionné le cas échéant.

S'agissant de la menace d'annulation de la vente du fonds de commerce, la validité de cette vente doit être examinée afin de savoir si la fermeture ou l'annulation est possible. Parmi les conditions exigées pour la vente du fonds de commerce, les conditions de fond ne sont pas mises en cause en l'espèce. En revanche, les conditions de forme prévues à l'article L. 141-1 du Code de commerce peuvent poser une difficulté. En effet, parmi les mentions exigées, il en est deux qui ont été omises dans l'acte de cession : le chiffre d'affaires et les informations relatives au bail n'ont pas été précisés. La sanction de ces omissions est la nullité relative (art. L. 141-1 II C. co.), et l'action doit être exercée dans l'année de la vente. Cette nullité n'est cependant que facultative et ne sera prononcée que si les omissions ont créé un vice du consentement et un préjudice pour l'acheteur. Aussi, cette annulation de la vente est loin d'être possible, car l'acheteur pouvait disposer de ces informations par une autre voie. B doit donc prouver que l'omission des mentions a conduit à une information insuffisante qui a créé un vice de son consentement, ce qui lui a causé un préjudice.

C le bailleur de B a contacté A et D afin qu'il règle plusieurs loyers impayés par B, le cessionnaire du fonds de commerce. A et D doivent-ils payer les loyers ?

Le paiement des loyers par le cédant est envisageable mais il n'est pas de droit. Une clause est nécessaire pour l'imposer, comme l'a précisé la Cour de cassation depuis un revirement en 1988. Avant ce revirement, le cédant était considéré comme garant de la bonne exécution de certaines obligations par le cessionnaire, et il restait tenu, même en l'absence de clause, du paiement des loyers impayés. La solution inverse est aujourd'hui retenue, aussi des clauses sont fréquemment insérées dans les contrats de baux pour prévoir la garantie solidaire du cédant avec le cessionnaire pour l'exécution de certaines obligations, en particulier pour le paiement des loyers. En l'espèce, aucune précision n'est donnée en faveur de l'existence d'une clause de solidarité de paiement des loyers, aussi A et D n'ont pas à régler à C les loyers impayés par le cessionnaire B.

Le propriétaire du local menace B de l'assigner en résiliation du bail à ses torts exclusifs. Cette menace peut-elle aboutir ?

Le problème réside en l'espèce dans la clause de cession du bail. Alors qu'en droit commun, la cession du bail impose l'accord exprès du propriétaire, la cession du bail commercial est libre dès qu'elle s'accompagne de celle du fonds de commerce. En effet, selon l'article L. 145-16 alinéa premier, est nulle la clause du bail tendant à interdire à un locataire de céder son bail à l'acquéreur de son fonds de commerce. Cette interdiction est nulle et le propriétaire peut seulement prévoir des clauses limitatives : il s'agit de limiter les dangers de la cession du bail, notamment par l'exigence d'un acte authentique à la rédaction duquel le propriétaire est appelé, ou encore par l'exigence d'un agrément du cessionnaire par le propriétaire du local. Le propriétaire invoque une clause du contrat de bail interdisant au locataire de céder le bail qui n'aurait pas été respectée. La clause ne peut interdire la cession du bail car elle s'accompagne de celle du fonds de commerce et elle est donc de droit pour le locataire. Un tel motif de résiliation aux torts de B est donc inopérant.

S'agissant de la location-gérance, il faut relever que la dispense judiciaire a été obtenue après la conclusion du contrat. En effet, le contrat avait été passé et l'exploitation avait débuté lorsque le propriétaire a obtenu une réduction judiciaire du délai de deux ans qui impose au propriétaire de fonds de commerce d'avoir exploité le fonds loué pendant au moins une durée de deux ans. L'obtention de la dispense semble permettre de considérer que la location-gérance a été valablement conclue. Le législateur a en effet édicté des conditions de durée relatives au propriétaire du fonds afin d'éviter la spéculation sur les fonds de commerce. À ce jour n'est conservée que la condition relative au délai de deux années d'exploitation du fonds mis en location (art. L. 144-3 C. co.). Or, le propriétaire a obtenu une dispense judiciaire réduisant le délai (art. L. 144-4 C. co.). Cependant, la dispense aurait dû être obtenue préalablement à la conclusion du contrat de location-gérance, car l'autorisation donnée par le président du tribunal de grande instance n'a pas d'effet rétroactif. La sanction est sévère puisqu'elle consiste en la nullité absolue du contrat (Cass. com. 4 février 1997). D peut donc demander la nullité du contrat (art. L. 144-10 C. co.). Les conséquences sont d'autant plus graves que la nullité du contrat a une incidence sur le bail commercial dont le propriétaire du fonds de commerce est titulaire. En effet, une location-gérance irrégulière présente un grave danger pour le loueur du fonds de commerce qui est également locataire du local dans lequel le fonds est exploité. En cas de nullité de la location-gérance, le propriétaire est déchu des droits qu'il tient du statut des baux commerciaux (art. L. 144-10 al. 2 C. co.). Ainsi, il perd le droit au renouvellement découlant de l'application du régime des baux commerciaux. Cette solution automatique ne peut être suppléée par les parties par la conclusion d'un nouveau contrat valable : les conséquences de la nullité de la location-gérance sont donc très sévères dans le cas où le loueur du fonds de commerce a par ailleurs la qualité de locataire-commerçant pour ce même fonds.

Par conséquent, D peut invoquer la nullité du contrat, mais cette nullité ne pourra pas être opposée aux tiers par les parties (art. L. 144-10 al. 1er C. co.) : la protection des créanciers est ainsi assurée.

Exercice 3. Exposé oral

Sujet

La protection du consentement de l'acquéreur du fonds de commerce

Conseils pour aborder le sujet

La difficulté essentielle réside dans la construction de l'exposé dont la structure doit être équilibrée. Aussi ne faut-il pas se cantonner à traiter du droit spécial de la vente du fonds de commerce et élargir le propos au droit commun des obligations afin d'offrir une vision complète des dispositifs de protection du consentement de l'acquéreur du fonds de commerce.

Suggestion de correction

Le fonds de commerce représente un élément déterminant du patrimoine du commerçant et sa valeur économique est souvent essentielle. Sa vente constitue une opération très importante au regard de l'activité commerciale. L'article 1582 du Code civil définit la vente comme « *une convention par laquelle l'un s'oblige à livrer une chose, et l'autre à la payer* ». Bien que le Code civil définisse et réglemente le contrat de vente, le Code de commerce prévoit ses propres règles relatives à la vente du fonds de commerce (art. L. 141-1 et s. C. co.). Depuis une ancienne loi du 17 mars 1909 dite loi Cordelet, la cession du fonds de commerce a été réglementée et il s'agissait en particulier de protéger l'acquéreur ainsi que les créanciers du cédant. La réglementation de la vente du fonds de commerce s'est poursuivie avec une loi du 29 juin 1935, et plus récemment avec la loi de modernisation de l'économie du 4 août 2008. L'existence d'une législation spécifique est justifiée par le caractère très important et assez usuel de la cession du fonds de commerce. Au travers de cette opération des intérêts multiples sont en jeu : ceux du vendeur pour lequel le paiement de la vente se fait le plus souvent à terme, ce qui pose le problème de la solvabilité de l'acquéreur. Les créanciers du vendeur ont également des intérêts à défendre car le fonds de commerce est souvent l'élément essentiel du patrimoine de leur débiteur. Aussi doivent-ils être protégés contre toute manœuvre conduisant à réduire le gage de paiement que constitue pour eux le fonds de commerce. Ils doivent ainsi être garantis contre le risque de la dissimulation d'une partie du prix de la cession, tout comme l'administration fiscale qui pourrait percevoir des droits de mutation insuffisants à l'occasion de la vente. L'acquéreur du fonds est quant à lui confronté à la difficulté de connaître exactement la teneur du bien vendu dont la valeur peut fluctuer, d'autant que le vendeur peut être tenté d'en majorer la valeur économique. L'acquéreur est protégé par l'instauration d'un formalisme très strict visant à faire échec à d'éventuelles fraudes de la part du vendeur. En particulier, la loi permet de protéger l'acquéreur.

Par divers moyens de protection (I), le consentement de l'acquéreur est protégé lors de la conclusion de la vente du fonds de commerce et leur non-respect est sanctionné (II)

I. Les divers moyens de protection du consentement

En tant que contrat, la cession du fonds de commerce est soumise aux conditions du droit commun des obligations (A), lequel est complété par le droit spécial de la vente du fonds de commerce qui se caractérise particulièrement par un formalisme légal à but informatif (B).

A. Le recours au droit commun des obligations

La vente est le contrat opérant le transfert de la propriété de la chose. L'acquéreur s'oblige à payer le prix, alors que le vendeur est soumis à diverses obligations. Comme tout contrat, la cession du fonds de commerce doit remplir les conditions de validité du droit commun que sont celles de l'article 1108 du Code civil, et qui supposent la capacité et le consentement des parties, ainsi que la cause et l'objet licites de la cession.

La capacité est requise pour chaque contractant (art. 1123 C. civ.), et l'incapacité remet en cause la validité de la cession. L'incapable peut agir en rescision pour lésion (art. 1 305 et 1313 C. civ.), ou en nullité du contrat (art. 1124 C. civ.). Ces règles s'appliquent à la vente du fonds et sont complétées par d'autres règles en raison de l'importance du fonds de commerce. S'agissant du mineur, le mineur non émancipé ne peut acquérir un fonds de commerce, y compris si son tuteur ou administrateur légal agit en son nom (art. 1124 C. civ.). La sanction du non-respect de ces règles est sanctionnée par la nullité relative de l'acte dont seul le mineur peut se prévaloir. Lorsque le mineur est propriétaire d'un fonds de commerce, les parents ne peuvent pas le vendre ni l'apporter en société ; l'autorisation du juge des tutelles est en effet nécessaire (art. 389-5 C. civ.). S'agissant du majeur, le majeur sous tutelle ne peut acquérir un fonds de commerce quelles qu'en soient les conditions. La vente du fonds de commerce appartenant au majeur sous tutelle implique pour le tuteur de demander l'autorisation du conseil de famille (art. 457 C. civ.). Les règles sont plus souples pour le majeur sous curatelle lequel peut acheter ou céder un fonds de commerce dès qu'il est assisté du curateur (art. 510 C. civ.). Le majeur sous sauvegarde de justice peut seul acheter ou vendre un fonds de commerce car il conserve l'exercice de ses droits. Toutefois, le majeur sous sauvegarde de justice est protégé et il peut demander la rescision pour lésion ou la réduction pour excès de l'acte (art. 491-2 C. civ.). En tant qu'accord de volontés, la vente du fonds de commerce implique le consentement des parties lors de la conclusion du contrat. Leur consentement doit être exempt de tout vice, et notamment le consentement ne doit pas avoir été obtenu par le dol ou la violence, ou encore grâce à une erreur sur les qualités substantielles du fonds. À ce titre, l'erreur sur le niveau de la clientèle est fréquente. L'objet du contrat doit être certain : il porte sur le fonds de commerce, ce qui suppose qu'il porte sur les éléments constitutifs de ce fonds. En outre, l'objet doit être licite tout comme la cause. Enfin, la cession du fonds doit satisfaire à des exigences relevant du droit de la vente, et le prix doit être déterminé ou déterminable lors de la conclusion du contrat (art. 1591 C. civ.). Ces conditions de droit commun sont complétées par des conditions spécifiques à la vente du fonds de commerce, en particulier pour renforcer la protection du consentement de l'acquéreur grâce à un formalisme légal à but informatif.

B. Le recours au droit spécial : un formalisme légal à but informatif

Les conditions de fond de la vente du fonds de commerce ne se résument pas au droit commun et l'on peut préciser que l'acquéreur du fonds doit avoir la capacité commerciale pour conclure cet acte qui est un acte de commerce à l'égard des deux parties. Lorsque le prix n'est pas payé au comptant, une ventilation s'impose : le prix doit être divisé en trois parties qui sont le matériel, les éléments incorporels et les marchandises. Parmi les dispositions assurant la protection de l'acquéreur, il existe une obligation pour les parties de viser tous les livres de comptabilité qui ont été tenus par le vendeur durant les trois exercices comptables précédant la vente. Ces livres font l'objet d'un inventaire signé par les parties et le cédant doit mettre ces livres à disposition de l'acquéreur pendant trois ans à compter de l'entrée en jouissance du fonds (art. L. 141-2 C. co.). L'acquéreur vérifie ainsi les éléments du fonds de commerce.

Si la loi n'exige pas expressément la rédaction d'un écrit, l'acte de cession est très formaliste, ce qui permet à l'acquéreur de bien identifier la composition et l'état du fonds vendu. C'est par l'instauration de ces rigoureuses conditions de forme que la protection du consentement est la mieux assurée. En effet, afin de limiter d'éventuelles fraudes du vendeur, des mentions sont exigées sur l'acte de vente : elles permettent de renseigner exactement l'acquéreur quant aux caractéristiques du fonds vendu et d'assurer son libre consentement.

Ces mentions légales obligatoires sont nombreuses et elles sont mentionnées à l'article L. 141-1 du Code de commerce qui est d'ordre public. Ainsi, le vendeur est tenu d'énoncer dans l'acte constatant la cession le nom du précédent vendeur, la date et la nature de son acte d'acquisition et le prix de cette acquisition. Cette disposition relative à l'origine de la propriété donne des informations à l'acquéreur quant à la propriété détenue par le vendeur et quant à l'évolution du fonds de commerce depuis la cession précédente. L'état des privilèges et nantissements grevant le fonds doit être précisé et permet à l'acquéreur de savoir s'il existe des créanciers inscrits sur le fonds. Doivent être mentionnés le chiffre d'affaires et les bénéfices commerciaux réalisés au cours de chacune des trois dernières années précédant la cession. L'information transmise à l'acquéreur est essentielle et permet de déterminer avec précision le niveau de rentabilité de l'exploitation. Enfin, en cas de bail commercial, doivent être indiqués sa date et sa durée, ainsi que le nom et l'adresse du bailleur. L'acquéreur a ainsi connaissance des caractéristiques du bail commercial, ce qui peut s'avérer essentiel pour l'exploitation du fonds de commerce.

Le formalisme légal prend en considération le besoin de protection de l'acquéreur et cette protection apparaît également par les sanctions de l'atteinte portée au consentement de l'acquéreur du fonds de commerce.

II. Les sanctions en cas d'atteinte au consentement de l'acquéreur

Les sanctions doivent être distinguées selon qu'elles relèvent du non-respect du formalisme légal (A), ou qu'elles sont tirées du droit commun des obligations (B).

A. Les sanctions du non-respect du formalisme légal

La violation de cette obligation est sanctionnée différemment selon qu'une mention obligatoire fait défaut ou qu'elle est inexacte.

En cas d'absence de mention, la sanction ne consiste pas en une nullité automatique. Pour que la nullité de l'acte soit prononcée, l'acquéreur doit établir que l'absence d'information a vicié son consentement. Alors que la mention fait défaut sur l'acte, l'acquéreur peut avoir obtenu l'information omise par un autre moyen. Ce serait par exemple le cas si l'acheteur disposait des informations omises parce qu'il est un ancien salarié du vendeur ou le locataire-gérant. Par conséquent, il ne s'agit pas de sanctionner en tant que telle l'omission mais le vice du consentement de l'acheteur. C'est bien ce que prévoit l'article L. 141-1 II du Code de commerce en précisant que l'omission d'une énonciation légale peut entraîner la nullité de la vente. Il s'agit d'une nullité relative dont le but est de protéger l'acheteur, en permettant un consentement libre et éclairé. Seul l'acheteur peut s'en prévaloir à condition d'agir dans l'année de l'acte. Ce délai est préfix, et n'est donc susceptible ni de suspension, ni d'interruption. L'annulation de l'acte de vente est facultative dans la mesure où elle est soumise à l'appréciation souveraine des juges du fond, et elle suppose que soit constaté un préjudice causé à l'acquéreur.

En cas d'inexactitude de mentions légales, la sanction est fondée sur la garantie du vendeur en matière de vice caché en vertu de l'article L. 141-3 du Code de commerce. En effet, selon cet article, « *le vendeur est, nonobstant toute stipulation contraire, tenu de la garantie à raison de l'inexactitude de ses énonciations dans les conditions édictées par les articles 1644 et 1645 du Code civil* ». L'acquéreur doit établir que cette inexactitude constitue un vice caché qui lui a été préjudiciable pour l'exploitation du fonds. Si l'acquéreur avait connu le vice, il n'aurait pas acheté le fonds de commerce ou en aurait proposé un prix inférieur. Selon l'article L. 141-4 du Code de commerce, l'action doit être intentée dans l'année de la date de prise de possession et peut consister en une demande de résolution de la vente ou en une demande de diminution du prix de la cession.

Il existe donc un régime dualiste des énonciations légales prescrites dans l'acte de cession du fonds de commerce : l'omission renvoie à l'éventuelle nullité de l'acte, alors que l'inexactitude peut entraîner la garantie du vendeur. L'existence de ces sanctions spécifiques laisse néanmoins à l'acquéreur la possibilité de recourir au droit commun pour obtenir la sanction de l'atteinte portée à son consentement.

B. La sanction par le recours au droit commun

Le droit spécial de la vente du fonds de commerce prévu par le Code de commerce s'applique uniquement aux mentions légales exigées pour l'acte de cession. Ainsi, s'agissant d'énonciations non obligatoirement exigées, les dispositions du Code civil sont susceptibles de s'appliquer subsidiairement à la vente du fonds de commerce. À défaut de règles spécifiques, le droit civil sera appliqué et peut permettre de sanctionner une atteinte portée au consentement de l'acquéreur d'un fonds de commerce. L'utilisation du droit commun a pour avantage d'être soumis à des délais d'action plus long que le délai d'un an prévu en cas d'omission ou d'inexactitude des mentions obligatoires. En vertu du droit commun des vices cachés, l'acheteur doit agir dans le délai de deux ans (art. 1648 C. civ.) dès lors que l'inexactitude constatée dans l'acte de cession du fonds de commerce porte sur une mention non obligatoire. À ce titre, le vendeur est tenu de la garantie des vices cachés, et l'acquéreur peut agir en résolution de la vente ou en réduction du prix, ainsi qu'en paiement de dommages et intérêts si le vendeur avait connaissance du vice (art. 1644 et 1645 C. civ.).

Le recours au droit commun à titre de sanction en cas d'atteinte au consentement de l'acquéreur pose la question du cumul du droit spécial et du droit commun. Dans l'hypothèse où le vendeur a provoqué une erreur ou commis un dol et que le délai d'action d'un an est expiré, la question est de savoir si l'acquéreur peut agir sur le fondement du droit commun contre le vendeur pour erreur ou pour réticence dolosive. L'action en nullité pour réticence dolosive se prescrit par cinq ans à compter de la découverte du dol, ce délai pouvant être interrompu ou suspendu. La tendance récente de la jurisprudence apparaît être favorable à ce recours au droit commun. Cette solution traduit une protection large de l'acquéreur car la jurisprudence considère ainsi que l'obligation d'information du vendeur de fonds de commerce n'est pas purgée du fait de l'expiration du délai de l'action fondée sur le droit spécial.

Enfin, il faut préciser que si la protection du consentement de l'acquéreur fait partie des préoccupations du législateur avec la garantie de paiement du vendeur, la vente du fonds présente également des risques importants pour les créanciers du vendeur. C'est la raison pour laquelle a été instaurée une importante publicité de la vente du fonds de commerce.

Thème 6 Le registre du commerce et des sociétés

Bibliographie

V. Giannella, « La dimension communautaire : le registre du commerce européen », *GP* 1994, 1, doctr. p. 111.

L. Grynbaum, « Le registre des sociétés au format électronique », *CCE* 2003, comm. 95.

J. Leprovaux et F. Petit, « L'indication de la situation matrimoniale du commerçant au registre du commerce et des sociétés après le décret du 9 mai 2007 », *JCP Ent.* 2008, 1855.

L. Nurit-Pontier, « Dispense d'immatriculation de l'auto-entrepreneur : une simplification non dénuée de risques », *D.* 2009, chron. p. 585.

P. Serlooten, « L'expérience française en matière de registre du commerce », *Annales de la faculté de Toulouse* 1995, p. 5.

Rappel de cours

En tant que facteur de transparence de la vie des affaires, la publicité est indispensable à la vie des affaires. Cette publicité intervient par voie d'inscription sur des registres parmi lesquels peuvent être cités le registre du commerce et des sociétés mais également le registre des nantissements de fonds de commerce, ou encore le registre des protêts. Outre la publicité par voie d'inscription existe la publicité par voie d'annonces légales dans des journaux d'annonces légales. Différentes informations doivent en effet faire l'objet d'une telle publicité et c'est le cas pour les contrats de vente de fonds de commerce, les constitutions ou les modifications de sociétés, ou encore certaines décisions en matière de procédures collectives. Une publicité intervient au *Bulletin des annonces légales obligatoires* (*BALO*), où sont publiées toutes les informations relatives à la vie des sociétés. Enfin, la publicité s'effectue également au *Bulletin officiel des annonces civiles et commerciales* (*BODACC*), lequel publie les avis relatifs aux immatriculations au registre du commerce et des sociétés, aux inscriptions modificatives, et aux radiations.

Instrument central de la publicité, le registre du commerce est un répertoire officiel qui regroupe des informations légales obligatoires concernant des personnes physiques commerçantes et des personnes morales, dans le but de centraliser ces informations et de les diffuser auprès du public. Le registre du commerce fut institué dès 1919 et il est devenu en 1978 le registre du commerce et des sociétés. La réglementation de ce registre est essentiellement issue d'un décret du 30 mai 1984 notamment modifié par un décret du 1er février 2005. Certaines dispositions relatives au registre du commerce et des sociétés ont été codifiées aux articles L. 123-1 à L. 123-9 du Code de commerce.

Le registre du commerce et des sociétés comporte deux registres, un registre local et le registre national. Au niveau national, le registre national est tenu par l'Institut national de la propriété industrielle (INPI). Son rôle est de centraliser les informations recueillies dans les registres locaux. Au niveau local existent les registres tenus par les greffes des tribunaux de commerce.

S'agissant des informations qu'il contient, le registre du commerce et des sociétés comprend tout d'abord un registre d'arrivée mentionnant dans un ordre chronologique l'ensemble des diverses demandes d'inscription quel qu'en soit l'objet. Le registre du commerce et des sociétés comprend par ailleurs un fichier alphabétique des personnes immatriculées (dans le ressort du tribunal), un dossier individuel pour chaque commerçant, ainsi qu'un dossier annexe où figurent les actes et pièces que les demandeurs sont tenus de déposer au registre du commerce et des sociétés. La tenue du registre est confiée aux greffiers des tribunaux de commerce sous la surveillance d'un juge commis à cet effet. Ce juge peut trancher les litiges opposant l'assujetti au greffier.

L'étude du registre du commerce et des sociétés suppose d'envisager la demande d'immatriculation (I), les effets de cette immatriculation ou de son défaut (II), puis les autres publications nécessaires (III).

I. La demande d'immatriculation

Il faut préciser quelles sont les personnes assujetties à l'immatriculation (A), dans quel délai l'immatriculation doit intervenir (B), les modalités de cette demande (C), ainsi que la décision d'immatriculation ou de refus (D).

A. Les personnes assujetties

Selon l'article L. 123-1 du Code de commerce, sont tenues de s'immatriculer au registre du commerce et des sociétés les personnes physiques ayant la qualité de commerçant, même si elles sont tenues à immatriculation au répertoire des métiers ; les sociétés et groupements d'intérêt économique ayant leur siège dans un département français et jouissant de la personnalité morale conformément à l'article 1842 du code civil ou à l'article L. 251-4 ; les sociétés commerciales dont le siège est situé hors d'un département français et qui ont un établissement dans l'un de ces départements ; les établissements publics français à caractère industriel ou commercial ; les autres personnes morales dont l'immatriculation est prévue par les dispositions législatives ou réglementaires ; les représentations commerciales ou agences commerciales des États, collectivités ou établissements publics étrangers établis dans un département français.

B. Les délais pour l'immatriculation

1. L'immatriculation du commerçant personne physique

Toute personne physique ayant la qualité de commerçant peut requérir son immatriculation dans le mois précédant le début de son activité et doit le faire au plus tard dans les 15 jours qui suivent le début d'activité (art. L. 123-8 C. co.). À défaut d'accomplissement de l'immatriculation dans le délai prescrit, le juge commis à la surveillance du registre peut lui enjoindre de le faire à peine de sanctions civiles et pénales (art. L. 123-3 et L. 123-4 C. co.).

Si le commerçant est marié et exerce seul le commerce, il doit seul demander son immatriculation, même dans le cas où le fonds de commerce exploité appartient à l'autre époux. Lorsque les deux époux sont commerçants, ils doivent tous les deux être immatriculés en tant que commerçants, que leur activité soit séparée ou qu'elle concerne le même fonds de commerce. En cas d'exploitation ensemble du même commerce, le conjoint du commerçant peut également se limiter à un rôle de conjoint collaborateur pour lequel une inscription spécifique est nécessaire.

2. L'immatriculation des sociétés et groupements

En vertu de l'article L. 123-1 du Code de commerce, l'obligation de s'immatriculer vise toutes les sociétés, les groupements agricoles d'exploitation en commun (GAEC), ainsi que les groupements d'intérêt économique (GIE). Les établissements publics à caractère industriel et commercial et les sociétés commerciales étrangères dont le siège social est situé à l'étranger mais qui ont un établissement en France sont aussi tenus de s'immatriculer. En revanche, les sociétés sans personnalité morale ne sont pas tenues d'être immatriculées, ni les associations même lorsqu'elles exercent une activité commerciale habituelle. Elles ne sont pas visées parmi les catégories d'assujettis à l'article L. 123-1 du Code de commerce qui est d'interprétation stricte.

Bien qu'elles ne soient soumises à aucun délai pour procéder à leur immatriculation, les personnes morales ont intérêt à la requérir le plus rapidement possible puisque l'obtention de la personnalité juridique est subordonnée à leur immatriculation (art. 1842 C. civ. pour les sociétés, art. L. 251-4 C. co. pour le GIE).

En cas de pluralité d'établissements, l'entreprise doit compléter son immatriculation principale par plusieurs inscriptions au registre du commerce et des sociétés. Les établissements situés dans le ressort du même tribunal donnent lieu à une inscription complémentaire, une inscription secondaire étant requise pour les établissements situés dans un ressort différent.

C. Les modalités de l'immatriculation

La demande d'immatriculation doit comporter de nombreux renseignements sur le demandeur et sur son entreprise, et des pièces justificatives sont exigées. En principe, l'immatriculation doit être effectuée par l'intermédiaire d'un Centre de Formalités des Entreprises auprès du greffier du tribunal de commerce dans le ressort duquel est située l'entreprise. En outre, il est possible de procéder aux formalités de l'immatriculation par voie électronique (art. R. 123-77 C. co.).

Les centres de formalités des entreprises ont pour but de simplifier la création des entreprises, en leur permettant de souscrire toutes les déclarations auxquelles elles sont tenues en un même lieu et sur un même document. Selon l'article 1er du décret du 19 juillet 1996, le demandeur dépose auprès du centre de formalités des entreprises une liasse unique constituée de la demande d'immatriculation ainsi que de diverses déclarations de nature juridique, administrative, fiscale, sociale, et statistique. Outre cette fonction de réception et de traitement des dossiers, les CFE sont soumis à une obligation de transmission de ces documents qui doit intervenir le jour même de leur dépôt. Les CFE transmettent les déclarations aux différents organismes et administrations, et en particulier aux greffes des tribunaux de commerce. Les assujettis à l'immatriculation au registre du commerce et des sociétés ont en principe l'obligation de demander l'immatriculation auprès d'un CFE, mais ils peuvent saisir le greffe du tribunal de commerce à condition d'avoir préalablement déposé un dossier auprès d'un CFE.

Pour éviter une attente trop longue, l'article L. 123-9-1 du Code de commerce a prévu que le greffier ou le CFE remet au demandeur un récépissé de dépôt attestant que le dossier de demande d'immatriculation est complet lors du dépôt de la demande. Ce récépissé comporte la mention « *En attente d'immatriculation* », et il permet, en cours de création de l'entreprise, au commerçant ou à celui qui agit au nom de la société en formation de procéder sans attendre à diverses formalités.

Dans un souci de modernisation et de simplification de la procédure, l'article 1er du décret du 30 mai 1984 relatif au registre du commerce et des sociétés (modifié par le décret du 1er février 2005) permet l'immatriculation en ligne des commerçants. Le commerçant peut donc demander son inscription par voie électronique et transmettre les pièces requises par cette voie. S'il le préfère, le commerçant conserve néanmoins la possibilité de déposer les pièces sur un support papier auprès des CFE.

La déclaration aux fins d'immatriculation peut être reçue et le greffier examine le dossier.

D. La décision du greffier

Chargé de l'immatriculation, le greffier doit avant tout s'assurer de la régularité de la demande. Il est en effet tenu de vérifier que les énonciations sont conformes aux règles légales et réglementaires, mais il n'est pas tenu de contrôler l'exactitude de ces énonciations. Le dossier complet donne lieu à l'inscription et la décision d'immatriculation doit en principe intervenir dans le jour franc suivant la réception du dossier au greffe ; le délai peut être porté à cinq jours ouvrables pour les dossiers complexes. Si des éléments font défaut, le greffier peut demander la communication des éléments manquants, et cette régularisation doit intervenir dans les quinze jours.

Par son immatriculation, le commerçant se voit attribuer un numéro unique d'identification, appelé le numéro SIREN (système informatique du répertoire des entreprises). Ce numéro est ensuite exigé de l'entreprise sur la plupart des documents commerciaux, sous peine d'amende (art. 72 D. 1984). En outre, la publication d'un avis au *Bulletin Officiel des Affaires Civiles et Commerciales* complète la publicité de l'immatriculation au registre du commerce et des sociétés.

Le greffier peut refuser l'immatriculation, et un recours contre sa décision est possible devant le juge commis à la surveillance du registre. Ce juge tranche par voie d'ordonnance toutes les contestations entre le greffier et les déclarants, et il peut enjoindre au greffier de procéder à l'immatriculation. Par ailleurs, le juge peut aussi d'office ou sur saisine du Procureur de la République ou de tout intéressé ordonner à un commerçant de demander son immatriculation, sa radiation ou de procéder aux mentions modificatives (art. L. 123-3 C. co.).

II. Les effets de l'immatriculation et du défaut d'immatriculation

La publicité au registre du commerce et des sociétés a une nature informative et n'est pas acquisitive du droit. En particulier, l'immatriculation ne permet pas d'acquérir la qualité de commerçant. L'intérêt de la publicité au registre du commerce et des sociétés est d'informer les tiers de l'élément publié et de rendre cette information opposable aux tiers. Les effets de l'immatriculation seront envisagés en premier lieu (A), puis ce seront les effets du défaut d'immatriculation (B).

A. Les effets de l'immatriculation

Les effets diffèrent selon que l'assujetti est une personne physique ou une personne morale. L'immatriculation fait présumer la qualité de commerçant pour les personnes physiques, et fait acquérir la personnalité morale aux sociétés et aux groupements d'intérêt économique.

Le principal effet de l'immatriculation est de faire présumer la qualité de commerçant : la personne physique immatriculée est présumée commerçante. Cependant, selon l'article L. 123-7 du Code de commerce, « [...] *cette présomption n'est pas opposable aux tiers et administrations qui apportent la preuve contraire. Les tiers et administrations ne sont pas admis à se prévaloir de la présomption s'ils savaient que la personne immatriculée n'était pas commerçante* ». Ainsi, il s'agit d'une présomption simple de commercialité attachée à l'immatriculation, ce qui autorise les tiers et les administrations à rapporter la preuve contraire. Cela consiste à prouver que malgré son immatriculation, la personne inscrite n'exerce pas ou a cessé d'exercer l'activité commerciale. Cette preuve peut être rapportée par tous moyens. Toutefois, les tiers ne sont pas admis à se prévaloir de la présomption s'ils savaient que la personne inscrite n'était pas ou n'était plus commerçante.

Par conséquent, lorsqu'une personne a cessé l'activité commerciale en omettant de se faire radier du registre, les tiers peuvent se fier aux mentions du registre sans se voir opposer une situation réelle qui ne correspond pas aux mentions publiées. Il s'agit d'un effet protecteur de la publicité et seule la mauvaise foi du tiers permettra à la personne assujettie d'empêcher que le tiers puisse invoquer la présomption de commercialité.

Pour les personnes morales, l'effet de l'immatriculation ne réside pas dans la présomption de commercialité puisque l'immatriculation ne leur confère pas la qualité commerciale, cette dernière découlant de leur objet ou de leur forme. L'effet essentiel de l'immatriculation est dans l'acquisition de la personnalité morale (art. 1842 al. 1er C. civ. pour les sociétés ; art. L. 251-4 C. co. pour le GIE).

B. Les effets du défaut d'immatriculation

Selon l'alinéa premier de l'article L. 123-8 du Code de commerce, « *la personne assujettie à immatriculation qui n'a pas requis cette dernière à l'expiration d'un délai de quinze jours à compter du commencement de son activité, ne peut se prévaloir, jusqu'à immatriculation, de la qualité de commerçant tant à l'égard des tiers que des administrations publiques. Toutefois, elle ne peut invoquer son défaut d'inscription au registre pour se soustraire aux responsabilités et aux obligations inhérentes à cette qualité* ». La personne physique non immatriculée ne peut pas se prévaloir de sa qualité de commerçant à l'égard des tiers, mais les tiers peuvent la lui opposer. L'assujetti qui n'a pas demandé son immatriculation ne peut pas se prévaloir de ce défaut d'immatriculation pour se soustraire aux obligations et aux responsabilités liées à la qualité de commerçant. En effet, la personne qui répond aux conditions de fond de la qualité de commerçant en réalisant des actes de commerce par nature à titre de profession habituelle et de manière indépendante a la qualité de commerçante. Mais le défaut d'immatriculation au registre du commerce et des sociétés confère à ce commerçant la qualité de commerçant de fait. Ce dernier est tenu de toutes les obligations découlant du statut de commerçant, sans pouvoir lui-même revendiquer les dispositions du statut de commerçant. Il ne lui est pas possible de revendiquer des droits relatifs aux commerçants, et il ne peut pas par exemple invoquer sa comptabilité à titre de preuve ou la propriété commerciale que confère le statut des baux commerciaux.

III. Les autres publications

D'autres inscriptions que l'immatriculation doivent obligatoirement être portées au registre du commerce et des sociétés. Ainsi, tout événement modifiant les éléments fournis doit être publié par le biais d'une inscription modificative. Parmi ces événements modifiant la situation du commerçant peut être citée la survenance d'une incapacité, ou encore des décisions d'ouverture en matière de sauvegarde, de redressement ou de liquidation judiciaires. L'inscription modificative doit être effectuée dans le délai d'un mois à compter de la date de l'événement opérant la modification des informations initiales. La cessation de l'activité commerciale doit donner lieu à la radiation dans le mois qui précède la cessation d'activité pour les personnes physiques et dans le mois de la publication de la clôture de la liquidation pour les personnes morales.

L'effet de ces publications réside dans l'opposabilité aux tiers des actes et des faits publiés. Selon l'article L. 123-9 du Code de commerce, « *la personne assujettie à immatriculation ne peut, dans l'exercice de son activité, opposer ni aux tiers ni aux administrations publiques, qui peuvent toutefois s'en prévaloir, les faits et actes sujets à mention que si ces derniers ont été publiés au registre* ». À défaut de publication, les faits et actes sont inopposables aux tiers. L'inopposabilité reste soumise à la bonne foi des tiers. Ces derniers ne doivent pas avoir eu connaissance des informations non publiées pour pouvoir se prévaloir du défaut d'inscription.

L'effet de la radiation est de mettre fin à la présomption de commercialité. Cependant, le commerçant peut être mis en redressement ou en liquidation judiciaires après la cessation de son activité professionnelle si tout ou partie du passif provient de cette exploitation (art. L. 631-3 C. co. pour le redressement judiciaire ; art. L. 640-3 C. co. pour la liquidation judiciaire). Le fait de donner de mauvaise foi des indications inexactes ou incomplètes en vue d'une immatriculation, d'une radiation ou d'une mention complémentaire ou rectificative au RCS est puni d'une amende de 4 500 euros et d'un emprisonnement de 6 mois (art. L. 123-5 C. co.).

De manière générale, toute personne peut, à ses frais, obtenir du greffier ou de l'INPI, par voie écrite, télématique ou électronique, la communication de renseignements portés sur le registre du commerce et des sociétés. Le registre constitue bien un instrument d'information pour les tiers.

Exercice 1. Commentaire d'arrêt

Sujet

Cour de cassation
Chambre commerciale
Audience publique du mardi 4 janvier 1994
N° de pourvoi : 92-11654
Publié au *Bulletin*
Cassation
Président : M. Bézard, président

RÉPUBLIQUE FRANÇAISE
AU NOM DU PEUPLE FRANÇAIS

Sur le moyen unique :

Vu l'article 4 du Code de commerce ;

Attendu, selon l'arrêt déféré, rendu en matière de référé, que les époux X… ont assigné la société Bata en résiliation d'un contrat de franchise ;

Attendu que pour écarter l'application de la clause attributive de compétence, l'arrêt retient qu'il n'est pas contesté que Mme X… n'est pas inscrite au registre du commerce et qu'il ne résulte pas des pièces versées aux débats qu'elle ait la qualité de commerçante ;

Attendu qu'en se déterminant par de tels motifs impropres à établir que Mme X… n'exerçait pas des actes de commerce de manière indépendante et n'en avait pas fait sa profession habituelle, la cour d'appel n'a pas mis la Cour de Cassation en mesure d'exercer son contrôle ;

PAR CES MOTIFS :

CASSE ET ANNULE.

Conseils pour aborder le sujet

L'arrêt est très court mais appelle néanmoins des développements classiques. Il suppose que le candidat dispose de bonnes connaissances techniques sur cette question ciblée du défaut d'immatriculation au registre du commerce et des sociétés.

Suggestion de correction

L'arrêt de cassation rendu par la chambre commerciale de la Cour de cassation le 4 janvier 1994 rappelle que le droit français privilégie le fond sur la publicité s'agissant de déterminer la qualité de commerçant.

Des époux ont assigné une société en résiliation d'un contrat de franchise, puis la cour d'appel a écarté l'application d'une clause attributive de compétence insérée au contrat litigieux. Elle considère en effet que l'épouse n'était pas inscrite au registre du commerce et qu'il ne résulte pas des pièces versées aux débats qu'elle ait la qualité de commerçante. La Cour de cassation censure cette décision. La question posée était de déterminer si la qualité de non commerçante peut être déduite de l'absence d'immatriculation au registre du commerce et des sociétés, ce qui pose la question de l'influence de l'immatriculation quant à l'attribution de la qualité de commerçant. En visant l'ancien article 4 du Code de commerce devenu l'article L. 121-3, la Cour de cassation considère que la cour d'appel a utilisé des motifs impropres à établir la qualité de non-commerçante de l'épouse. De tels motifs ne permettent pas pour la Cour de cassation d'établir que l'épouse n'exerçait pas des actes de commerce de manière indépendante et n'en avait pas fait sa profession habituelle. Ainsi, l'absence d'immatriculation ne permet pas d'exclure la qualité de commerçant (I), et ce commerçant non immatriculé est alors soumis à un régime juridique particulièrement sévère (II).

I. L'indifférence de l'immatriculation pour l'acquisition de la qualité de commerçant

L'arrêt commenté affirme clairement que l'exigence légale de l'immatriculation au registre du commerce et des sociétés ne conduit pas à conférer la qualité de commerçant à la personne inscrite (A), Cette qualité découle de conditions de fond indépendantes de toute condition de forme (B).

A. La portée limitée de l'immatriculation

La personne physique ayant la qualité de commerçant doit procéder par déclaration à son immatriculation au registre du commerce et des sociétés (art. L. 123-1 C. co.).

L'immatriculation n'a qu'un effet déclaratif de la qualité inscrite et n'est pas attributive de cette qualité de commerçant. Selon l'article L. 123-7 du code de commerce, « *l'immatriculation d'une personne physique emporte présomption de la qualité de commerçant* ». Si la personne inscrite au registre est présumée avoir la qualité de commerçant, il ne s'agit que d'une présomption simple qui peut être renversée par la preuve contraire.

En droit français, le commerçant n'est pas défini par l'inscription sur un registre et cette qualité ne suppose pas une déclaration ou une formalité quelconque. Ce n'est que par la réunion de critères de fond que la personne se verra qualifier de commerçante à l'occasion d'un litige dont l'issue dépend de sa qualité civile ou commerciale. Ce sont donc les juges du fond qui se prononceront sur cette qualité, et l'éventuelle reconnaissance de la qualité de commerçant sera donc judiciaire.

Par conséquent, une personne immatriculée pourrait ne pas remplir les conditions de fond de la qualité de commerçant et n'être donc pas en réalité commerçant. À l'inverse, une personne non immatriculée pourrait être commerçante. La situation régulière correspond à une personne immatriculée au registre du commerce et des sociétés qui répond aux conditions de fond de la définition du commerçant. Ce commerçant peut alors être qualifié de commerçant de droit par opposition au commerçant non immatriculé qui exerce sans avoir respecté le formalisme publicitaire du statut de commerçant.

Contrairement à la motivation de la cour d'appel, le défaut d'immatriculation ne fait pas obstacle à la reconnaissance de la qualité de commerçant.

B. La qualité de commerçant indépendante de l'immatriculation

La Cour de cassation pose clairement les critères d'attribution de la qualité de commerçant. La décision de la cour d'appel est donc censurée car elle n'est pas fondée sur les critères de la qualité de commerçant retenus par la Cour de cassation.

Le visa de la Cour de cassation se réfère à l'ancien article 4 devenu L. 121-3 en vertu duquel « *le conjoint d'un commerçant n'est réputé lui-même commerçant que s'il exerce une activité commerciale séparée de celle de son époux* ». La présomption de non-commercialité du conjoint du commerçant est simple et il est possible pour une exploitation commune des époux de démontrer que le conjoint du commerçant est lui aussi commerçant du fait de cette exploitation commune. Par ce visa, la Cour de cassation passe rapidement sur la situation particulière du conjoint du commerçant et se focalise sur le mode de détermination de cette qualité de commerçant. L'épouse ne peut être qualifiée de commerçante ou de non-commerçante que si sont examinées les conditions attributives de la qualité de commerçant. Ces critères sont rappelés par la Cour de cassation et consistent en l'accomplissement d'actes de commerce à titre de profession habituelle et de manière indépendante. En vertu de l'article L. 121-1 du Code de commerce, « *sont commerçants ceux qui font des actes de commerce et en font leur profession habituelle* ». Les critères légaux de la qualité de commerçant sont donc l'accomplissement d'actes de commerce à titre de profession habituelle. Ces conditions ont été complétées par une exigence jurisprudentielle puisque les tribunaux recherchent par ailleurs si ces actes ont été réalisés à titre personnel. L'exercice des actes de commerce doit donc être réalisé de manière indépendante par la personne physique.

Par conséquent, c'est au regard de ces trois conditions que la qualité de l'épouse devra être déterminée par les juges du fond. Si elle exerce des actes de commerce par nature au sens de l'article L. 110-1 du Code de commerce à titre de profession habituelle et de manière indépendante et non subordonnée par rapport à son mari, alors elle répond à la définition du commerçant (art. 121-1 C. co.). À défaut, la qualification de personne civile permettrait d'écarter le jeu de la clause attributive de compétence dont la validité est liée à la qualité de commerçant de la partie à qui on l'oppose s'il s'agit d'une clause attributive de compétence territoriale (art. 48 CPC). En revanche, si l'épouse est reconnue commerçante, elle sera une commerçante non immatriculée au registre, aussi appelée commerçante de fait. La jurisprudence impose à cette catégorie officieuse de commerçants un régime juridique très sévère.

II. Le régime juridique sévère du commerçant non immatriculé

Le commerçant de fait est un commerçant presque comme les autres qui se voit appliquer toutes les obligations liées au statut de commerçant (A), mais sans pouvoir se prévaloir du bénéfice de ce statut (B).

A. La soumission à toutes les obligations du statut

Le lien existant entre le défaut d'immatriculation et la qualité de commerçant est légalement consacré par l'article L. 123-8 du Code de commerce. Selon cet article, « *la personne assujettie à immatriculation qui n'a pas requis cette dernière à l'expiration d'un délai de quinze jours à compter du commencement de son activité, ne peut se prévaloir, jusqu'à immatriculation, de la qualité de commerçant tant à l'égard des tiers que des administrations publiques. Toutefois, elle ne peut invoquer son défaut d'inscription au registre pour se soustraire aux responsabilités et aux obligations inhérentes à cette qualité* ». Ainsi, l'assujetti qui n'a pas demandé son immatriculation ne peut invoquer cette absence d'immatriculation pour écarter les responsabilités et obligations liées à ce statut. L'épouse ne peut pas revendiquer son absence d'immatriculation pour faire échec à la mise en œuvre d'une clause attributive de compétence. Si l'épouse est reconnue commerçante de fait, la partie adverse pourra valablement lui opposer la clause attributive de compétence, quel que soit l'objet de la clause. De la même façon, le défaut d'immatriculation n'empêche pas la personne qui exerce l'activité commerciale d'être soumise à une procédure collective dès qu'il est prouvé que le débiteur exerce bien une activité commerciale. C'est par exemple le créancier qui est à l'origine de la demande d'ouverture de la procédure qui apportera cette preuve par tous moyens. Par conséquent, le régime appliqué au commerçant de fait est caractérisé par l'idée de sanction résultant du non-respect de l'exigence légale d'immatriculation du commerçant au registre du commerce et des sociétés. Ce régime est sévère d'autant qu'il s'applique quelle que soit la cause du défaut d'immatriculation privant ainsi le commerçant de tous les droits et avantages liés au statut de commerçant.

B. La déchéance des avantages du statut

L'assujetti qui n'a pas requis son immatriculation ne peut se prévaloir de la qualité de commerçant jusqu'à immatriculation, tant à l'égard des tiers que vis-à-vis des administrations publiques (art. L. 123-8 C. co.). En outre, selon l'article L. 123-9 du Code de commerce, « *la personne assujettie à immatriculation ne peut, dans l'exercice de son activité, opposer ni aux tiers ni aux administrations publiques, qui peuvent toutefois s'en prévaloir, les faits et actes sujets à mention que si ces derniers ont été publiés au registre.* [...] *Ne peuvent toutefois s'en prévaloir les tiers et administrations qui avaient personnellement connaissance de ces faits et actes* ». Aucune demande d'application du statut du commerçant ne peut émaner du commerçant de fait : toute revendication du bénéfice du statut par la personne non inscrite sera rejetée.

Le commerçant non immatriculé n'est ni électeur ni éligible aux tribunaux de commerce (art. L. 723-4 C. co.) et aux chambres de commerce (art. L. 713-6 C. co.). Il ne peut pas demander l'application de règles protectrices à l'égard des commerçants telles que la possibilité de prouver en justice en utilisant sa propre comptabilité (art. L. 123-23 C. co.). Cette dernière pourrait lui être opposée sans qu'il ne puisse l'utiliser à titre de preuve. Par ailleurs, le bénéfice des baux commerciaux suppose l'immatriculation du commerçant au registre du commerce et des sociétés (art. L. 145-1 C. co.). Le droit au renouvellement du bail et à défaut l'indemnité d'éviction sont réservés au propriétaire du fonds de commerce immatriculé au registre. Il était admis en jurisprudence que la prescription décennale de l'ancien article L. 110-4, I du Code de commerce qui devenue quinquennale (L. 17 juin 2008 portant réforme de la prescription en matière civile) pouvait être opposée au commerçant de fait sans que ce dernier puisse s'en prévaloir et l'opposer aux tiers. Enfin, l'un des enjeux du régime juridique du commerçant de fait a pu résider dans le bénéfice de l'ouverture d'une procédure collective. Le commerçant non immatriculé ne pouvait pas selon la Cour de cassation demander à être admis au bénéfice d'une procédure collective, alors qu'il y est soumis lorsque la demande est formée à son encontre, notamment par un créancier. Depuis la réforme de 2005 en matière de sauvegarde des entreprises, le maintien de cette solution est discuté. La question est de déterminer si le commerçant non immatriculé au registre peut être assimilé à un professionnel indépendant et solliciter l'ouverture d'une procédure collective. Pour l'heure, l'interrogation n'est pas résolue et des interprétations divergentes sont proposées. Un argument peut être avancé en faveur du maintien de la solution antérieure de la Cour de cassation. Il s'agit de l'exigence d'un extrait d'immatriculation au registre à l'appui de la demande d'ouverture de la procédure de sauvegarde (art. R. 621-1 1 °C. co.), ce qui impliquerait l'immatriculation au registre du commerce et des sociétés du professionnel indépendant exerçant une activité commerciale.

Par conséquent, le commerçant de fait ne peut invoquer à son profit les règles du droit commercial sans pouvoir y échapper lorsque leur application est demandée par une autre personne.

Exercice 2. Cas pratique

Sujet

Antoine et Paul exploitent ensemble une cafétéria à Paris depuis six ans. Antoine qui s'est entre-temps marié avec Julie a décidé il y a quelques mois de se retirer de l'affaire. Lors de vacances dans le sud de la France, Julie et Antoine ont en effet eu un coup de cœur pour un hôtel-restaurant en vente dont ils projettent l'acquisition. Ils ont pris contact avec les propriétaires du fonds de commerce mais recherchent des informations fiables sur cette affaire. En outre, Julie et Antoine hésitent encore quant à leurs rôles respectifs dans la future entreprise individuelle. Julie ne sait pas si elle va s'investir autant que son époux mais elle souhaite bénéficier d'une reconnaissance officielle pour sa participation. Au départ, il n'est pas prévu qu'elle puisse être salariée de l'entreprise en raison du coût représenté par ce statut. Quelles formalités devront-ils accomplir lors de l'acquisition du fonds de commerce ?

Jusqu'à présent, Paul assume seul l'exploitation de la cafétéria depuis le départ d'Antoine et a procédé à un investissement important : il a fait modifier l'agencement et la décoration des locaux. Les fournisseurs et artisans qui ont travaillé à ces aménagements et qui sont en relation d'affaires avec l'entreprise depuis sa création n'ont toujours pas été payés par Paul. En outre, l'URSSAF lui réclame une importante somme d'argent correspondant à des cotisations impayées depuis plusieurs mois. Apprenant la nouvelle, Antoine ne s'estime pas concerné par ces actions car les dettes réclamées ont été contractées par Paul après son départ de l'exploitation. Les difficultés de la cafétéria peuvent-elles avoir des répercussions sur la situation personnelle d'Antoine ?

Conseils pour aborder le sujet

Il s'agit de bien qualifier les divers éléments factuels qui sont proposés et de les traduire d'un point de vue juridique. Ce travail préalable est essentiel pour pouvoir apporter des solutions argumentées.

Suggestion de correction

Julie et Antoine recherchent des informations fiables sur le fonds de commerce qu'ils projettent d'acheter. À cette fin, ils peuvent effectuer des recherches sur le registre du commerce et des sociétés. Ce dernier est l'instrument de publicité légale que les tiers peuvent consulter pour obtenir des informations sur les assujettis. En effet, selon l'article L. 123-1 II du Code de commerce, « *figurent au registre, pour être portés à la connaissance du public, les inscriptions et actes ou pièces déposés prévus par décret en Conseil d'État* ».

Les greffiers et l'Institut national de la propriété industrielle sont astreints à délivrer à toute personne qui en fait la demande des certificats, copies ou extraits des inscriptions portées au registre et actes déposés en annexe, sauf en ce qui concerne les inscriptions radiées et les documents comptables (art. R 123-150 C. co.). Plus précisément, selon l'article R. 123-151 du Code de commerce, « *les demandes présentées aux greffiers ou à l'Institut national de la propriété industrielle peuvent porter : 1° Sur des dossiers individuels ou un ensemble de dossiers ; elles correspondent dans le second cas aux critères de recherche définis par l'arrêté prévu à l'article R. 123-166 ; 2° Sur des inscriptions et des actes déposés, ou sur l'état futur des dossiers ; elles donnent lieu dans le second cas à délivrance de renseignements selon une périodicité définie par l'arrêté précité* ». Ainsi, Julie et Antoine pourront obtenir de nombreuses informations sur le fonds de commerce. Toutefois, certaines informations ne sont pas communiquées, tels que certains jugements en matière de procédure collective (art. R. 123-154 C. co.), ou encore les pièces justificatives. Les extraits demandés peuvent être délivrés sur support papier sur place, par courrier ou par voie électronique.

Les informations portées au registre sont en principe fiables mais elles sont communiquées par le déclarant, ce qui pose parfois des problèmes d'exactitude. Aussi est-il prévu une amende de 4 500 euros et un emprisonnement de six mois, ou l'une de ces deux peines seulement pour la personne qui de mauvaise foi donne des indications inexactes ou incomplètes en vue de l'immatriculation ou d'une mention complémentaire ou rectificative au registre du commerce et des sociétés (art. L. 123-5 C. co.). Les propriétaires actuels du fonds pourraient donc être punis en cas d'informations inexactes ou incomplètes communiquées en connaissance de cause au registre.

Julie et Antoine s'interrogent ensuite sur la place de Julie au sein de l'exploitation et sur les formalités qu'ils devront accomplir lors de l'acquisition du fonds de commerce.

L'activité exercée au titre de l'exploitation d'un hôtel-restaurant est de nature commerciale, notamment sur le fondement de l'entreprise de location de meubles et de fourniture de services. L'exercice d'une activité commerciale à titre de profession habituelle et de manière autonome confère aux exploitants la qualité de commerçants. Ces exploitants devront chacun se faire immatriculer au registre du commerce et des sociétés.

Toutefois, la qualification est discutée pour Julie qui est le conjoint du futur commerçant. Or, dès lors que Julie participera de manière régulière à l'activité commerciale, la loi exige qu'elle opte pour un statut légal, soit collaborateur, salarié ou associé. Le statut de salarié a été exclu par les époux, et celui de conjoint associé peut l'être également, l'entreprise future étant individuelle. Julie a donc deux possibilités : soit elle opte pour le statut de conjoint collaborateur, soit pour celui de commerçant. Ainsi, conformément à son souhait, Julie participera à l'exploitation en ayant une reconnaissance officielle en tant que commerçante ou en tant que conjoint collaborateur. Le rôle plus ou moins étendu de Julie guidera le choix du statut.

Pour une simple assistance, le statut de collaborateur semble indiqué à condition de respecter des conditions d'obtention du statut. Le travail de Julie devra se faire de manière subordonnée et sans percevoir de rémunération (art. R. 121-1 C. co.). Ce statut sera mentionné au registre du commerce et des sociétés, et cette inscription produit des effets. Le conjoint collaborateur est réputé avoir reçu de son conjoint le mandat d'accomplir au nom de celui-ci les actes d'administration nécessaires aux besoins de l'entreprise. Le conjoint collaborateur est électeur et éligible aux chambres de commerce et aux tribunaux de commerce. Il bénéficie de certains droits sociaux en matière d'assurance-maladie et d'assurance-vieillesse.

Ce statut renforce la présomption de non-commercialité reconnue au conjoint du commerçant et le préserve des actions des créanciers en cas de difficultés de l'exploitation. Toutefois, si le rôle de Julie dépasse en réalité les pouvoirs conférés par le statut de conjoint collaborateur, la mention au registre pourra être combattue et la preuve rapportée que la qualité de collaborateur ne correspond pas à la situation réelle : dans ce cas, Julie ne se bornerait pas à une simple assistance de son conjoint mais accomplirait des actes importants au-delà du mandat légal de représentation que lui confère son statut.

Pour une implication importante dans l'exploitation, Julie pourrait accéder à la qualité de commerçant. Or, selon l'article L. 121-3 du Code de commerce, « *le conjoint du commerçant n'est réputé lui-même commerçant que s'il exerce une activité commerciale séparée de celle de son époux* ». Mais cette présomption simple de non-commercialité du conjoint du commerçant n'interdit pas de reconnaître la qualité de commerçant au conjoint coexploitant du fonds de commerce. À prérogatives et responsabilités égales avec celles de son époux, la qualité de commerçante lui sera attribuée conformément à l'article L. 121-1 du Code de commerce. Julie sera alors responsable de la même manière que son époux à l'égard de l'exploitation. Elle sera solidairement tenue des dettes de l'exploitation, une procédure collective pourra être ouverte à son encontre et ses biens personnels pourront être saisis par les créanciers de l'entreprise.

Quel que soit le statut adopté, des formalités doivent être remplies : l'immatriculation pour la qualité de commerçante et une mention au titre du statut de conjoint collaborateur. Le défaut de mention placerait Julie dans une situation officieuse risquée. En effet, en cas de difficulté de l'exploitation, les créanciers pourraient l'assigner en paiement en prétextant qu'elle a la qualité de commerçante de fait. Les juges rechercheraient alors le rôle de Julie au sein de l'exploitation afin de déterminer sa qualité.

Outre les formalités liées au statut de Julie, une information doit être donnée au conjoint du commerçant afin de le protéger. Lors de la demande d'immatriculation, l'entrepreneur doit justifier que son conjoint a été informé des conséquences sur les biens communs des dettes contractées dans l'exercice de sa profession (art. L. 526-4 C. co.). Si Antoine requiert seul son immatriculation en tant que commerçant, il devra donc attester de la délivrance de cette information. Enfin, des mentions spécifiques à la cession du fonds de commerce devront être portées au registre, et le cessionnaire doit requérir son immatriculation en tant que commerçant alors que le cédant doit requérir sa radiation.

Il s'agit enfin de déterminer si les difficultés de la cafétéria peuvent avoir des répercussions sur la situation personnelle d'Antoine. La résolution des difficultés suppose que soit préalablement déterminée la qualité des exploitants de la cafétéria. L'exploitation de la cafétéria constitue notamment une entreprise de fourniture de services. L'importance et la multiplicité des opérations d'achat suivies d'une revente avec la volonté de réaliser des bénéfices conduisent à qualifier l'activité de commerciale (art. L. 110-1 C. co.). Les exploitants effectuent cette activité à titre de profession habituelle et de manière indépendante et réunissent donc chacun les conditions de la qualité de commerçant (art. L. 121-1 C. co.). En tant que commerçants, Antoine et Paul doivent tous les deux être immatriculés au registre du commerce et des sociétés en tant que commerçant et cette immatriculation doit avoir été requise dans le mois qui a précédé le début de l'activité commerciale ou dans les quinze jours qui ont suivi (art. R. 123-32 C. co.). On peut également préciser que le mariage d'Antoine n'a pas besoin d'être mentionné au registre, car la situation matrimoniale du commerçant ne figure plus parmi les informations requises au registre du commerce et des sociétés (art. R. 123-45 C. co.).

Les dettes litigieuses ont été contractées par Paul devenu seul exploitant de la cafétéria après le départ d'Antoine. Antoine a cessé l'exploitation pour se lancer dans le projet d'acquisition de l'autre fonds de commerce. Aucune précision n'a été donnée quant à une éventuelle formalité réalisée au registre du commerce et des sociétés par Antoine qui aurait dû procéder à sa radiation du registre au titre de la cafétéria. Aussi, deux situations doivent être envisagées. La première serait celle où Antoine a procédé à sa radiation et ne pourrait être inquiété du fait des dettes postérieures à sa radiation. Dans la seconde hypothèse, Antoine n'aurait pas procédé à sa radiation. Il faut alors déterminer quelles sont les conséquences de l'absence de radiation pour la personne immatriculée qui a cessé son activité commerciale. Est-elle tenue des dettes nées après la cessation de son activité ? En l'absence de radiation, la personne immatriculée est présumée être commerçante, et sa cessation d'activité est inopposable aux tiers de bonne foi. Le principe est donc que seules les mentions inscrites au registre du commerce et des sociétés sont opposables aux tiers, et les éléments non publiés au registre ne leur sont pas opposables. Ainsi, les créanciers pourraient poursuivre Antoine du chef des dettes pourtant postérieures à son départ. Par exception, si les tiers et administrations connaissaient par un autre moyen l'information non publiée et qu'ils agissent tout de même à l'encontre de la personne en invoquant sa qualité de commerçante, les tiers seraient de mauvaise foi. Les tiers qui sont susceptibles de se prévaloir de la qualité de commerçant d'Antoine sont les créanciers. La question est de déterminer s'ils sont de bonne foi, autrement dit si ces tiers ne savaient pas qu'Antoine avait en réalité cessé l'exploitation depuis plusieurs mois. S'agissant de l'URSSAF, le doute est peu possible quant à la bonne foi. Concernant les fournisseurs et les artisans, il est possible de discuter de leur bonne foi dans la mesure où lors des travaux réalisés dans l'entreprise, ils n'ont été en relation qu'avec Paul, alors qu'ils étaient en relation d'affaires avec les deux exploitants depuis les débuts de l'activité. S'ils ont eu connaissance de la cessation d'activité d'Antoine, ces créanciers de mauvaise foi ne pourront pas se fonder sur la qualité de commerçant d'Antoine pour réclamer leurs créances. En revanche, à défaut de preuve de leur mauvaise foi, le commerçant non radié reste présumé commerçant, et il reste tenu des dettes liées à l'exploitation, y compris si ces dettes sont postérieures à sa cessation d'activité. Plus encore, Antoine n'est pas à l'abri de l'ouverture d'une procédure collective : en effet, le commerçant peut faire l'objet d'une procédure collective après la cessation de son activité professionnelle si tout ou partie du passif provient de cette exploitation (art. L. 631-3 C. co. pour le redressement judiciaire ; art. L. 640-3 C. co. pour la liquidation judiciaire). Les difficultés financières de la cafétéria peuvent faire craindre une telle procédure. Dans ce cas, Antoine est susceptible d'être concerné par les défaillances de l'entreprise, même s'il a procédé à sa radiation du registre, puisque l'ouverture d'une procédure collective par le tribunal saisi de la demande est possible après la cessation de l'activité professionnelle.

Exercice 3. Exposé oral

Sujet

Le rôle probatoire du registre du commerce et des sociétés à l'égard du commerçant

Conseils pour aborder le sujet

Le sujet est en apparence facile à traiter, car il est très précis. En contrepartie, des connaissances pointues et une certaine technicité seront exigées du candidat.

Suggestion de correction

Introduction

L'exercice du commerce impose aux commerçants un certain nombre d'obligations parmi lesquelles l'obligation d'assurer la publicité d'informations qui concernent le commerçant lui-même ainsi que son exploitation. Cette publicité est centralisée de manière principale par le registre du commerce et des sociétés qui procède à la collecte, puis à la diffusion de ces informations notamment en matière commerciale. Créé en 1919, le registre du commerce fut transformé en registre du commerce et des sociétés par une loi du 4 janvier 1978 et les dispositions le concernant sont aujourd'hui codifiées dans le Code de commerce (art. L. 123-1 et s. C. co. ; R. 123-31 et s. C. co.).

La principale déclaration que le commerçant doit effectuer est la déclaration aux fins d'immatriculation qu'il va réaliser au début de son activité commerciale. D'autres déclarations peuvent être faites au registre du commerce et des sociétés, et notamment la déclaration aux fins d'immatriculation secondaire, d'inscription modificative ou complémentaire et la déclaration aux fins de radiation.

Par cette immatriculation du commerçant, le registre du commerce et des sociétés va permettre l'information des tiers, mais il va également conférer des effets aux inscriptions mentionnées. Le système publicitaire français n'est pas comme dans certains États étrangers attributif de droit, et n'est pas non plus un simple moyen de collecter des informations en matière commerciale. Conçu au départ comme un simple répertoire administratif, le registre du commerce et des sociétés a vu son rôle évoluer et des conséquences juridiques sont désormais attachées à l'immatriculation ainsi qu'aux diverses inscriptions au registre. Ainsi, le registre du commerce et des sociétés joue un rôle probatoire à l'égard du commerçant et l'étendue de ce rôle probatoire varie selon que l'immatriculation a été (I) ou non (II) requise par le commerçant.

I. Les effets de l'immatriculation

En droit français, l'immatriculation n'a en principe qu'un effet limité. Elle fait présumer de la qualité de commerçant de la personne immatriculée et il s'agit d'une présomption simple (A), dont le jeu peut être écarté à certaines conditions (B).

A. La présomption simple de commercialité

Selon l'article L. 123-7 du Code de commerce, l'immatriculation d'une personne physique emporte présomption de la qualité de commerçant. Les tiers sont informés de cette qualité par la mention au registre et ils peuvent obtenir la plupart des informations publiées au registre par une demande auprès du greffe ou auprès de l'Institut national de la propriété industrielle. Le commerçant immatriculé doit quant à lui faire figurer son numéro d'immatriculation sur ses documents commerciaux.

L'immatriculation fait durer la présomption de commercialité du commerçant jusqu'à sa radiation du registre. Tant que le commerçant n'est pas radié du registre, il en découle d'importants effets, par exemple en matière de vente et de location-gérance. Selon l'article L. 123-8, alinéa 2, du Code de commerce, « [...] *le commerçant inscrit qui cède son fonds ou qui en concède l'exploitation notamment sous forme de location-gérance ne peut opposer la cessation de son activité commerciale, pour se soustraire aux actions en responsabilité dont il est l'objet du fait des obligations contractées par son successeur dans l'exploitation du fonds, qu'à partir du jour où a été opérée la radiation ou la mention correspondante* ». Tant que le commerçant demeure inscrit au registre, il est présumé exploiter le fonds et doit donc répondre des dettes de l'exploitation. Le commerçant immatriculé non radié reste un contribuable à l'égard de l'administration fiscale, et il peut par ailleurs être soumis à une procédure collective si tout ou partie du passif provient de son activité.

L'immatriculation n'a en effet qu'un caractère déclaratif et apparaît comme un simple indice de la qualité de commerçant. Aussi cette présomption simple peut-elle être combattue.

B. L'exclusion de la présomption

La preuve contraire de la qualité de commerçant de la personne inscrite peut être apportée soit par les tiers et administrations, soit par la personne immatriculée (art. L. 123-7 C. co.).

S'agissant des tiers et des administrations, « *la présomption n'est pas opposable aux tiers et administrations qui apportent la preuve contraire* ». Le tiers ou l'administration doit prouver que la personne inscrite n'exerce pas ou qu'elle n'exerce plus l'activité commerciale, et peut le prouver par tous moyens.

En revanche, le tiers et l'administration ne seront pas admis à se fonder sur la présomption de commercialité s'ils savaient que la personne immatriculée n'était pas en réalité commerçante.

Lorsque c'est la personne inscrite qui cherche à renverser la présomption, elle doit prouver qu'elle n'est pas commerçante, mais surtout que le tiers ou l'Administration qui souhaite invoquer la présomption de commercialité savait qu'elle n'était pas en réalité commerçante. Autrement dit, la personne inscrite doit établir la mauvaise foi de la personne qui cherche à se prévaloir de la présomption de commercialité et cette preuve peut s'avérer délicate à rapporter.

Si l'immatriculation produit des effets juridiques, il en est de même du défaut d'immatriculation.

II. Les effets du défaut d'immatriculation

Le commerçant non inscrit est présumé non-commerçant mais sa qualité de commerçant de fait peut être établie à l'occasion d'un litige (A). Le bénéfice du statut du commerçant est exclu pour le commerçant de fait puisqu'il est subordonné à l'immatriculation au registre du commerce et des sociétés (B).

A. La qualification de commerçant de fait

La jurisprudence qualifie de commerçant de fait le commerçant qui répond aux conditions attributives de la qualité de commerçant en réalisant des actes de commerce à titre de profession habituelle et de manière indépendante, mais sans être immatriculé au registre du commerce et des sociétés. Les conséquences du défaut d'immatriculation sont posées par l'alinéa premier de l'article L. 123-8 du Code de commerce. Selon cet article, « *la personne assujettie à immatriculation qui n'a pas requis cette dernière à l'expiration d'un délai de quinze jours à compter du commencement de son activité, ne peut se prévaloir, jusqu'à immatriculation, de la qualité de commerçant tant à l'égard des tiers que des administrations publiques. Toutefois, elle ne peut invoquer son défaut d'inscription au registre pour se soustraire aux responsabilités et aux obligations inhérentes à cette qualité* ».

Alors que le commerçant immatriculé bénéficie de l'intégralité des dispositions attachées au statut de commerçant, le commerçant de fait est soumis aux obligations découlant du statut sans pouvoir revendiquer les dispositions de ce statut. Il lui est impossible de se prévaloir des droits du commerçant.

De manière large, en l'absence de mention au registre du commerce et des sociétés, les faits et les actes ne sont pas opposables aux tiers et aux administrations (art. L. 123-9 C. co.). Tout événement assujetti à une inscription au registre et qui ne l'a pas été ne peut donc être utilisé par le commerçant dans l'exercice de son activité à l'égard du public. Les tiers et administrations ont le choix et peuvent s'ils le souhaitent se prévaloir de l'information non publiée. Néanmoins, les tiers et administrations qui avaient personnellement connaissance de l'information non publiée ne peuvent se prévaloir du défaut de publication.

Des conséquences pratiques importantes sont attachées au défaut d'immatriculation du commerçant.

B. Les conséquences de la qualification de commerçant de fait

Tout élément invoqué par le commerçant non immatriculé sera rejeté comme étant une exigence de ce commerçant fondée sur un statut dont il ne peut réclamer le bénéfice à défaut d'être officiellement reconnu comme tel. Ainsi, seul un commerçant inscrit a le droit d'invoquer sa propre comptabilité à titre de preuve (art.

L. 123-23, al. 1er C. co.) : le commerçant de fait ne peut invoquer sa comptabilité à titre de preuve. En cas de litige sur une obligation liée à son exploitation, le commerçant de fait ne peut revendiquer l'application de la prescription quinquennale (art. L. 110-4, I C. co.), alors qu'elle pourrait être invoquée à son encontre par l'autre partie.

Le commerçant de fait ne bénéficie pas du statut des baux commerciaux. Selon l'article L. 145-1 du Code de commerce, les dispositions du décret sont applicables à un commerçant immatriculé au registre du commerce et des sociétés. Plus exactement, ce n'est pas lors de la conclusion du bail commercial que l'immatriculation du preneur sera exigée mais lors du renouvellement du contrat. En effet, c'est à la fin du contrat que le preneur devra être immatriculé au registre pour pouvoir bénéficier du renouvellement ou à défaut d'une indemnité d'éviction.

La colocation imposait que tous les preneurs soient immatriculés, y compris lorsque le fonds n'est exploité que par un seul. Le défaut d'immatriculation de l'un d'eux avait pour effet de priver l'ensemble des colocataires du statut des baux commerciaux. Cette jurisprudence a été supprimée par la loi du 4 août 2008 de modernisation de l'économie. Selon le nouveau paragraphe III de l'article L. 145-1 du Code de commerce, si le bail est consenti à plusieurs preneurs ou indivisaires, l'exploitant du fonds de commerce bénéficie du statut des baux commerciaux, même en l'absence d'immatriculation au registre du commerce et des sociétés de ses copreneurs ou coïndivisaires non exploitants du fonds.

En matière de procédures collectives, la Cour de cassation avait refusé que le commerçant non immatriculé puisse lui-même demander l'ouverture de la procédure collective (Cass. com. 25 mars 1997). La loi du 26 juillet 2005 relative à la sauvegarde des entreprises paraît avoir mis fin à cette impossibilité puisqu'elle se réfère aux personnes exerçant une activité professionnelle indépendante comme critère d'ouverture d'une procédure collective (art. L. 620-2 al. 1er C. co. pour la sauvegarde ; art. L. 631-2 al. 1er C. co. pour le redressement ; art. L. 640-2, al. 1er C. co. pour la liquidation). Toutefois, l'exigence d'un extrait d'immatriculation au registre à l'appui de la demande d'ouverture de la procédure de sauvegarde (art. R. 621-1 1 °C. co.) impliquerait l'immatriculation au registre du commerce et des sociétés du professionnel indépendant exerçant une activité commerciale.

Le commerçant de fait ne peut donc en principe prendre l'initiative d'invoquer le bénéfice du statut et se voit en outre imposer toutes les obligations liées à ce statut.

Le registre du commerce et des sociétés produit donc d'importants effets à l'égard du commerçant, notamment en rendant opposables ou inopposables les informations selon qu'elles ont été ou non publiées. Outre ce rôle probatoire, le registre du commerce et des sociétés contribue par son rôle informatif à la diffusion des informations et à une meilleure transparence de la vie des affaires.

Thème 7 Les sociétés et les groupements

Bibliographie

S. Castagné, « Les nouveaux modes de direction après la loi NRE », *Droit des sociétés* janvier 2003, p. 5.

A. Constantin, « La tyrannie des faibles ; de l'abus de minorité en droit des sociétés », *Mélanges Y. Guyon*, Dalloz 2003, p. 213.

L. Idot et C. Saint-Alary-Houin, « Du GIE au GEIE et réciproquement, commentaire de la loi du 13 juin 1989 », *LPA* 4 octobre 1989, p. 10.

M. Supiot et P. Birotheau, « Assemblée générale ordinaire annuelle d'une SARL et approbation des comptes d'une EURL », *JCP Ent.* 2009, n° 19, 1488.

Rappel de cours

Le contrat de société est ainsi défini par l'article 1832 du Code civil : « *La société est instituée par deux ou plusieurs personnes qui conviennent par un contrat d'affecter à une entreprise commune des biens ou leur industrie en vue de partager le bénéfice ou de profiter de l'économie qui pourra en résulter. Elle peut être instituée, dans les cas prévus par la loi, par l'acte de volonté d'une seule personne* ».

Pour qu'il y ait société, quatre conditions doivent être respectées :

– la société suppose la réunion de plusieurs personnes appelées les associés. Lorsque le capital de la société est divisé en actions, on parle d'actionnaires, le capital pouvant également être divisé en parts sociales. Depuis une loi du 11 juillet 1985, il est possible d'être seul associé d'une entreprise unipersonnelle à responsabilité limitée (EURL), et depuis une loi du 12 juillet 1999 d'une société par actions simplifiées (SASU) ;

– les associés doivent réaliser des apports pour constituer la société et recevoir en contrepartie des titres du capital. Il y a tout d'abord la souscription des apports qui consiste à promettre l'apport, puis la libération des apports par laquelle les associés apportent de manière effective ce qu'ils ont promis à la société. Il est possible de distinguer les apports en fonction du bien apporté. Les apports peuvent être en nature lorsqu'ils consistent à affecter un bien à l'entreprise, ils peuvent être en numéraire lorsqu'il s'agit d'argent, ou ils peuvent être en industrie lorsque les associés apportent leur travail à la société. Dans le cas de l'apport en industrie, l'associé apporteur s'engage à travailler pour la société en qualité d'associé, c'est-à-dire sans lien de subordination. Cet apport en industrie reste interdit dans certaines sociétés par actions (art. L. 225-3 al. 4 C. co.) ;

– le contrat de société doit être caractérisé par un *affectio societatis* entre les associés, ce qui signifie la volonté de collaborer dans une entreprise commune ;

– enfin, le but de cette collaboration doit être lucratif et se caractériser par la volonté des associés de réaliser des bénéfices ou de réaliser une économie. Il s'agit plus largement de participer aux résultats de l'exploitation, et donc de profiter des bénéfices mais également de contribuer aux pertes de la société.

Outre des conditions de fond existent un certain nombre de formalités de constitution à réaliser lors de la création de l'entreprise. Le contrat de société doit être rédigé par écrit et est ainsi formalisé par les statuts (art. 1835 C. civ). La société doit ensuite être immatriculée au registre du commerce et des sociétés, et des formalités de publicité doivent être également effectuées. L'immatriculation confère la personnalité juridique à la société sans laquelle elle est une société de fait ou une société en participation. En revanche, à défaut de formalité et si les conditions de fond ne sont pas en outre réunies, la société est qualifiée de société créée de fait.

La société n'a la personnalité juridique qu'à compter de l'immatriculation. Une publicité doit être réalisée par avis publié dans un journal d'annonces légales, puis dans le BODACC.

La personne morale est ensuite représentée par ses dirigeants, et les règles de représentation varient selon les catégories de sociétés. Les associés exercent quant à eux leur droit de vote lors des assemblées ordinaires ou extraordinaires dans lesquelles ils se prononcent sur les questions dépassant le pouvoir des dirigeants. En outre, selon le type de société, la présence d'un commissaire aux comptes, chargé de contrôler les comptes sociaux, peut être facultative ou obligatoire.

Les sociétés sont régies par un droit commun des sociétés prévu par les articles 1832 et suivants du Code civil. Il existe en outre des dispositions spéciales selon les catégories de sociétés, comme l'importante loi du 24 juillet 1966 en matière de sociétés commerciales (aujourd'hui codifiée aux articles L. 210-1 et s. C. co.). Des réformes plus ou moins étendues interviennent régulièrement en la matière et modifient les dispositions du Code de commerce.

Il existe de nombreux types de sociétés, et nous évoquerons les sociétés commerciales avant d'envisager les sociétés civiles puis les groupements.

I. Les sociétés commerciales

Pour présenter les six catégories de sociétés commerciales, il est possible d'opposer les sociétés de personne aux sociétés de capitaux. On qualifie de société de personnes les sociétés constituées en considération de la personne des associés. Dans cette catégorie figurent la société en nom collectif et la société en commandite simple. Les sociétés de capitaux sont caractérisées par l'importance des capitaux que mettent en commun les associés et l'absence de considération de la personne. Cette catégorie correspond aux sociétés par actions, et leurs titres sont librement cessibles par les associés. Appartiennent à ce type de sociétés la société en commandite par actions, la société anonyme, la société par actions simplifiées. La société à responsabilité limitée est difficile à ranger dans l'une des deux catégories car elle présente des caractéristiques relevant de chaque catégorie.

A. La société en nom collectif (art. L. 221-1 et s. C. co.)

Moins utilisée que par le passé, cette société de personnes est commerciale par la forme quel que soit son objet et elle est caractérisée par un important *intuitu personae*. Les associés ont tous la qualité de commerçants et répondent indéfiniment et solidairement du passif social (art. L. 221-1 C. co.). Il n'existe pas de capital minimum puisque la garantie des créanciers de la société réside dans la responsabilité étendue des associés. La cession des parts sociales est restreinte et implique le consentement unanime des autres associés. Le fonctionnement de la société est assuré par un ou plusieurs gérants qui administrent la société. Le gérant engage la société à l'égard des tiers pour tout acte entrant dans l'objet social (art. L. 221-5 al. 2 C. co.), mais ses pouvoirs sont limités dans les rapports avec les associés aux actes de gestion réalisés dans l'intérêt de la société (art. L. 221-4 al. 1er C. co.). La responsabilité du gérant peut être engagée par des tiers en cas de faute, par exemple en cas de faute de gestion. Les associés non gérants bénéficient de droits importants, tels que le droit à l'information sur la société, le droit de vote aux assemblées ainsi que le droit aux dividendes. Parmi plusieurs causes, la dissolution de la société intervient lors du décès d'un associé, sauf statuts contraires.

B. La société en commandite simple (art. L. 222-1 C. co.)

Très peu utilisée aujourd'hui, cette société de personnes est commerciale quel que soit son objet. Elle est composée de deux catégories d'associés : d'une part, les associés commandités qui ont la qualité de commerçants et sont tenus indéfiniment et solidairement du passif social. D'autre part, les associés commanditaires ne sont tenus du passif social qu'à concurrence de leurs apports. La société doit être constituée par au moins un associé commandité et un associé commanditaire, et il n'existe aucune contrainte s'agissant du montant du capital social ou de la libération de ce capital.

Les associés ont droit de vote et le droit au partage des bénéfices. La cessibilité des parts sociales est restreinte et suppose l'agrément des autres associés, sauf statuts contraires. La gérance ne peut être assurée que par un associé commandité ou par un tiers. En effet, l'associé commanditaire n'a pas le droit d'accomplir un acte de gestion externe (art. L. 222-6 al. 1er C. co.). Parmi les causes de dissolution de cette société peut être cité le décès d'un associé commandité, sous réserve de clause contraire dans les statuts. En outre, après la disparition de tout associé commandité, le défaut de transformation de la SNC en SARL ou en SA est une cause de dissolution si la transformation n'a pas été opérée dans l'année du décès de l'associé commandité.

C. La société à responsabilité limitée (art. L. 223-1 C. co. et s.)

Il s'agit de la catégorie la plus répandue de société en France. Dans cette société commerciale par la forme, les associés ne supportent les dettes qu'à la hauteur de leurs apports. Le capital social est constitué de parts sociales qui ne sont pas librement cessibles, sauf entre associés, et leur cession suppose l'agrément de la majorité des associés représentant au moins la majorité des parts sociales (art. L. 223-14 C. co). Les associés sont au nombre maximum de cent personnes, et le capital social est librement fixé par les statuts (art. L. 223-2 C. co.). Les associés bénéficient du droit à l'information, du droit aux dividendes, du droit de participer et de voter aux assemblées, et notamment à celle où les comptes annuels sont approuvés et l'affectation des bénéfices décidée. En cas de conventions passées entre un associé ou un gérant et la société, une procédure spéciale doit être respectée afin d'éviter d'éventuels détournements de l'actif social. Ces conventions dites réglementées sont très encadrées (art. L. 223-19 C. co.), et s'opposent aux conventions libres relatives à des opérations courantes réalisées à des conditions normales (art. L. 223-20 C. co.), ainsi qu'aux conventions interdites, telles que des emprunts, découverts, cautionnements ou avals que la société consentirait à un associé ou à un gérant (art. L. 223-21 C. co.). Le gérant de la SARL est une personne physique qui peut être un associé ou un tiers. Un contrat de travail peut être cumulé avec les fonctions de gérant. Le gérant a des pouvoirs limités dans ses rapports avec les associés, mais il peut accomplir tout acte de gestion dans l'intérêt de la société. À l'égard des tiers, le gérant dispose de pouvoirs étendus pour agir au nom de la société même si les actes n'entrent pas dans l'objet social. Une limitation de pouvoirs est toutefois possible dans les statuts. Le gérant a diverses obligations parmi lesquelles celle d'établir un rapport de gestion, un inventaire ainsi que les comptes annuels afin de les faire voter par l'assemblée des associés après la clôture de chaque exercice. Il engage sa responsabilité en cas de non-respect des dispositions légales et réglementaires, des statuts ou encore en cas de faute de gestion. Sa responsabilité pénale est également susceptible d'être engagée.

Sous réserve de certaines spécificités, la plupart des règles relatives à la SARL sont applicables à l'EURL.

D. La société anonyme (art. L. 225-1 C. co.)

Commerciale par la forme, cette société a un capital divisé en actions. Les associés, au moins sept, y sont responsables des dettes à hauteur de leurs apports. La SA peut être constituée avec ou sans offre au public (l'ordonnance du 22 janvier 2009 a remplacé la notion d'appel public à l'épargne par celle d'offre au public), et le capital minimum est en principe de 37 000 euros. Les apports en industrie sont interdits et les apports en numéraire ou en nature sont encadrés.

Les règles légales d'organisation de la SA sont d'ordre public et une distinction est opérée entre la propriété des capitaux et la direction de la société. Tout actionnaire a le droit de participer et d'assister aux assemblées (art. L. 225-112 C. co.), et ce droit est même protégé pénalement (art. L. 242-9 C. co.). L'assemblée générale ordinaire se réunit au moins une fois par an pour l'approbation des comptes annuels et peut être réunie pour toute question qui ne conduit pas à la modification des statuts (art. L. 225-98 C. co.). En effet, c'est l'assemblée générale extraordinaire qui est seule compétente pour procéder à la modification des statuts (art. L. 225-96 C. co.), sous réserve des dispositions d'ordre public. La gestion de la SA est assurée par un conseil d'administration et son président, ou par un directoire et un conseil de surveillance. En présence d'un conseil d'administration, la direction générale de la société est assurée par le président du conseil d'administration ou par un directeur général nommé par le conseil d'administration. En présence d'un directoire et d'un conseil de surveillance s'opère une distinction entre l'administration et la direction de la société confiée au directoire, et le contrôle de cette gestion confiée au conseil de surveillance. Cette dernière structure dualiste de la SA inspirée du droit allemand n'a pas eu un grand succès en France. Quelle que soit la structure, les conventions passées entre les dirigeants et la société sont soumises à un régime réglementé. Par ailleurs, un contrôle de la société est assuré par un commissaire aux comptes et éventuellement par un expert de gestion. Le comité d'entreprise exerce également un certain contrôle et défend les intérêts des salariés. Enfin, il faut rappeler que les sociétés cotées sont surveillées par l'autorité des marchés financiers (AMF).

E. La société en commandite par actions (art. L. 226-1 et s. C. co.)

Peu répandue, cette société qui peut être cotée est composée d'associés commandités qui sont responsables indéfiniment et solidairement du passif social, et d'associés commanditaires dont la responsabilité est limitée au montant de leurs apports. Seul un associé commandité peut être gérant, à moins que la gérance soit confiée à un tiers. Les gérants ont de larges pouvoirs pour agir au nom de la société et leurs actes engagent la société même lorsqu'ils n'entrent pas dans l'objet social. Les limitations statutaires éventuellement fixées à ces pouvoirs ne sont pas opposables aux tiers. Les associés commandités ont la qualité de commerçants, et les associés commanditaires sont représentés par un conseil de surveillance composé d'au moins trois d'entre eux (art. L. 225-4 C. co.). Ce conseil est chargé de contrôler de manière permanente la gestion de la société.

F. La société par actions simplifiées (art. L. 227-1 et s. C. co.)

Instituée par une loi du 3 janvier 1994, cette société connaît un grand succès en France car elle est caractérisée par une grande souplesse et une grande liberté contractuelle des associés. Elle est créée initialement ou par transformation d'une société préexistante par plusieurs associés, et une société par actions simplifiées unipersonnelle (SASU) peut être créée par un seul associé. Il s'agit d'une société fermée qui ne peut être cotée. Les associés peuvent faire tout type d'apport, y compris en industrie, et ils ne contribuent aux pertes qu'à la hauteur de leurs apports. Aucun capital social minimum n'est exigé et il est librement fixé par les statuts.

Le fonctionnement de la société est déterminé par les statuts, et la direction de la société est confiée à un président (art. L. 227-6 C. co.). Lorsque la société est marquée par un fort *intuitu personae*, les statuts peuvent limiter la circulation des actions. Ainsi, il est possible de prévoir l'inaliénabilité des actions pendant une durée maximale de dix ans (art. L. 227-13 C. co.). Les statuts peuvent également comporter des clauses d'agrément ou encore d'exclusion des actionnaires. À partir de certains seuils, la désignation d'un commissaire aux comptes est obligatoire, et certaines conventions passées entre la société et les associés sont réglementées (art. L. 227-10 C. co.).

II. Les sociétés civiles (art. 1845 et s. C. civ.)

Très répandue, la société civile a un objet nécessairement civil. Aucun capital minimum n'est exigé car la responsabilité des associés est indéfinie à l'égard des dettes sociales à proportion de leur part dans le capital social. Les associés bénéficient de prérogatives telles que le droit à l'information, le droit de participer aux délibérations, ou encore le droit de se retirer de la société. Cependant, les parts sociales ne sont en principe cessibles qu'avec l'agrément de tous les associés (art. 1861 C. civ.), mais des assouplissements sont possibles dans les statuts. La société est gérée par un ou plusieurs gérants qui peuvent être des associés ou des tiers. Ils peuvent accomplir tous les actes de gestion conformes à l'intérêt de la société (art. 1848 C. civ.). Leurs actes engagent la société à l'égard des tiers pour les actes inclus dans l'objet social, et les limites statutaires de pouvoirs des gérants ne sont pas opposables aux tiers (art. 1849 C. civ.). La responsabilité civile ou pénale du gérant peut être engagée sur le fondement du droit commun. La surveillance de la gestion est essentiellement assurée par les associés, et certaines conventions passées entre la société et les associés sont réglementées. La société civile peut disparaître par transformation en une autre société ou par dissolution.

Parmi les sociétés civiles existent la société civile immobilière, la société civile de moyens et la société civile professionnelle qui sont soumises à des statuts spécifiques.

III. Les groupements

Il existe des groupements non sociétaires que sont principalement les associations et les groupements d'intérêt économique et les groupements européens d'intérêt économique.

L'association est une structure civile soumise à la loi du 1er juillet 1901 et dont l'activité peut être économique. L'association est définie comme la convention par laquelle deux ou plusieurs personnes mettent en commun de façon permanente leurs connaissances ou leurs activités dans un but autre que de partager les bénéfices. Seules les associations déclarées en préfecture ou reconnues d'utilité publique ont la personnalité juridique.

Les groupements d'intérêt économique (GIE) ou groupements européen d'intérêt économique (GEIE) ont pour but de faciliter ou de développer l'activité économique de leurs membres, d'améliorer ou d'augmenter l'activité de leurs membres (art. L. 251-1 et s. C. co.) : le but n'est pas de rechercher des bénéfices pour le groupement. Le groupement sert à réaliser des actions communes à ses membres et cette activité du groupement doit se rattacher à l'activité économique de ces membres en ayant un caractère auxiliaire par rapport à l'activité des membres. Les membres sont des personnes physiques ou morales qui restent indépendantes. Lorsque ces participants sont issus de plusieurs pays de l'Union européenne, le groupement sera un GEIE.

Le GIE acquiert la personnalité juridique à compter de l'immatriculation au registre du commerce et des sociétés. La gestion du groupement est confiée à un administrateur et les membres sont responsables solidairement des dettes du groupement.

Exercice 1. Commentaire d'arrêt

Sujet

Cour de cassation
Chambre commerciale
Audience publique du mardi 20 mars 2007
N° de pourvoi : 05-19225
Publié au *Bulletin*
Cassation
M. Tricot, président

RÉPUBLIQUE FRANÇAISE
AU NOM DU PEUPLE FRANÇAIS

Attendu, selon l'arrêt attaqué, statuant en matière de référé, que les capitaux propres de la société La Roseraie clinique hôpital (la société La Roseraie) étant devenus inférieurs à la moitié du capital social, une assemblée générale a été convoquée pour le 13 juin 2005 afin de voter une augmentation de capital, devant être suivie d'une réduction de capital par absorption des dettes, proposée par la société Gruppo villa Maria, détentrice de 49 % du capital ; que l'augmentation de capital n'a pas pu être adoptée à la majorité requise, par suite du refus de la société Hexagone hospitalisation Ile-de-France (la société Hexagone), détentrice de 46 % du capital, aux motifs que la question préalable de la dissolution ou de la poursuite d'activité n'avait pas été examinée et qu'elle n'avait pas eu réponse à ses questions sur le plan stratégique de développement ; que la société La Roseraie et la société Gruppo villa Maria ont assigné en référé la société Hexagone pour voir dire que son attitude constituait un abus de minorité et obtenir la désignation d'un mandataire ad hoc chargé de la représenter et pour voter à une assemblée générale à venir sur l'augmentation de capital ;

Sur le moyen unique, pris en sa première branche :

Vu l'article 1382 du Code civil ;

Attendu que pour confirmer l'ordonnance de référé ayant accueilli cette demande, l'arrêt retient que les demandes d'informations complémentaires étaient relatives au plan stratégique de développement, discuté au conseil d'administration du 13 juin 2005, mais n'étaient pas directement liées au vote de la résolution proposant l'augmentation de capital devant permettre l'apurement des dettes existantes dont la société Hexagone avait approuvé le montant en adoptant le 13 juin 2005 la première résolution d'approbation des comptes de l'exercice clos au 31 décembre 2004, et que les renseignements obtenus lui permettaient de voter la résolution en toute connaissance de cause ; qu'il relève aussi que la mise en place de la restructuration de la société ferait l'objet de discussions postérieures et que la demande d'informations ne pouvait qu'être interprétée comme une manœuvre destinée à retarder l'assemblée générale ;

Attendu qu'en statuant ainsi, alors que les actionnaires devant se prononcer sur une augmentation du capital d'une société dont les capitaux propres sont devenus inférieurs à la moitié du capital, doivent disposer des informations leur permettant de se prononcer en connaissance de cause sur les motifs, l'importance et l'utilité de cette opération au regard des perspectives d'avenir de la société et qu'en l'absence d'une telle information, ils ne commettent pas d'abus en refusant d'adopter la résolution proposée, la cour d'appel a violé le texte susvisé ;

Et sur le moyen, pris en sa troisième branche :

Vu l'article 1382 du Code civil ;

Attendu que pour confirmer l'ordonnance de référé ayant accueilli cette demande, l'arrêt retient que la société Hexagone qui avait écarté la possibilité de voter la dissolution, ne proposait aucune solution alternative sérieuse ou précise à l'augmentation de capital qui était la seule mesure conforme à l'intérêt de la société La Roseraie, indispensable à sa survie et qui ne lésait pas ses propres intérêts dans la société ; Attendu qu'en se déterminant par de tels motifs, impropres à établir en quoi l'opposition de la société Hexagone au vote de l'augmentation de capital était fondée sur l'unique dessein de favoriser ses propres intérêts au détriment de l'ensemble des autres associés, la cour d'appel n'a pas donné de base légale à sa décision ;

PAR CES MOTIFS, et sans qu'il y ait lieu de statuer sur l'autre grief :

CASSE ET ANNULE [...]

Conseils pour aborder le sujet

L'arrêt n'est pas en soi difficile d'un point de vue technique. Mais la solution de l'arrêt apporte des précisions sur la notion d'abus de minorité qu'il convient de bien analyser. En outre, de bonnes connaissances du droit positif sur cette question sont exigées.

Suggestion de correction

Introduction

Par le droit de vote qu'il détient, tout actionnaire peut abuser de son pouvoir. Dans l'arrêt rendu par la chambre commerciale de la Cour de cassation le 20 mars 2007, l'abus discuté résultait du refus d'un associé minoritaire de voter en faveur d'une augmentation du capital en vue de refinancer la société. Les capitaux propres de la société La Roseraie étaient devenus inférieurs à la moitié de son capital social, aussi une assemblée générale fut convoquée afin de faire voter une augmentation de capital qui devait être suivie d'une réduction du capital par absorption des dettes. Cette augmentation de capital proposée par la société Gruppo villa Maria détentrice de 49 % du capital fut refusée par la société Hexagone détentrice de 46 % du capital, et l'augmentation ne put être adoptée faute de majorité qualifiée. La société Hexagone justifiait son refus par le fait que la question préalable de la dissolution ou de la poursuite de l'activité n'avait pas été examinée, et qu'elle n'avait pas obtenu de réponses à ses questions sur le plan stratégique de développement.

La société La Roseraie et la société Gruppo villa Maria ont assigné en référé la société Hexagone pour faire constater l'abus de minorité de la part de la société Hexagone et pour obtenir la désignation d'un mandataire *ad hoc* chargé de représenter cette société lors de l'assemblée générale se prononçant sur l'augmentation de capital. L'ordonnance de référé et l'arrêt de la cour d'appel ont accueilli cette demande. La société Hexagone a formé un pourvoi et la Cour de cassation a rendu un arrêt de cassation.

Le problème de droit consistait à déterminer si le refus d'un actionnaire minoritaire d'une augmentation de capital peut être constitutif d'un abus de minorité.

La Cour de cassation censure l'arrêt au visa de l'article 1382 du Code civil. En premier lieu, la cour d'appel avait retenu que les demandes d'informations complémentaires relatives au plan stratégique de développement n'étaient pas directement liées au vote de résolution proposant l'augmentation du capital, et que les renseignements obtenus permettaient à l'actionnaire de voter en toute connaissance de cause. La cour d'appel avait enfin relevé que la mise en place de la restructuration de la société ferait l'objet de discussions postérieures et que la demande d'informations constituait une manœuvre destinée à retarder l'assemblée générale. La Cour de cassation casse l'arrêt d'appel en précisant clairement que les actionnaires doivent disposer d'informations leur permettant de se prononcer en connaissance de cause sur les motifs, l'importance et l'utilité de cette opération au regard des perspectives d'avenir de la société et qu'en l'absence d'une telle information, ils ne commettent pas d'abus en refusant d'adopter la résolution proposée. En second lieu, la cour d'appel avait avancé que la société Hexagone ne proposait aucune solution alternative sérieuse ou précise à l'augmentation de capital qui était la seule mesure conforme à l'intérêt de la société, indispensable à sa survie et qui ne lésait pas ses propres intérêts dans la société. La Cour de cassation précise que de tels motifs sont impropres à établir en quoi l'opposition de la société Hexagone avait pour but de favoriser ses propres intérêts au détriment de l'ensemble des autres associés, et considère que la cour d'appel n'a pas donné de base légale à sa décision.

Cet arrêt mérite l'approbation par la stricte délimitation de l'abus de minorité qu'il opère (I), ainsi que par l'exigence d'informations suffisantes indispensables pour retenir un abus de minorité (II).

I. La stricte délimitation de l'abus de minorité

L'abus de minorité suppose la réunion de deux conditions cumulatives que sont la contrariété à l'intérêt social (A) et la volonté de favoriser ses intérêts au détriment de ceux de l'ensemble des autres associés (B).

A. Une opposition contraire à l'intérêt social

Lorsque les capitaux propres sont inférieurs au capital social, une décision doit être prise par la société qui peut opter pour la dissolution ou pour une opération permettant de rétablir l'équilibre financier (art. L. 225-248 C. co. pour les SA). La technique choisie en l'espèce pour rétablir cet équilibre fut l'augmentation de capital suivie de sa réduction afin d'absorber les dettes transformées en droits sociaux. Cette opération est communément appelée un coup d'accordéon. Or, cette décision conduit à une modification statutaire et impliquait donc l'accord de la société Hexagone. Parce que cette opération de refinancement de la société offrait une parade aux difficultés financières qu'elle rencontrait, on pouvait interpréter le refus de cette opération par la société Hexagone comme étant contraire à l'intérêt de la société. Ainsi, si la survie de l'entreprise était en jeu, la dissolution ayant été écartée, cette survie pouvait sembler se confondre avec l'intérêt social. Pourtant, la Cour de cassation ne se fonde pas sur le terrain de l'intérêt social pour apprécier l'abus. L'opposition à une opération considérée comme essentielle pour la société ne suffit pas pour retenir l'abus de l'actionnaire minoritaire. Outre le comportement contraire à l'intérêt de la société, l'abus de minorité suppose encore la volonté de la part de l'associé minoritaire de favoriser ses intérêts au détriment de ceux de l'ensemble des autres associés.

B. Une opposition visant à favoriser les intérêts d'un minoritaire aux dépens de l'ensemble des associés

L'opposition doit être exprimée dans le but unique de favoriser les intérêts de l'actionnaire minoritaire au détriment des autres actionnaires. Les motifs retenus par la cour d'appel ont été jugés impropres par la Cour de cassation à établir la seconde condition constitutive de l'abus de minorité. En effet, la cour d'appel avait reproché à la société Hexagone de ne pas avoir proposé de solution alternative sérieuse ou précise à l'augmentation de capital qui était la seule mesure conforme à l'intérêt de la société, indispensable à sa survie et qui ne lésait pas ses propres intérêts dans la société. La Cour de cassation rappelle que l'abus de minorité suppose l'intention égoïste de l'actionnaire minoritaire. Cet élément subjectif est difficile à établir mais ne peut être caractérisé par l'absence d'initiative, comme le reprochait en l'espèce la cour d'appel à l'actionnaire minoritaire. Le fait de paralyser la société par le refus de voter la résolution est insuffisant, et c'est la volonté de l'actionnaire de tirer un profit personnel de ce refus qui doit être démontrée.

Si l'abus de minorité est écarté sur le fondement du refus de voter l'augmentation du capital, la Cour de cassation refuse également de retenir un tel abus en raison d'une information insuffisante des actionnaires.

II. L'exclusion de l'abus de minorité en l'absence d'informations suffisantes

En l'absence d'informations satisfaisantes et circonstanciées (A), la responsabilité des actionnaires minoritaires est écartée au titre d'un abus de minorité (B).

A. La teneur de l'information requise

Par un attendu d'une grande clarté, la Cour de cassation considère que les actionnaires doivent disposer d'informations leur permettant de se prononcer en connaissance de cause sur les motifs, l'importance et l'utilité de cette opération au regard des perspectives d'avenir de la société et qu'en l'absence d'une telle information, ils ne commettent pas d'abus en refusant d'adopter la résolution proposée. Ainsi, la Cour adopte une conception large de l'information due à l'actionnaire : cette information n'est pas limitée aux exigences légales et réglementaires. En effet, les dispositions du Code de commerce prévoient que l'assemblée se prononçant sur une augmentation de capital statue sur le rapport du commissaire aux comptes et sur celui du conseil d'administration (art. L. 225-108 et L. 225-135 C. co. pour la SA). Selon l'arrêt, les éléments d'information sur le passé et sur l'avenir doivent être communiqués aux actionnaires afin que leur vote lors de l'assemblée soit fait en connaissance de cause. Aussi, le plan stratégique de développement pouvait apporter des éléments d'information utiles pour l'actionnaire, mais ce dernier a notamment justifié son refus de l'augmentation par l'absence de réponses à ses questions concernant ce plan de développement. Par conséquent, les informations dont il disposait ont été jugées insuffisantes pour permettre un vote éclairé et son refus de voter la résolution légitime n'était pas constitutif d'un abus.

B. Les conséquences : le rejet de la responsabilité civile des actionnaires minoritaires

Le défaut d'information interdit la qualification d'abus : l'abus de minorité ne peut être constitué avant le vote à l'égard d'un actionnaire mal informé. Aussi, il n'existe pas de manœuvre de la part de l'actionnaire destinée à retarder la tenue de l'assemblée lorsqu'il demande des informations, et sa responsabilité n'est pas retenue sur le fondement de l'article 1382 du Code civil.

À l'inverse, les juges du fond qui avaient retenu l'existence d'un abus de minorité avaient admis la désignation d'un mandataire *ad hoc* chargé de représenter l'associé opposant lors de la prochaine assemblée se prononçant sur l'augmentation du capital. Cette mesure permet en effet d'éviter une immixtion directe de l'autorité judiciaire dans la vie des sociétés par la prise d'une décision sociale par le juge.

Par cette décision, la Cour de cassation confirme l'importance centrale de l'information en droit des sociétés dont l'existence et la qualité sont des gages de transparence et de sécurité juridique.

Exercice 2. Cas pratique

Sujet

En novembre 2009 une société anonyme a été immatriculée au registre du commerce et des sociétés constituée avec sept associés et dont le capital est de 80 000 euros.

Avant la signature des statuts, l'un des associés fondateurs A avait procédé en septembre 2009 à l'achat de matériel et cet achat avait été passé par A au nom de la société en formation.

Plusieurs associés de la SA ont décidé avant toute assemblée générale de se concerter et pour sceller leur union, A, B et C ont même signé une convention.

Une assemblée générale ordinaire doit bientôt avoir lieu. L'annonce en a été faite par le conseil d'administration lors d'une soirée à laquelle participaient cinq associés de la SA. La date ainsi que les questions inscrites à l'ordre du jour ont été indiquées aux associés présents. Les deux associés absents ont été informés par mail quelques jours après la soirée. Lors de l'assemblée, six associés étaient présents, et l'associé absent a voté par correspondance.

Lors de l'assemblée, une décision a été adoptée concernant un important investissement immobilier. Pour financer cette opération, l'assemblée a voté que les investissements seraient répartis entre les associés à proportion de leurs actions. Deux actionnaires ont tenté en vain de s'opposer à cette décision. Peuvent-ils obtenir l'annulation de cette décision ?

Conseils pour aborder le sujet

La difficulté n'est pas ici d'identifier les problèmes qui sont assez apparents. Il s'agit de traiter correctement les questions, ce qui induit des connaissances solides sur des points précis du droit des sociétés.

Suggestion de correction

La reprise par la société de l'achat passé par A :

Selon l'alinéa 2 de l'article L. 210-6 du Code de commerce, « *les personnes qui ont agi au nom d'une société en formation avant qu'elle ait acquis la jouissance de la personnalité morale sont tenues solidairement et indéfiniment responsables des actes ainsi accomplis, à moins que la société, après avoir été régulièrement constituée et immatriculée, ne reprenne les engagements souscrits. Ces engagements sont alors réputés avoir été souscrits dès l'origine par la société* ». La question est de déterminer si l'achat passé par A a pu être valablement repris par la société, ce qui suppose d'envisager les modalités de la reprise par la SA de cet achat. L'acte a bien été passé au nom d'une société en formation, et non au nom propre de A ou au nom d'une société. À l'égard d'une société anonyme, un acte passé avant la signature des statuts doit être mentionné dans un état des actes accomplis pour le compte de la société en formation et cet état doit être mis à la disposition des associés au moins trois jours avant la signature des statuts (art. R. 210-6 C. co.). Cet état sera annexé aux statuts dont la signature vaut reprise des engagements par la société immatriculée. En l'espèce, aucune difficulté n'est précisée quant à cette reprise, et il semble bien que l'achat ait été repris par la SA immatriculée en novembre 2009. La reprise a un effet rétroactif : la société se substitue à l'associé fondateur dans le contrat, et cet associé est libéré de cet engagement.

La validité de la convention de vote :

La convention signée par A, B et C constitue une convention de vote. Le droit de vote est un droit essentiel de l'associé par lequel doit être librement exprimée la volonté de l'associé lors des assemblées générales. En l'absence de dispositions légales, la jurisprudence tend en principe à considérer comme nulles les conventions par lesquelles un associé s'engage à voter dans un sens ou à renoncer à voter. Cependant, certaines conventions de vote sont jugées valables sous réserve de plusieurs conditions. Les conventions doivent notamment être temporaires, elles doivent être passées dans l'intérêt de la société et ne doivent pas comporter d'engagement général de voter dans un sens précis. En l'espèce, les éléments sont imprécis et ne permettent pas de se prononcer sur la validité de la convention. En cas de validité, l'associé signataire qui ne respecterait pas la convention s'expose au paiement de dommages et intérêts.

La régularité de la convocation à l'assemblée générale :

Dans cette société qui n'est pas une société cotée, la convocation doit être faite sous forme d'avis de convocation publié dans un journal d'annonces légales, ou par lettre adressée aux actionnaires, ou par un moyen électronique de télécommunication au moins 15 jours avant la tenue de l'assemblée (art. R. 225-67 C. co.). En cas d'irrégularité de la convocation, la sanction peut être la nullité de l'assemblée ainsi convoquée (art. L. 225-104 al. 2 C. co.). Cette nullité facultative est laissée à l'appréciation du juge. En outre, la loi prévoit que la nullité n'est pas recevable lorsque tous les associés étaient présents ou représentés. Or, un seul associé n'était pas présent lors de l'assemblée générale, mais il avait procédé à un vote par correspondance (art. L. 225-107 C. co.). Par conséquent, la nullité de l'assemblée en raison de la convocation irrégulière ne pourra pas être retenue en l'espèce.

L'annulation de la décision de l'assemblée générale :

L'assemblée générale ordinaire a décidé que tous les actionnaires devaient participer à l'investissement immobilier. L'associé dispose du droit de ne pas être obligé d'augmenter ses engagements. Aussi, une assemblée, même extraordinaire, ne peut pas augmenter les engagements des actionnaires (art. L. 225-96 al. 1er C. co.). Donc l'assemblée ne pouvait pas prendre une telle décision au vue du désaccord de deux actionnaires et répartir ainsi la charge de l'investissement immobilier. Cette décision suppose en effet l'unanimité des actionnaires. Le non-respect de cette disposition d'ordre public est sanctionné par la nullité absolue. Ainsi, les deux actionnaires opposés à la décision peuvent en demander la nullité, et même ceux qui ont voté en faveur de la délibération.

Exercice 3. Exposé oral

Sujet

Le fonctionnement du groupement d'intérêt économique

Conseils pour aborder le sujet

L'identification des idées ne pose pas de difficultés ici. En revanche, le candidat cherchera à favoriser une organisation des éléments notionnels en un plan clair et fluide.

Suggestion de correction

Introduction

Institué par une ordonnance du 23 septembre 1967 et désormais régi par les articles L. 251-1 et suivants du Code de commerce, le groupement d'intérêt économique a été créé pour permettre une collaboration entre les entreprises et a connu un certain succès. Selon la loi, il est constitué « *par deux ou plusieurs personnes physiques ou morales pour une durée déterminée, en vue de mettre en œuvre tous les moyens propres à faciliter ou à développer l'activité économique de ses membres et à améliorer ou à accroître les résultats de cette activité* ». Ainsi, l'activité du GIE ne peut qu'être auxiliaire par rapport à l'activité économique de ses membres et son but n'est pas de réaliser des bénéfices mais de permettre à ses membres d'effectuer des économies. L'activité du groupement est conçue comme un prolongement de l'activité économique de ses membres : s'il permet le rapprochement d'entreprises préexistantes, le groupement ne se substitue pas à ces entreprises.

Le GIE doit être constitué par au moins deux membres qui sont des personnes physiques ou morales dont l'activité est de nature économique. La nature du GIE peut être civile ou commerciale en fonction de l'objet poursuivi. Le GIE peut être constitué sans apports et donc sans capital, ce qui le rend très attrayant en pratique. Les dépenses du groupement sont réglées par des cotisations demandées aux membres. Par ailleurs, le financement du GIE peut être réalisé par l'émission d'obligations s'il est composé exclusivement de sociétés ou d'associations, sous réserve de certaines conditions. Lors de la création du groupement, il est nécessaire de rédiger un écrit signé par tous les membres qui comporte diverses mentions (art. L. 251-8 C. co). Ce contrat constitutif est ensuite déposé au greffe du tribunal de commerce. Le GIE a la personnalité morale à compter de son immatriculation au registre du commerce et des sociétés, et la publicité au BODACC complète les formalités et rend la constitution opposable aux tiers. Le succès du GIE l'a conduit à servir de modèle pour l'adoption du groupement européen d'intérêt économique (GEIE) par un règlement du 25 juillet 1985.

Le fonctionnement du groupement est souple et il est caractérisé par une importante liberté contractuelle au profit des membres. Cette organisation résulte en principe du contrat du GIE (art. L. 251-8 C. co.), sous réserve du respect de certaines dispositions. L'étude de l'organisation impose d'examiner la situation des membres du groupement (I) avant d'envisager la gestion du groupement (II).

I. Les membres du groupement

Les membres participent aux assemblées (A), et se voient reconnaître des droits et des obligations (B).

A. La tenue des assemblées

L'assemblée des membres est habilitée à prendre toute décision, et peut prononcer la dissolution du groupement ou au contraire sa prorogation.

Les décisions sont prises en principe à l'unanimité des membres, mais le contrat de constitution peut prévoir des conditions différentes de quorum et de majorité pour les décisions ou pour certaines d'entre elles (art. L. 251-10 C. co.). La réunion de l'assemblée est obligatoire à la demande d'un quart au moins des membres du groupement (art. L. 251-10 *in fine* C. co.). Lors de chaque assemblée, chaque membre dispose d'une voix, mais le contrat peut avoir réparti un nombre différent de voix par membre (art. L. 251-10 C. co.). Les membres du groupement ont le droit de participer à toutes les assemblées, qu'elles soient ordinaires ou extraordinaires.

B. Les droits et les obligations des membres

Les droits des membres qui ne peuvent être représentés par des titres négociables sont variés. Ces droits consistent au partage des bénéfices s'il en existe. Il a déjà été précisé que chaque membre a le droit de participer et de voter aux assemblées. Les membres ont le droit de se retirer du groupement. Ce droit de retrait ne peut être exercé que lorsque le membre a accompli ses obligations à l'égard du groupement. À l'inverse, de nouveaux membres peuvent être admis si le contrat le permet. Les droits dans le groupement peuvent être cédés en respectant les conditions prévues par les statuts, et le consentement de tous les membres est requis pour l'accomplissement de cette cession.

Les membres sont soumis à certaines obligations. Ils sont solidairement responsables du passif du groupement sur leur patrimoine propre (art. L. 251-6 C. co.). Un nouveau membre peut toutefois être exonéré des dettes antérieures à son entrée dans le groupement si le contrat l'autorise. La contribution aux dettes du GIE est prévue par le contrat, et à défaut le partage se fait en fonction du nombre de membres. La poursuite d'un membre en paiement par un créancier suppose une mise en demeure restée infructueuse du groupement par acte extrajudiciaire. Ainsi, la responsabilité indéfinie et solidaire des membres du GIE est très lourde. L'organisation doit maintenant être examinée au regard de la gestion du GIE.

II. La gestion du groupement d'intérêt économique

Cette gestion implique une administration du groupement (A) ainsi qu'un contrôle de cette gestion (B).

A. L'administration du groupement

Les règles de l'administration du GIE sont prévues par le contrat de groupement ou à défaut peuvent être décidées par l'assemblée des membres (art. L. 251-11 C. co.).

L'administration du groupement est confiée à une ou plusieurs personnes physiques ou morales qui sont nommées par les membres du GIE. Les règles peuvent être décidées librement s'agissant de l'administration, et de la nomination, des pouvoirs, de la durée des fonctions et des conditions de révocation des administrateurs.

Les administrateurs engagent le groupement par tout acte entrant dans l'objet social de celui-ci, et toute limitation contractuelle de ces pouvoirs est inopposable aux tiers.

La responsabilité des administrateurs est engagée individuellement ou solidairement envers le groupement ou envers les tiers, pour toute infraction aux règles légales et réglementaires applicables aux GIE, pour toute violation des statuts ou pour des fautes de gestion.

B. Le contrôle de la gestion

Ce contrôle présente deux facettes dans les GIE. Le contrôle de la gestion doit être assuré par des contrôleurs de gestion. Ces derniers sont des personnes physiques qui opèrent un contrôle des comptes et de la gestion du groupement. Par ailleurs, à compter de 100 salariés (art. L. 251-12 al. 3 C. co.) ou lorsque le groupement émet des obligations, la désignation de commissaires aux comptes est obligatoire pour permettre un autre contrôle des comptes.

La disparition du GIE intervient par sa transformation en une autre société et en particulier en société en nom collectif (art. L. 251-18 al. 1er C. co.), ou pour une cause classique de dissolution (art. L. 251-19 et L. 225-20 C. co.), telle que l'arrivée du terme fixé pour sa durée, la réalisation de son objet ou encore par décision de l'assemblée ou par décision judiciaire.

Thème 8 Les acteurs de la vie des sociétés

Bibliographie

J.-F. Barbieri, « Responsabilité des personnes ou responsabilité de ses dirigeants ?, La responsabilité personnelle à la dérive », *Mélanges en l'honneur de Y. Guyon*, Dalloz 2003, p. 41.

P. Canin, « La mésentente entre associés, cause de dissolution judiciaire anticipée des sociétés », *Droit des sociétés* 2008, chron. 1, p. 4.

P. le Cannu, « Le droit fondamental de l'associé de participer aux décisions collectives », *Bull. Joly* 2006, p. 217, n° 43.

D. Gibirila, « Participation aux résultats de l'exploitation », *J.-Cl. civil*, 2006, fasc. 10.

L. Grosclaude et M-H. Monsérié-Bon, « Usufruit des droits sociaux : le droit des sociétés rattrapé par le droit civil », *Droit et patrimoine* 2005, p. 42.

B. Goudet, « Les dividendes constituent des fruits civils », *JCP Ent.* 2006, n° 14, p. 612.

H. Hovasse et R. Mortier, « L'usufruit de droits sociaux », *Actes pratiques et ingénierie sociétaires* 2009, n° 105.

F. Rizzo, « Le principe d'intangibilité des engagements des associés », *RTDCom.* 2000, p. 27.

G. Taormina, « Réflexions sur l'aggravation des engagements de l'associé », *Revue des sociétés* 2002, p. 267.

Rappel de cours

Dans l'organisation de la vie des sociétés, trois types d'acteurs peuvent être distingués. Les associés qui participent aux décisions collectives des assemblées générales (I). Les dirigeants qui assument la gestion et la représentation de la société (II), ainsi que des organes externes de contrôle de la société qui sont chargés de surveiller les comptes et parfois la gestion de la société (III).

I. Les associés

Les droits sociaux reçus par les associés en contrepartie de leur apport leur confèrent un certain nombre de prérogatives. Ils disposent de droits financiers, de droits politiques et du droit de céder leurs titres.

A. Les droits financiers

La constitution de la société est justifiée par la volonté des associés de partager le bénéfice ou de profiter de l'économie qui pourra en résulter (art. 1832 C. civ.). La participation de chaque associé au bénéfice ou à l'économie est en principe proportionnelle à sa part dans le capital social, mais une répartition différente peut être prévue par les statuts (art. 1844-1 C. civ.). Les associés s'engagent également à contribuer aux pertes, et là encore la contribution de chacun varie selon sa part dans le capital social, sous réserve de statuts contraires. Si un certain aménagement statutaire est possible quant à la répartition des bénéfices ou des pertes, la loi interdit toutefois d'attribuer à un associé la totalité du profit ou de l'exonérer de la totalité des pertes, ou d'attribuer à un associé la totalité des pertes ou de l'exclure totalement de la répartition des bénéfices (art. 1844-1 C. civ.). De telles clauses dites léonines sont réputées non écrites. Le droit de participation aux résultats de la société se caractérise essentiellement par la perception d'un dividende, éventuellement d'un droit sur les réserves, et lors de la dissolution de la société du boni de liquidation.

B. Les droits politiques

Ces droits visent à garantir à l'associé sa participation à la vie sociale et en particulier aux décisions collectives. Ces droits sont assurés par un droit à l'information ainsi que par un droit de vote.

Chaque catégorie de société dispose de règles spécifiques concernant le droit d'information des associés. L'objet de ce droit est la communication de documents sociaux, tels que les comptes sociaux qui doivent être communiqués à tout associé avant la réunion de l'assemblée générale annuelle. Le non-respect de cette communication réside dans la nullité de la délibération prise en assemblée générale si l'associé n'a pu obtenir l'information par une autre voie. Les associés peuvent bénéficier par ailleurs du droit de poser des questions écrites aux dirigeants concernant leur gestion de la société (pour la SA, art. L. 225-115 et s. C. co.).

Le droit de vote des associés consiste à reconnaître à tout associé le droit de participer aux décisions collectives. Ce droit de vote est consacré par l'article 1844 al. 1er du Code civil, et il s'agit d'une disposition d'ordre public. Chaque associé a en principe le droit de vote, mais il existe des cas particuliers comme le cas du titre en usufruit pour lequel le droit de vote est attribué au nu-propriétaire, sauf disposition statutaire aménageant ce droit. En tant que titulaire du droit de vote, l'associé peut à certaines conditions conclure des conventions de vote portant sur son droit. La jurisprudence valide en effet certaines conventions de vote sous diverses réserves, telles que la privation de toute liberté de choix quant au sens du vote, l'atteinte à l'intérêt social ou encore la durée illimitée de la convention.

Enfin, la jurisprudence sanctionne l'abus de droit de la part des associés. Il peut s'agir d'un abus de majorité qui consiste pour des associés majoritaires à prendre une décision contraire à l'intérêt général et dans le but de favoriser les majoritaires au détriment des minoritaires. Une action est alors possible de la part de la société ou des associés minoritaires. La sanction de l'abus implique pour la jurisprudence l'existence d'un préjudice pour la société. Dans ce cas, l'annulation de la résolution abusive est possible, ainsi que l'octroi de dommages et intérêts, seul envisageable en cas d'abus négatif caractérisé par l'abstention. Exceptionnellement, la dissolution de la société pour mésentente entre associés est possible. Un abus de minorité est possible et se caractérise le plus souvent par une abstention empêchant ainsi le vote d'une décision, par exemple en raison du défaut de majorité qualifiée. La sanction est l'octroi de dommages et intérêts, et la désignation judiciaire d'un mandataire est possible afin de remplacer les associés en cause lors de la prochaine assemblée générale.

C. Le droit de céder ses titres

Avant d'envisager la cession de titres, il faut préciser que l'associé ne peut malgré lui être exclu de la société s'il remplit ses obligations, sous réserve d'exceptions légales liées au redressement judiciaire de l'entreprise ou de clauses statutaires d'exclusion dans les sociétés de personne et les sociétés par actions simplifiées. L'associé ne peut pas non plus se voir imposer une augmentation des engagements souscrits à son entrée dans la société (art. 1836 C. civ.). La cession des droits sociaux est un droit essentiel de l'associé. Dans certaines sociétés, ce droit doit néanmoins être concilié avec un droit d'agrément qui peut être reconnu à la société afin de contrôler l'entrée de nouveaux associés.

II. Les dirigeants

En tant que personne morale, les sociétés sont représentées par des organes de gestion qui agissent au nom et pour le compte de la société. Les catégories de dirigeants varient selon les sociétés, et il peut s'agir de gérants, de directeurs généraux ou membres d'un directoire, ou encore de présidents.

Leurs pouvoirs à l'égard des associés sont importants car ils peuvent réaliser tout acte de gestion dans l'intérêt de la société. En revanche, certains actes ne peuvent être effectués par des dirigeants en raison de la compétence exclusive confiée par la loi à un autre organe.

Les pouvoirs des dirigeants à l'égard des tiers diffèrent selon les sociétés. Le gérant engage une société à risques illimités pour les actes conformes à l'objet social. À l'inverse, la société n'est pas tenue à l'égard du tiers si l'acte dépasse l'objet social.

Les pouvoirs du dirigeant sont plus étendus s'il s'agit d'une société à risques limités (ex : SA, SARL) qui est en principe engagée par les actes de ses dirigeants, y compris s'ils n'entrent pas dans l'objet social. La société est donc tenue à l'égard du tiers, mais elle pourra engager la responsabilité du dirigeant fautif. Néanmoins, la société n'est pas engagée en cas de connaissance par le tiers du dépassement de pouvoir ou lorsque ce tiers ne pouvait prétendre l'ignorer.

Dans certaines sociétés, il est possible de limiter le pouvoir des dirigeants en exigeant par exemple l'avis préalable de l'assemblée générale pour des actes considérés comme importants. Les clauses statutaires limitant le pouvoir des dirigeants sont inopposables aux tiers.

En contrepartie des pouvoirs qui leur sont reconnus, les dirigeants sont tenus d'un devoir de loyauté à l'égard de la société et ils engagent leur responsabilité pour les fautes commises dans le cadre de la gestion de la société. Il peut s'agir de la responsabilité civile, ou de la responsabilité pénale par exemple en cas d'abus de biens sociaux. Les actions engagées à l'encontre du dirigeant peuvent être individuelles dans le sens où elles visent la réparation d'un préjudice personnel au demandeur. Pour pouvoir engager la responsabilité du dirigeant, le tiers étranger à la société doit établir que le dirigeant a commis une faute détachable de ses fonctions qui lui soit personnellement imputable. Cette faute suppose pour la jurisprudence l'existence d'une faute intentionnelle particulièrement grave et incompatible avec l'exercice normal des fonctions sociales.

L'action en responsabilité civile peut être exercée par le biais des actions sociales qui sont possibles à l'encontre du dirigeant et visent à réparer un préjudice subi par la société. Il peut s'agir de l'action sociale *ut universi* exercée par les associés (pour la SA, voir : art. L. 225-252 C. co.), et plus rarement de l'action *ut singuli* qui est exercée par un ou plusieurs associés au nom de la société (art. 1843-5 C. civ.).

III. Les organes externes de contrôle

Il s'agit ici de professionnels extérieurs à la société qui vont contrôler les comptes sociaux et parfois la gestion.

A. Le commissaire aux comptes

Sa présence est facultative dans toutes les sociétés pour lesquelles la loi ne l'impose pas de manière impérative. Ainsi, les commissaires aux comptes sont obligatoirement présents dans toutes les sociétés par actions, sous réserve d'un régime spécial de la SAS. Pour cette dernière, la désignation d'un commissaire aux comptes est facultative, sauf si deux des seuils suivants sont dépassés : 1 million d'euros de total de bilan, 2 millions d'euros de chiffre d'affaires hors taxe, ou un nombre moyen de salariés de vingt salariés (art. L. 227-9-1 C. co). La désignation d'un commissaire aux comptes dans les SNC, SARL et les sociétés civiles est obligatoire en cas de dépassement de deux seuils parmi trois indiqués : 1 550 000 d'euros de total de bilan, 3 100 000 d'euros de chiffre d'affaires hors taxe, ou un nombre moyen de salariés de cinquante salariés (pour les SNC, art. L. 221-9 C. co. ; pour les SARL, art. L. 223-35 C. co. ; pour les sociétés civiles, art. L. 612-1 C. co.).

Cet organe de la société est nommé par les statuts ou par une décision de l'assemblée générale. Désignés pour six exercices, ils peuvent en principe être indéfiniment rééligibles.

Cet organe social est doté d'une mission de contrôle permanente des comptes sociaux. Il certifie à la clôture de chaque exercice que les comptes annuels sont réguliers et sincères et « *donnent une image fidèle du résultat des opérations de l'exercice écoulé ainsi que de la situation financière et du patrimoine de la société* » (art. L. 823-9 C. co.). Le commissaire aux comptes doit informer les dirigeants sociaux du résultat de ses contrôles et présente un rapport à l'assemblée chargée d'approuver les comptes de l'exercice. Ces missions sont renforcées dans les sociétés recourant à l'offre au public ainsi que dans les sociétés cotées.

Si cette mission permanente de contrôle est la principale mission du commissaire aux comptes, ce dernier s'est vu confier par la loi une mission d'information qui a été récemment accrue. Comme il a été précisé, le commissaire aux comptes doit informer les dirigeants du résultat de ces contrôles. Dans les sociétés anonymes, il doit être convoqué à toutes les réunions du conseil d'administration ou de l'organe compétent en matière de comptes (art. L. 823-17 C. co.). Il doit encore alerter les dirigeants de tout fait de nature à compromettre la continuité de l'exploitation (art. L. 234-1 C. co.), et il doit révéler au procureur de la République les faits délictueux dont il a connaissance (art. L. 823-12 C. co.).

Pour assurer ses missions, le commissaire aux comptes a un pouvoir de consultation étendu des documents sociaux et dispose même de pouvoirs d'investigation (art. L. 823-13 et L. 823-14 C. co.).

Les commissaires aux comptes sont tenus de devoirs et de responsabilités importantes. En cas de manquements aux règles déontologiques de sa profession, ils peuvent engager leur responsabilité disciplinaire. Par ailleurs, leur responsabilité civile peut être engagée à l'égard de la société ou des tiers, notamment pour des fautes et des négligences commises dans l'exercice de ses fonctions (art. L. 822-17 C. co.). Enfin, les commissaires aux comptes sont pénalement responsables, par exemple en cas de non-révélation au procureur de la République de faits délictueux.

B. L'expert de gestion

Parfois appelée expertise de minorité, l'expertise de gestion permet à des associés minoritaires d'obtenir des informations relatives à des opérations dont ils peuvent craindre qu'elles leur porteront préjudice. Il s'agit ainsi de prévenir des abus de majorité, et éventuellement d'obtenir des renseignements sur des opérations afin de se constituer des preuves avant d'intenter une action contre les dirigeants.

Toutefois, les conditions d'acceptation de la demande de désignation de l'expert sont strictes. En particulier, il ne s'agit pas d'exercer un contrôle sur la gestion globale de la société, mais uniquement sur certaines opérations de gestion réalisées par les organes de gestion et sur lesquelles existent des présomptions d'irrégularités.

La désignation d'un expert de gestion est possible pour les associés de certaines sociétés sous conditions. Dans les SARL, ce sont les associés détenant au moins 10 % du capital qui peuvent demander cette désignation au président du tribunal de commerce statuant en référé. Dans les SA, cette demande est possible pour les actionnaires détenant au moins 5 % du capital. D'autres personnes disposent également de ce droit : il s'agit du ministère public, du comité d'entreprise et de l'Autorité des marchés financiers (AMF) à l'égard des sociétés cotées. L'expert est alors chargé de présenter un rapport de gestion sur une ou plusieurs opérations de gestion. Le rapport d'expertise est remis au demandeur ainsi qu'au ministère public, au comité d'entreprise, au commissaire aux comptes et à l'AMF s'il s'agit d'une société cotée. Le rapport doit également être soumis à la prochaine assemblée d'associés.

Exercice 1. Commentaire d'arrêt

Sujet

Cour de cassation
Chambre commerciale
Audience publique du mardi 13 décembre 2005
N° de pourvoi : 04-11020
Non publié au *Bulletin*
Rejet
Président : M. TRICOT, président

RÉPUBLIQUE FRANÇAISE
AU NOM DU PEUPLE FRANÇAIS

Attendu, selon l'arrêt confirmatif attaqué (Lyon, 6 novembre 2003), que la société Corsim, aux droits de laquelle vient la société Sofpag, ainsi que cette dernière ont engagé en 1997 avec la société Tower Bridge, représentée par son président M. D..., des pourparlers tendant à la vente à cette dernière d'un ensemble immobilier dont elles étaient propriétaires ; qu'à cette occasion, M.M.. B... et C..., agissant en tant que mandataires de la société Tower Bridge, ont formulé des offres d'achat le 1er juillet 1997 puis le 19 novembre 1997 ;

qu'à la suite de l'acceptation de cette dernière offre, il a été établi, le 30 décembre 1997, des actes authentiques qui sont restés sans effet en raison de la non-réalisation des conditions suspensives stipulées ainsi que de l'absence de signature par certaines des parties ; que les pourparlers s'étant néanmoins poursuivis, M. E... et la société Leo inversiones corporation ont, par lettres des 20 février et 19 mars 1998, exprimé leur volonté d'effectuer le paiement du prix pour le compte de la société Tower Bridge ; qu'aucun accord n'étant en définitive intervenu, les sociétés Corsim et Sofpag ont demandé que la société Tower bridge, M. D... ainsi que divers intervenants parmi lesquels M. E... et la société Leo inversiones corporation soient condamnés à leur payer des dommages-intérêts ;

Sur le premier moyen : [...]

Et sur le second moyen :

Attendu que la société Sofpag fait encore grief à l'arrêt d'avoir rejeté sa demande de dommages-intérêts formée contre M. F... alors, selon le moyen :

1° que constitue une faute séparable des fonctions, la faute commise intentionnellement d'une particulière gravité et incompatible avec l'exercice normal des fonctions sociales ; qu'en énonçant dès lors que les fautes commises par M. D... étaient inséparables de ses fonctions sans rechercher, ainsi qu'elle y était expressément invitée, si en provoquant l'erreur de la société Sofpag, par différentes manœuvres, sur la capacité financière de la société Tower bridge, en sachant pertinemment qu'une telle société, dénuée de tout actif, ne pourrait supporter les conséquences de ses engagements, M. D... n'avait pas commis intentionnellement une faute, d'une particulière gravité, incompatible avec l'exercice normal des fonctions sociales, la cour d'appel a privé sa décision de base légale au regard des articles L. 223-22, L. 225-251 du Code de commerce, ensemble les articles 1382 et 1383 du Code civil ;

2° qu'elle faisait valoir que M. D... n'avait pas hésité à faire croire, par diverses manœuvres, au crédit de la société Tower bridge jusqu'au 10 juillet 1998 ; qu'en se bornant ainsi à énoncer, pour écarter la responsabilité personnelle de M. D..., que «la société Tower bridge avait pour objet la prise de participation dans d'autres sociétés ainsi que la gestion, le contrôle et la mise en valeur de ces participations, que la lettre d'intention adressée au conseil de l'appelante le 13 juin 1997 par M. D... ès qualités (précisait) que l'offre (était) soumise à la condition suspensive d'un accord définitif du bailleur de fonds, que le mandat confié par M. D... à M.M.. B... et C... le 1er juillet 1997 n'excédait pas l'objet social de la société Tower bridge», sans rechercher, ainsi qu'elle y était invitée, si ce dernier n'avait pas, après cet acte du 1er juillet 1997, sciemment provoqué et entretenu la croyance erronée de la société Sofpag en la solvabilité et la capacité financière de la société Tower bridge, la cour d'appel a privé sa décision de base légale au regard des articles L. 223-22, L. 225-251 du Code de commerce, ensemble les articles 1382 et 1383 du Code civil ;

Mais attendu qu'après avoir énoncé que la responsabilité d'un dirigeant ne peut être engagée à l'égard d'un tiers que s'il est démontré qu'il a commis une faute détachable de ses fonctions, l'arrêt retient, par motifs propres et adoptés, que M. F... avait agi ès qualités dans les limites de l'objet de la société Tower bridge, qu'il n'est pas démontré qu'il aurait eu un intérêt personnel à utiliser celle-ci dans un dessein illicite, que l'offre adressée à la société Sofpag faisait état de la nécessité d'un accord du bailleur de fonds et qu'ainsi cette dernière ne fait pas la preuve du caractère dolosif des agissements imputés à M. D... ; qu'en l'état de ces énonciations et constatations, d'où il ressort que M. F... n'avait pas intentionnellement commis de fautes d'une particulière gravité incompatibles avec l'exercice normal de ses fonctions, la cour d'appel, qui n'avait pas à procéder à la recherche non demandée visée par la seconde branche, a légalement justifié sa décision ; que le moyen n'est fondé en aucune de ses branches ;

PAR CES MOTIFS :

REJETTE le pourvoi [...]

Conseils pour aborder le sujet

Cette décision reprend la jurisprudence classique sur la faute détachable des fonctions du dirigeant. Le candidat devra démontrer ses connaissances et sa maîtrise du sujet dans un plan clair et complet.

Suggestion de correction (éléments)

Introduction

Lorsqu'un dirigeant commet des fautes, il peut engager sa responsabilité civile et sa responsabilité pénale envers la société ou les tiers. En l'espèce, la responsabilité civile d'un dirigeant était recherchée pour une faute qui aurait été commise dans l'administration de la société. En 1997, les sociétés Corsim et Sofpag ont engagé des pourparlers avec la société Tower Bridge représentée par son président M. D. Les pourparlers portaient sur la vente à la société Tower Bridge d'un ensemble immobilier appartenant aux sociétés Corsim et Sofpag. En 1997, des mandataires de la société Tower Bridge ont formulé des offres d'achat. L'acceptation de l'une de ces offres a conduit les parties à établir des actes authentiques qui sont restés sans effet. Les pourparlers se sont néanmoins poursuivis et en 1998, la volonté d'effectuer le paiement du prix pour le compte de la société Tower Bridge a été affirmée par M. E et la société Leo inversiones corporation, intervenant en faveur de la société par lettres.

En l'absence d'accord définitif, les sociétés Corsim et Sofpag ont demandé la condamnation de la société Tower Bridge et d'autres intervenants parmi lesquels M. E et la société Leo inversiones corporation au paiement de dommages et intérêts. En première instance et en appel, la condamnation a été prononcée, mais la société Sofpag a formé un pourvoi en cassation, notamment parce qu'elle reproche à l'arrêt d'avoir rejeté sa demande de dommages et intérêts à l'encontre de M. D., président de la société Tower Bridge.

Selon le pourvoi, une faute séparable des fonctions est la faute commise intentionnellement d'une particulière gravité et incompatible avec l'exercice normal des fonctions sociales.

La cour d'appel a énoncé que les fautes commises par M. D. étaient inséparables de ses fonctions, alors qu'elle aurait dû rechercher, si en provoquant l'erreur de la société Sofpag, par différentes manœuvres, sur la capacité financière de la société Tower bridge, en sachant pertinemment qu'une telle société, dénuée de tout actif, ne pourrait supporter les conséquences de ses engagements, M. D... n'avait pas commis intentionnellement une faute, d'une particulière gravité, incompatible avec l'exercice normal des fonctions sociales. Le pourvoi considère en conséquence que la cour d'appel a privé sa décision de base légale au regard des articles L. 223-22, L. 225-251 du Code de commerce, et des articles 1382 et 1383 du Code civil. Par ailleurs, le pourvoi précise que M. D. n'avait pas hésité à faire croire, par diverses manœuvres, au crédit de la société Tower bridge jusqu'au 10 juillet 1998. Or, la cour d'appel s'est contentée d'énoncer que « *la société Tower bridge avait pour objet la prise de participation dans d'autres sociétés ainsi que la gestion, le contrôle et la mise en valeur de ces participations, que la lettre d'intention adressée au conseil de l'appelante le 13 juin 1997 par M. D... ès qualités (précisait) que l'offre (était) soumise à la condition suspensive d'un accord définitif du bailleur de fonds, que le mandat confié par M. D... à M.M.. B... et C... le 1er juillet 1997 n'excédait pas l'objet social de la société Tower bridge* ». La cour d'appel a donc écarté la responsabilité personnelle de M. D. Selon le pourvoi, la cour aurait dû rechercher si M. D. n'avait pas, après cet acte du 1er juillet 1997, sciemment provoqué et entretenu la croyance erronée de la société Sofpag en la solvabilité et la capacité financière de la société Tower bridge. Ainsi, la cour d'appel a privé sa décision de base légale au regard des articles L. 223-22, L. 225-251 du Code de commerce, et des articles 1382 et 1383 du Code civil.

Le problème de droit consistait à déterminer l'éventuelle responsabilité personnelle du dirigeant social à l'égard d'une société victime d'une rupture de négociations contractuelles menées avec la société de ce dirigeant. Plus précisément, le dirigeant peut-il être responsable de l'échec des négociations contractuelles portant sur l'acquisition d'un important bien immobilier, alors même que la société qu'il engage dans ces pourparlers était dépourvue de capacité financière ? La responsabilité du dirigeant n'est pas retenue. La Cour de cassation approuve la cour d'appel en ce qu'elle a énoncé que la responsabilité d'un dirigeant ne peut être engagée à l'égard d'un tiers que s'il est démontré qu'il a commis une faute détachable de ses fonctions. La cour d'appel a bien considéré que M. D. avait agi *ès* qualités dans les limites de l'objet de la société Tower bridge, qu'il n'est pas démontré qu'il aurait eu un intérêt personnel à utiliser celle-ci dans un dessein illicite, que l'offre adressée à la société Sofpag faisait état de la nécessité d'un accord du bailleur de fonds et qu'ainsi cette dernière ne fait pas la preuve du caractère dolosif des agissements imputés à M. D. En conséquence, parce que M. D. n'avait pas intentionnellement commis de fautes d'une particulière gravité incompatibles avec l'exercice normal de ses fonctions, la cour d'appel a légalement justifié sa décision. Ainsi est réaffirmé le principe d'une responsabilité personnelle exceptionnelle du dirigeant (I), dont l'arrêt fait une application stricte (II).

I. Une responsabilité personnelle exceptionnelle du dirigeant

Parce que le dirigeant agit au nom et pour le compte de la société qu'il représente, sa responsabilité civile ne peut en principe être engagée grâce à l'écran de la personnalité morale de la société (A). Cette responsabilité personnelle du dirigeant de société est limitée au cas de faute séparable des fonctions (B).

A. Le principe d'exclusion de la responsabilité personnelle

Le rôle du dirigeant est de diriger et de représenter la société et il ne répond de ses fautes en principe qu'à l'égard de la société. Les négociations menées par le président de la société et les actes qu'il a accomplis dans le cadre de ces pourparlers ne peuvent pas en principe engager sa responsabilité civile personnelle à l'égard des tiers. La personnalité morale de la société s'interpose pour protéger les dirigeants. Cette protection paraît indispensable lorsque les dirigeants agissent dans la limite des pouvoirs qui leur sont conférés. Cependant, les dirigeants ne peuvent bénéficier d'une impunité absolue et leur responsabilité peut être engagée en cas de faute détachable des fonctions.

B. L'exception jurisprudentielle : la faute détachable des fonctions

La responsabilité civile délictuelle personnelle du dirigeant peut être engagée sur le fondement des articles 1382 et 1383 du Code civil. L'arrêt de principe rendu par la chambre commerciale de la Cour de cassation le 20 mai 2003 a précisé les conditions de la responsabilité personnelle du dirigeant. Ainsi, le dirigeant doit avoir commis une faute séparable de ses fonctions qui est entendue comme une faute d'une particulière gravité incompatible avec l'exercice normal des fonctions sociales.

II. Une stricte application de la responsabilité personnelle du dirigeant

Selon l'arrêt, les conditions de mise en œuvre de la responsabilité du dirigeant ne sont pas remplies (A), et cette appréciation qui conduit à l'immunité du dirigeant était souhaitable en l'espèce (B).

A. Les conditions de mise en œuvre écartées

Une faute intentionnelle est exigée du dirigeant qui soit une faute grave et incompatible avec l'exercice normal de ses fonctions. Telles sont les trois conditions exigées désormais par la jurisprudence pour caractériser la faute détachable des fonctions. En l'espèce, la cour d'appel n'a pas considéré que les conditions de la faute détachable des fonctions étaient réunies. En effet, elle a relevé que le dirigeant a agi dans les limites de l'objet de la société. Par ailleurs, il n'est pas prouvé que le dirigeant aurait eu un intérêt personnel à utiliser celle-ci dans un dessein illicite. Enfin, l'offre adressée par la société mentionnait la nécessité d'un accord du bailleur de fonds s'agissant de la réalisation de l'acquisition.

La Cour de cassation approuve cette analyse excluant la qualification de la faute détachable des fonctions : le comportement du dirigeant ne correspond pas aux conditions jurisprudentielles exigées pour la mise en œuvre de sa responsabilité personnelle. Une telle solution qui retient une stricte définition de la faute détachable doit être appréciée.

B. Appréciation de la décision : une immunité souhaitable en l'espèce

En écartant la faute détachable du dirigeant, l'arrêt le protège contre l'action de la victime. Le dirigeant n'a pas à craindre les conséquences de l'échec des négociations, et seule la responsabilité de la société peut être engagée, à charge pour cette dernière de se retourner ensuite le cas échéant contre son dirigeant. La société étant visiblement insolvable, la victime a cherché à engager la responsabilité de son dirigeant. On ne peut que se réjouir de voir la jurisprudence limiter la responsabilité personnelle du dirigeant à l'égard des tiers.

Exercice 2. Cas pratique

Sujet

La société Papayo est spécialisée dans l'organisation de repas de fêtes et l'activité de traiteur. Il s'agit d'une société constituée il y a une dizaine d'années par des membres d'une même famille, la famille Papayo, puis des amis de la famille ont rejoint également la société, parmi lesquels David.

Lors d'une assemblée générale tenue le mois dernier, David a été démis de sa fonction d'administrateur à la suite d'une violente dispute qu'il a eue pendant cette assemblée avec un membre de la famille Papayo. À la suite de cette révocation, Bruno Papayo, le président du conseil d'administration, a fait afficher plusieurs messages dans les locaux de la société à l'attention du personnel indiquant d'une part que David n'était plus admis à pénétrer dans les locaux de l'entreprise, et d'autre part que la fin des fonctions de David était une excellente nouvelle pour la société qui se débarrassait ainsi d'un tyran. David envisage de demander l'annulation de la délibération de l'assemblée générale ayant prononcé cette révocation.

Bruno Papayo perçoit au titre de sa qualité de président du conseil d'administration une rémunération que l'un des actionnaires estime excessive, notamment parce qu'elle est proportionnelle au chiffre d'affaires de la société. Cet actionnaire veut proposer à la prochaine assemblée générale une limitation de cette rémunération. Cette demande a-t-elle des chances d'aboutir ?

Enfin, Alain Papayo, qui est le frère de Bruno, est le responsable commercial de la société depuis sa création. À la suite des bouleversements récents au sein du conseil d'administration, Alain Papayo vient d'être nommé administrateur depuis le début du mois.

Quel est votre avis sur les situations respectives de David, de Bruno et d'Alain ?

Conseils pour aborder le sujet

La formulation de la question qui demande l'avis du candidat est imprécise et suppose de bien identifier les problèmes soulevés par le sujet. Une fois les problèmes déterminés, une bonne connaissance du droit des sociétés est requise ainsi que de la jurisprudence.

Suggestion de correction

La situation de David :

La révocation de David est intervenue au cours de l'assemblée générale durant laquelle David a eu une violente dispute avec un membre de la famille Papayo.

Selon l'article L. 225-18 du Code de commerce, les administrateurs dans les SA peuvent être révoqués à tout moment par l'assemblée générale ordinaire. Ainsi la révocation de David pouvait-elle intervenir à tout moment en raison du principe de révocation *ad nutum*. L'assemblée générale peut décider de cette révocation à tout moment, sans avoir à fournir un motif et sans avoir à indemniser l'administrateur révoqué. La révocation n'a pas à être justifiée et constitue un pouvoir en quelque sorte discrétionnaire de l'assemblée générale. L'assemblée générale pouvait donc librement adopter cette délibération qui n'avait pas à être mentionné dans l'ordre du jour (art. L. 225-105 al. 3 C. co.). À ce titre, la révocation est régulière et ne pourrait être annulée que si la décision a été prise dans des conditions irrégulières, ce que l'absence de précision de l'énoncé ne permet pas de déterminer.

Si la révocation ne peut être annulée, elle peut néanmoins donner lieu à l'obtention de dommages et intérêts lorsqu'elle a été accompagnée de circonstances vexatoires, brutales ou injurieuses, et que ces éléments portent une atteinte injustifiée à la réputation de l'administrateur révoqué. Sur le fondement des articles 1382 et 1383 du Code civil, la révocation pourrait être jugée abusive en raison des circonstances de cette décision.

La révocation a été suivie d'un affichage par Bruno Papayo, le président du conseil d'administration, dans les locaux de la société à l'attention du personnel. La publicité donnée à la décision par la mention de l'interdiction de pénétrer dans les locaux de l'entreprise, et le fait de qualifier cette décision d'excellente nouvelle pour la société et de traiter David de tyran semblent bien constituer une faute en raison de ces circonstances vexatoires. En outre, le caractère brutal de la révocation en raison de la rapidité à laquelle elle s'est déroulée conforte le caractère fautif de ces circonstances. Par ailleurs, la jurisprudence s'assure, en cas de révocation d'un administrateur, du respect des droits de la défense et spécialement du principe du contradictoire. Or, David n'a pas été averti et n'a pas pu présenter correctement ses observations. Aussi peut-il invoquer la violation du principe du contradictoire et obtenir l'octroi de dommages et intérêts au titre de la réparation du préjudice subi. Par conséquent, David ne pourra pas obtenir l'annulation de la révocation mais des dommages et intérêts en raison des circonstances qui entourent sa révocation.

La situation de Bruno :

La rémunération de son président est fixée par le conseil d'administration (art. L. 225-47 al. 1er C. co.). Cette rémunération spéciale en tant que président du conseil d'administration relève de la compétence exclusive du conseil. Cette rémunération n'entre pas dans le domaine des conventions réglementées passées entre les dirigeants et la société, et n'a donc pas à être approuvée de manière préalable par l'assemblée générale des actionnaires.

La société Papayo étant une société anonyme fermée, la rémunération n'a pas à être indiquée dans un rapport de gestion dressé par le conseil d'administration à l'attention des actionnaires, comme c'est le cas dans les sociétés anonymes faisant appel aux marchés.

La rémunération du président peut être fixe ou proportionnelle au chiffre d'affaires ou aux bénéfices.

Par conséquent, l'actionnaire ne peut pas proposer une limitation de la rémunération à l'assemblée générale, puisque la détermination de cette rétribution relève de la compétence exclusive du conseil d'administration. Le caractère proportionnel de cette rémunération est licite et aucun seuil n'est imposé légalement pour sa fixation.

La seule possibilité serait pour les actionnaires minoritaires d'invoquer un abus de majorité si cette rémunération était véritablement excessive au regard des résultats de la société. Dans ce cas exceptionnel, la délibération du conseil pourrait être annulée. Toutefois, en l'espèce, il ne semble pas possible de remettre en cause la rémunération de Bruno.

La proposition de l'actionnaire visant à une limitation de cette rémunération n'a pas de chances d'aboutir.

La situation d'Alain :

Alain Papayo, responsable commercial de la société depuis sa création, vient d'être nommé administrateur depuis le début du mois. L'assemblée générale peut à tout moment procéder au remplacement des administrateurs révoqués (art. L. 225-105 al. 1er C. co.).

La difficulté est ici de déterminer si la qualité de salarié de la société peut être cumulée avec celle d'administrateur. Or, selon l'article L. 225-22 al. 1er du Code de commerce, « *un salarié de la société ne peut être nommé administrateur que si son contrat de travail correspond à un emploi effectif. Il ne perd pas le bénéfice de ce contrat de travail. Toute nomination intervenue en violation des dispositions du présent alinéa est nulle. Cette nullité n'entraîne pas celle des délibérations auxquelles a pris part l'administrateur irrégulièrement nommé* ». La possibilité de cumuler les deux statuts est soumise à la condition d'antériorité du contrat de travail par rapport à la fonction d'administrateur, ainsi qu'à la condition d'effectivité du contrat de travail. Alain est salarié depuis la création de la société, soit une dizaine d'années. Il vient d'être nommé administrateur en début de mois. Sa qualité de salarié est donc antérieure à sa nomination en tant qu'administrateur. S'agissant de l'effectivité de son emploi, il a la qualité de responsable commercial de la société, ce qui semble bien correspondre à la seconde exigence. Toutefois, par effectivité de l'emploi, on exige également l'effectivité du lien de subordination d'Alain. La difficulté peut alors provenir des relations familiales caractérisant les membres de cette société, Alain étant le frère du président du conseil d'administration. À défaut de précision contraire, si Alain est soumis au lien de subordination qui caractérise le contrat de travail, ce contrat peut être valablement cumulé avec ses fonctions d'administrateur dès lors qu'il exerce des fonctions techniques différentes de ses fonctions d'administrateur et qu'il bénéficie de rémunérations distinctes.

Exercice 3. Exposé oral

Sujet

La cession des actions par les associés dune société anonyme fermée

Conseils pour aborder le sujet

Le sujet est exigeant car il suppose la mobilisation de connaissances sur un thème technique, et la bonne organisation de ces connaissances dans un plan cohérent.

Suggestion de correction

Introduction

Un associé a-t-il le droit de quitter librement la société en cédant ses actions ? Les droits sociaux, que ce soient des actions ou des parts sociales, font partie du patrimoine de l'associé. Par conséquent, le droit de céder ses droits sociaux constitue une prérogative importante pour tout associé. Par cette transmission à un tiers des titres de la société, la cession opère un transfert de la qualité d'associé à un tiers et elle modifie par conséquent la composition de l'actionnariat. Or, la société peut avoir intérêt à contrôler l'entrée de nouveaux associés dans le capital social en filtrant les opérations de cession de titres.

Ainsi, deux intérêts s'affrontent entre d'une part l'intérêt de l'associé qui suppose la libre négociabilité de son titre et celui de la société qui suppose un contrôle des membres du pacte social. La cession des droits sociaux est soumise à des règles différentes selon les catégories de sociétés. Dans les sociétés émettant des parts sociales, l'agrément du cessionnaire est systématique, alors que dans la société anonyme fermée, ce mécanisme de contrôle du cessionnaire peut simplement être utilisé, les actions étant des titres en principe librement négociables. Dans une société anonyme dite fermée, il n'existe pas depuis l'ordonnance du 22 janvier 2009 de recours à l'offre au public de titres financiers, ni à l'admission de titres financiers aux négociations sur un marché réglementé. Avant 2009, ces sociétés étaient désignées comme faisant ou pas appel public à l'épargne. Dans ces sociétés anonymes fermées, la libre négociabilité est le principe mais il est possible de prendre en considération la personne du nouvel associé en introduisant des restrictions aux opérations de cession des actions. À ce titre, même si l'associé ne doit pas être prisonnier de la société, des clauses restrictives sont admises, et la société se voit accorder le pouvoir d'agréer le cessionnaire des titres. Par conséquent, si la libre négociabilité des actions est un principe fondamental (I), il est néanmoins possible d'imposer des limites à la liberté de cession des actions (II).

I. Le principe de libre négociabilité des actions

Après avoir rappelé la teneur du principe (A), ses modalités et ses effets seront précisés (B).

A. La liberté de cession

L'actionnaire de la société anonyme est en principe libre de céder ses actions en tout ou partie lorsqu'il le souhaite. La patrimonialité des actions implique au profit de l'associé la liberté de céder ses actions. Il a le droit de disposer librement de ses actions en vertu du principe de la liberté contractuelle. Ce droit de retrait de l'associé est consacré par l'article 1869 du Code civil.

Comme toute cession, la cession d'actions est soumise au droit commun des obligations, et doit pour être valable répondre aux conditions de formation de tout contrat de vente. Cette cession est qualifiée d'acte civil, sous réserve d'une cession de contrôle de la société qui confère en principe un caractère commercial à cet acte.

B. Les modalités et les effets de la cession

En matière de cession d'actions, l'une des principales difficultés consiste à fixer le prix de la cession. Selon l'article 1843-4 du Code civil, en cas de contestation sur la valeur des droits sociaux, celle-ci est déterminée par un expert qui peut être désigné par les parties ou par le président du tribunal. Le transfert des actions est réalisé en vertu des formes commerciales de cession et n'est pas soumis au droit civil de la cession de créance.

En tant que cédant, l'associé qui cède ses actions est tenu de la garantie des vices cachés (art. 1641 C. civ.), ainsi que de la garantie d'éviction. Cette garantie d'éviction du fait personnel du cédant peut se révéler très utile car elle empêche le cédant de concurrencer son ancienne société. Les parties peuvent en outre convenir dans l'acte de cession d'une clause de non-concurrence à la charge du cédant qui permet de préciser l'engagement de non-concurrence du cédant. Enfin, les parties peuvent par ailleurs prévoir dans l'acte de cession une clause de garantie du passif qui permet d'éviter au cessionnaire d'être responsable de dettes sociales antérieures à la cession.

Malgré le principe de la libre négociabilité des actions, des restrictions à ce principe sont possibles qui restreignent la faculté pour l'actionnaire de céder ses actions.

II. Les limites à la libre négociabilité des actions

Des mécanismes statutaires peuvent être instaurés et peuvent prendre plusieurs formes dont la principale est la procédure d'agrément (A). Les effets d'une telle procédure seront ensuite exposés (B).

A. La forme de la limitation à la libre négociabilité

Des clauses statutaires ou conventionnelles peuvent restreindre la libre cession des droits sociaux afin de permettre à la société d'exercer un contrôle quant à l'accès de nouveaux actionnaires dans la société anonyme. Les clauses d'agrément peuvent ou non être combinées avec des clauses de préemption dont l'effet est l'attribution à des bénéficiaires déterminés des actions dont la cession n'a pas été agréée. Par ailleurs, les clauses d'inaliénabilité peuvent interdire temporairement l'aliénation des droits sociaux. La loi elle-même prévoit parfois une telle inaliénabilité, comme par exemple à l'égard des titres détenus par des dirigeants de la société lorsque celle-ci est redressement judiciaire (art. L. 631-10 C. co.). En dehors des cas légaux, la stipulation conventionnelle de cette clause souscrite par un actionnaire dans une société anonyme fermée est possible à certaines conditions. En effet, la clause est valable lorsqu'elle est temporaire et justifiée par un intérêt sérieux et légitime et sa durée doit être limitée, conformément à l'article 900-1 du Code civil. La liberté de l'actionnaire peut donc être considérablement restreinte s'agissant de son droit à disposer de ses actions.

De manière fréquente sont insérées dans les statuts des clauses d'agrément. De telles clauses ne peuvent intervenir que dans certaines relations et ne peuvent concerner que des cessions à des tiers ou entre actionnaires. En vertu de l'article L. 228-23 du Code de commerce, « *cette clause est écartée en cas de succession, de liquidation du régime matrimonial ou de cession, soit à un conjoint, soit à un ascendant ou à un descendant* ».

La demande d'agrément est soumise à un certain formalisme et comporte un certain nombre de mentions parmi lesquelles le prix de la cession projetée. Le projet de cession doit être notifié à la société et aux associés. Une assemblée générale doit statuer sur la demande d'agrément.

B. Les effets de la limitation

La décision d'octroi d'agrément ou de refus d'agrément est délivrée par l'organe compétent qui est en principe l'assemblée générale des actionnaires. L'agrément peut être donné de manière expresse ou tacite. Le refus doit faire l'objet d'une décision expresse et notifiée dans le délai maximum de trois mois suivant la notification du projet de cession. Le refus est une décision de l'assemblée générale qui n'a pas à être motivée.

Le refus d'agrément du cessionnaire proposé par l'associé contraint la société à proposer au cédant une autre solution. Il s'agit notamment de faire acquérir les titres par un autre actionnaire ou par un tiers dans les trois mois de la notification du refus, voire pour la société à acquérir elle-même les titres. Le cédant peut néanmoins refuser de céder ses titres à la société et dispose dans tous les cas d'un droit de rétractation lui permettant de renoncer au projet de cession.

Thème 9 Les instruments de paiement et de crédit

Bibliographie

C. Gavalda et J. Stoufflet, *Instruments de paiement et de crédit*, Litec 7e éd. 2009. M. Cabrillac, « Chèque », *Rép. com.* Dalloz 2004.

Y. Chaput et M.-N. Schödermeier, *Effets de commerce, chèques et instruments de paiement*, PUF, coll. « Droit fondamental », 2e éd. 1998.

G. Ripert et R. Roblot, *Traité de droit commercial*, t. II par Ph. Delebecque et M. Germain, LGDJ 17e éd. 2004.

Rappel de cours

De manière large, les instruments de crédit et de paiement visent à faciliter le financement des opérations commerciales et à simplifier le paiement des sommes d'argent. Si certains instruments de crédit peuvent être utilisés comme instruments de paiement, les instruments de paiement ne peuvent pas en principe permettre de mobiliser des créances. Afin d'examiner ces moyens, nous envisagerons tout d'abord les instruments de crédit (I), puis les instruments de paiement (II).

I. Les instruments de crédit

Afin de s'accorder du crédit à court terme, les entreprises ont recours aux effets de commerce qui ont été définis comme des titres négociables qui constatent l'existence au profit du porteur d'une créance à court terme et sert à son paiement. Parmi les effets de commerce figurent notamment la lettre de change (A), le billet à ordre (B). À titre de moyen de crédit, les entreprises peuvent également utiliser le mécanisme très courant de la cession de créances professionnelles appelé le bordereau Dailly (C).

A. La lettre de change

La lettre de change constitue à la fois un instrument de crédit et de paiement. En effet, elle permet le crédit dit fournisseur par le jeu du délai à court terme octroyé pour le paiement de l'effet au client. À son échéance, elle est alors un moyen de paiement.

La lettre de change est un écrit par lequel une personne appelée le tireur, donne l'ordre à une autre personne appelée le tiré, de payer une somme à une échéance à une tierce personne qui est le bénéficiaire ou encore le porteur de la lettre de change. Le tiré exécute l'ordre car il est le débiteur du tireur. En effet, l'existence de la lettre de change est fondée sur celle du rapport fondamental qui est constitué par la dette due par le tiré au tireur.

La lettre de change est un acte de commerce par la forme, aussi tout signataire quelle que soit sa qualité doit avoir la capacité commerciale. Il s'agit d'un acte très formaliste soumis à de nombreuses règles concernant sa validité. La lettre de change doit comporter des mentions obligatoires (art. L. 511-1 C. co), à savoir la dénomination de lettre de change, le mandat pur et simple de payer une somme déterminée, la date et le lieu de paiement, le nom du tiré, celui du bénéficiaire, la date et le lieu de création et la signature du tireur. Le défaut de mentions obligatoires remet en cause l'existence de la lettre de change sous réserve d'une possible régularisation. Des mentions peuvent être portées à titre facultatif et concernent l'acceptation, la domiciliation, la clause sans frais, la clause sans protêt, ou encore l'aval. En tant qu'acte juridique, la lettre de change doit répondre à des conditions de fond telles que le consentement, la capacité commerciale ainsi que les pouvoirs.

Parmi les conditions de fond figure également la provision. Il s'agit de la créance du tireur sur le tiré et elle doit exister au jour du paiement de la lettre de change. Si la provision n'existe pas lors de l'échéance, il s'agit d'un effet de complaisance dès que les parties savaient lors de la création de l'effet que la provision n'existerait pas. La provision doit être en principe constituée par le tireur.

La lettre de change peut faire l'objet d'une acceptation par le tiré qui s'engage alors à payer au porteur le montant de la lettre de change à son échéance. L'engagement souscrit par le tiré accepteur devient de nature cambiaire et le tiré devient alors le débiteur principal de l'effet. L'acceptation fait présumer l'existence de la provision et renforce les droits du porteur sur la provision.

La lettre de change peut circuler par le biais de l'endossement qui est le plus souvent un endossement transférant le droit de propriété appelé endossement translatif. L'endossement peut être réalisé à titre de procuration afin que la lettre de change soit remise à un tiers endossataire pour qu'il reçoive le paiement pour le compte de l'endosseur. Enfin, l'endossement pignoratif de la lettre de change consiste pour l'endosseur à mettre en gage la lettre de change au profit de l'endossataire.

Au jour de l'échéance, le dernier porteur doit présenter la lettre de change au tiré afin d'en obtenir le paiement. Aucune opposition au paiement n'est possible. Lorsque le tiré a payé, la dette cambiaire est éteinte et les autres signataires de la lettre de change se trouvent également libérés. Pour renforcer la garantie de paiement, un aval peut être donné pour garantir à son échéance le paiement de la lettre de change. Il s'agit d'une sorte de cautionnement appliqué à la lettre de change mais qui constitue un engagement cambiaire.

En cas de non-paiement de la lettre de change, le porteur doit accomplir une procédure particulière et faire dresser un protêt par un officier public : il s'agit de la constatation du défaut de paiement ou du paiement partiel du montant de la lettre de change du tiré. La lettre de change peut toutefois être stipulée sans protêt ou sans frais, ce qui dispense alors le porteur de faire dresser le protêt. Le porteur non payé par le tiré agira en justice pour obtenir son paiement contre les autres signataires de la lettre de change qui sont tenus solidairement.

Il existe par ailleurs la lettre de change relevé dont l'avantage est d'être transmis par voie informatique.

B. Le billet à ordre

Par cet effet de commerce, une personne appelée le souscripteur s'engage à payer une somme déterminée à une échéance fixée à une autre personne appelée le bénéficiaire, ou à son ordre. Le billet à ordre répond à des règles spécifiques (art. L. 512-1 et s. C. co), ainsi qu'à de nombreuses règles concernant la lettre de change. Comme la lettre de change, le billet à ordre doit comporter des mentions obligatoires. Le caractère juridique de ce titre dépend de la nature de la créance qui est l'objet du rapport fondamental : il sera civil s'il concerne une dette civile ou commercial dans le cas inverse. À l'inverse de la lettre de change, il n'existe pas de provision puisque le souscripteur du titre assume à la fois les qualités de tireur et de tiré. En conséquence, le mécanisme de l'acceptation n'existe pas non plus. Cet effet de commerce est susceptible de circuler par l'endossement. La présentation du titre au paiement et les conséquences du défaut de paiement sont similaires à celle de la lettre de change.

Il existe une forme particulière de billet à ordre appelé le warrant dont l'utilisation est moins courante. Le paiement de ce titre est garanti par un gage sur les biens mobiliers du débiteur. Plusieurs catégories de warrants existent, et il est possible de distinguer les warrants avec dépossession dans les magasins généraux et les warrants sans dépossession qui concernent des secteurs très variés.

C. La cession de créances professionnelles

Si les entreprises peuvent obtenir du crédit à court terme par le biais de l'escompte de la lettre de change, un autre moyen existe au travers la cession de créances professionnelles qui peut être utilisée également à titre de nantissement. Cette cession permet de céder plusieurs créances en échappant au mécanisme contraignant de la cession de créance de l'article 1690 du Code civil.

La cession de créances professionnelles appelée bordereau Dailly est une technique de mobilisation de créances professionnelles réservée aux professionnels (art. L. 313-23 et s du CMF). Ainsi, un professionnel cède à un établissement de crédit des créances détenues sur un autre professionnel qui ne sont pas nécessairement arrivées à échéance. Moyennant une commission, l'établissement de crédit avance l'argent au cédant et devient propriétaire des créances qui lui ont été cédées (art. L. 313-24 CMF). Cette cession est formalisée par un écrit qui comporte des mentions obligatoires parmi lesquelles figurent la signature du cédant ainsi que l'identification des créances cédées ou nanties portées sur le bordereau. L'utilisation de cette technique n'est possible que pour l'activité professionnelle du cédant qu'il soit une personne physique dans le cadre de son activité professionnelle ou une personne morale. Le cessionnaire est nécessairement un établissement de crédit, et les créances visées ont pour chaque partie un caractère professionnel.

La cession n'est pas souvent notifiée aux créanciers cédés, et le recouvrement de la créance peut même être effectué par le cédant mandaté par le cessionnaire. La banque peut également demander directement au débiteur le paiement. L'acceptation de la cession peut être demandée au débiteur cédé, et en cas d'acceptation le débiteur ne pourra pas opposer des exceptions liées au contrat initial.

Un autre instrument de crédit doit être mentionné. Il s'agit de l'affacturage qui est un contrat par lequel une entreprise appelée factor achète des créances détenues par une entreprise. Moyennant une commission, le factor assume le risque de recouvrement de ces créances, alors que l'entreprise cédante est payée de manière certaine par le factor. En pratique, ce procédé est le plus souvent fondé sur le mécanisme de la subrogation conventionnelle.

II. Les instruments de paiement

Selon l'article L. 311-3 du Code monétaire et financier, « *sont considérés comme moyens de paiement tous les instruments qui permettent à une personne de transférer des fonds, quel que soit le support ou le procédé technique utilisé* ».

Si le chèque (A) a longtemps été le principal instrument de paiement, la carte bancaire (B) connaît un important succès. En outre, de nouveaux moyens dématérialisés de paiement tels que le virement et ses dérivés (C) sont de plus en plus utilisés.

A. Le chèque

Il s'agit d'un titre par lequel le tireur donne l'ordre à la banque appelée le tiré de payer à vue une somme déterminée à une autre personne appelée le porteur. L'ouverture d'un compte bancaire est nécessaire pour recourir à ce mode de paiement. Le chèque est un titre écrit et le tireur utilisera les formules de chèque transmises par son banquier qui peut imposer dans la convention de compte leur utilisation. Le chèque contient plusieurs mentions obligatoires (art. L. 131-2 CMF) à défaut desquelles le titre ne vaut pas chèque. La provision doit exister lors de la création du chèque : le tireur doit avoir les fonds correspondants à sa disposition sur le compte tenu par le tiré. À défaut, le chèque est émis sans provision, et le tireur peut être interdit d'émettre des chèques en l'absence de régularisation de sa situation par le banquier.

Le chèque est payable à vue dès son émission, ce qui rend sa circulation par voie d'endossement assez peu fréquente. L'encaissement du chèque éteint la créance, ce qui suppose la présentation au paiement du chèque dans un délai de huit jours en principe.

Le tiré peut refuser de payer dans des conditions strictement encadrées, telles que l'opposition ou en cas de défaut d'approvisionnement du compte du tireur. Dans ce dernier cas, le porteur du chèque doit faire dresser un protêt afin de pouvoir exercer les recours cambiaires.

Il existe plusieurs types de chèques aujourd'hui. Le chèque de banque est tiré par le banquier sur lui-même afin que le débiteur le remette à son créancier. L'argent du débiteur aura préalablement été viré sur un compte de la banque. Le chèque est certifié lorsque le banquier bloque la provision pendant un délai au profit du porteur titulaire du compte.

B. La carte bancaire

Son importance est devenue fondamentale, et elle peut être définie comme une carte délivrée par un établissement de crédit pour retirer et transférer des fonds. Seule la carte de paiement permet de transférer des fonds, à l'inverse de la carte de retrait.

La carte bancaire est fondée sur deux contrats que sont le contrat porteur et le contrat fournisseur. Le contrat porteur entre le banquier émetteur et le client fixe les conditions dans lesquelles le client ordonne le paiement ou le retrait à la banque et pose le droit pour la banque de débiter son compte pour les ordres émanant du client. Le contrat fournisseur lie le banquier émetteur au commerçant créancier payé avec la carte bancaire : ce contrat pose l'acceptation par ce commerçant du paiement par carte et les conditions dans lesquelles le commerçant va utiliser les diverses données dont la carte est le support. Il s'agit pour le commerçant d'adhérer à un groupement carte bancaire.

Le paiement au moyen d'une carte est soumis à une obligation de signature, laquelle peut prendre une forme manuscrite ou celle d'un numéro de code.

Des abus nombreux existent en matière de carte bancaire, et le droit pénal sanctionne ces dérives, notamment par des incriminations de vol, d'abus de confiance, de détournement ou encore d'escroquerie.

C. Le virement et ses dérivés

Si le développement du virement a été conforté par l'informatisation du système bancaire, le virement a été adopté pour des utilisations nouvelles.

Le virement constitue un transfert de fonds d'un compte vers un autre par un simple jeu d'écritures. Le virement est analysé comme une remise de monnaie scripturale. Il implique un ordre donné par le titulaire du compte à son banquier au vu du transfert de fonds, et cet ordre de virement est constitutif d'un mandat. Le banquier pourrait suspendre l'opération en cas d'insuffisance de fonds sur le compte à débiter. L'exécution du virement suppose ensuite l'acceptation de l'opération par son bénéficiaire, mais cette acceptation est le plus souvent tacite et se manifeste par le silence gardé lors de la réception du relevé de compte par le bénéficiaire. L'exécution suppose que le compte du donneur d'ordre soit débité du montant du virement, alors que le compte du bénéficiaire est corrélativement crédité de ce montant.

Les dérivés du virement sont de nouveaux instruments de paiement parmi lesquels on peut citer le titre interbancaire de paiement (TIP). Lors de l'envoi d'une facture, le créancier adresse à son débiteur un écrit détachable qui constitue le titre interbancaire de paiement. Le débiteur doit le signer et il doit le retourner au centre de traitement indiqué en y joignant un relevé d'identité bancaire. Il s'agit d'un ordre de virement du compte bancaire désigné par le débiteur qui sera débité à chaque échéance mentionnée sur le titre.

On peut également citer l'avis de prélèvement. Ce procédé constitue une autorisation permanente de paiement qui lie un débiteur à un créancier pour des créances régulières, telles que celles concernant par exemple des abonnements à EDF-GDF, à des contrats d'accès à l'internet ou encore à des contrats relatifs à la téléphonie mobile.

Exercice 1. Commentaire d'arrêt

Sujet

Cour de cassation
Chambre commerciale
28 octobre 2008
Cassation – renvoi Lyon
N° 07-18.818
Publié au *Bulletin*
Mme Favre, Président

RÉPUBLIQUE FRANÇAISE
AU NOM DU PEUPLE FRANÇAIS

Sur le moyen unique :

Vu les articles 1147 et 1992 du code civil, ensemble les articles L. 131-19 et suivants du code monétaire et financier ;

Attendu, selon l'arrêt attaqué, que M. X…, qui a vendu son véhicule par internet, l'a remis à son acquéreur, après avoir obtenu confirmation de la caisse régionale du crédit agricole mutuel Centre France (la caisse), en interrogeant son serveur vocal, que son compte bancaire ouvert dans les livres de cette dernière était crédité du montant du prix de la vente ; que la somme n'ayant cependant pas été inscrite au compte à la suite du virement promis par l'acheteur mais du dépôt d'un chèque, crédité en compte sous réserve d'encaissement, la caisse en a contre-passé le montant au débit du compte de son client, lorsque ce chèque est revenu impayé ;
Attendu que, pour rejeter la demande de M. X… tendant à voir condamner la caisse à réparer le préjudice, l'arrêt retient que recevant un chèque, endossé, dans l'agence de M. X…, la caisse n'était pas tenue, dans le cadre d'un fonctionnement normal du système des dépôts «libre service» de vérifier autrement la signature de l'endossement, dès lors qu'en toute hypothèse le crédit du chèque au compte de M. X… était sous réserve d'encaissement et qu'un tel crédit est nécessairement provisoire et menacé d'une contre-passation ;
Attendu qu'en statuant ainsi, alors que le banquier récepteur, chargé de l'encaissement d'un chèque, est tenu de vérifier la régularité apparente de l'endos apposé sur le titre, la cour d'appel a violé les textes susvisés ;

PAR CES MOTIFS :

CASSE ET ANNULE […].

Conseils pour aborder le sujet

La difficulté du sujet est sa technicité, et une bonne analyse de la décision est fondamentale pour permettre un bon commentaire. Le candidat doit faire appel à des connaissances sur le droit positif du chèque afin de nourrir cette décision ciblée de la Cour de cassation.

Suggestion de correction

Introduction

L'arrêt de cassation rendu par la Cour de cassation le 28 octobre 2008 prend position sur la question des obligations et de la responsabilité d'une banque recevant un chèque aux fins d'encaissement.

En l'espèce, un particulier avait vendu un véhicule d'occasion sur internet et est victime à cette occasion d'une escroquerie. La livraison du véhicule avait visiblement été subordonnée au fait que le prix de vente soit crédité sur le compte du vendeur. Le vendeur interroge par le biais d'un serveur vocal sa banque, et obtient la confirmation que son compte bancaire a bien été crédité du montant du prix de la vente. Le vendeur ainsi confiant remet le bien à l'acquéreur. Pourtant, la somme créditée sur son compte ne l'a pas été comme convenu avec l'acheteur par voie de virement, mais grâce au dépôt d'un chèque dans l'agence bancaire du vendeur. Il apparaît que l'acquéreur a procédé au dépôt d'un chèque en libre-service dans cette agence bancaire après avoir l'avoir lui-même signé aux fins d'endossement à la place du vendeur. Aussi, la somme créditée par la banque en vertu du chèque déposé l'était sous réserve d'encaissement. En conséquence, lorsque le chèque est revenu impayé, la banque a procédé à la contre-passation du montant au débit du compte de son client. Le vendeur agit alors en responsabilité civile pour faute commise lors de l'encaissement du chèque contre la banque afin d'obtenir la réparation de son préjudice.

La cour d'appel rejeta sa demande visant à la condamnation de la banque à réparer le préjudice découlant de son comportement fautif. Selon la cour d'appel, « [...] *la caisse n'était pas tenue, dans le cadre d'un fonctionnement normal du système des dépôts* «libre service» *de vérifier autrement la signature de l'endossement, dès lors qu'en toute hypothèse le crédit du chèque au compte de M. X... était sous réserve d'encaissement et qu'un tel crédit est nécessairement provisoire et menacé d'une contre-passation* ». Le vendeur forma un pourvoi en cassation.

La question posée à la Cour de cassation était de déterminer la portée des obligations du banquier encaisseur d'un chèque et de savoir jusqu'à quel point la banque est tenue de vérifier la régularité apparente du titre et notamment de l'endossement. La chambre commerciale de la Cour de cassation casse l'arrêt d'appel au visa des articles 1147 et 1992 du Code civil, ainsi que des articles L. 131-19 et suivants du Code monétaire et financier. Elle considère « *qu'en statuant ainsi, alors que le banquier récepteur chargé de l'encaissement d'un chèque, est tenu de vérifier la régularité apparente de l'endos apposé sur le titre, la cour d'appel a violé les textes susvisés* ». Cet arrêt illustre une jurisprudence constante qui met à la charge du banquier tiré une vérification de la régularité apparente du chèque, mais son intérêt réside dans son application à un contexte original. Par cet arrêt, un devoir de vigilance du banquier est consacré (I), ce qui permet d'engager facilement sa responsabilité en cas de défaut de vérification (II).

I. La consécration du devoir de vigilance du banquier encaisseur

Le banquier récepteur du chèque est chargé de procéder à l'encaissement de ce chèque (A) et il est investi d'un devoir de vérification du titre transmis (B).

A. Le rôle du banquier récepteur chargé de l'encaissement

En vertu d'un mandat d'encaissement convenu à l'ouverture du compte, le banquier procède à l'encaissement et à la présentation au paiement des chèques reçus par son client. Or l'encaissement d'un chèque suppose pour le bénéficiaire de l'endosser et d'apposer sa signature au dos du titre. La décision précise les règles relatives aux devoirs du banquier qui reçoit un chèque pour l'encaissement. Il doit préalablement vérifier la régularité apparente de l'endossement avant de procéder à l'inscription en compte.

En effet, ce contrôle permet de filtrer les paiements au profit du remettant et de s'assurer qu'il a bien acquiescé à cette remise. La banque en l'espèce n'a procédé à aucun contrôle de l'endos, or la signature avait été contrefaite. La banque a crédité le compte de son client, ce qui a fait croire à ce dernier que le paiement du bien était effectivement réalisé. En effet, l'escroquerie a été basée sur le fait que la consultation de son compte par le vendeur de la voiture est intervenue après l'opération de crédit de son compte par la banque, mais avant la contre-passation. Mais la somme n'a été portée qu'à titre provisoire sur son compte jusqu'à la contre-passation de la banque. En effet, si l'inscription en compte devrait en principe être postérieure à l'encaissement du chèque, la pratique est toute autre. En général, l'inscription en compte est réalisée dès la remise du chèque. Ce n'est qu'en cas de chèque impayé que le banquier va alors procéder au remboursement de la somme créditée par une contre-passation. L'encaissement ayant échoué, la banque a contre-passé la somme créditée. Pour la cour d'appel, le crédit était porté au compte du client sous réserve de l'encaissement, aussi la responsabilité de la banque ne peut être retenue : « *un tel crédit est nécessairement provisoire et menacé d'une contre-passation* ». Cependant, le rôle joué par le banquier lors de la remise du chèque est loin d'être limité pour la Cour de cassation.

B. Le contenu du devoir du banquier récepteur chargé de l'encaissement

De manière générale, l'endossement d'un chèque implique la remise du titre ainsi que l'apposition de la mention d'endos. Or, l'élément essentiel de cet endos réside dans la signature de l'endosseur, et le chèque litigieux qui avait été volé comportait une signature d'endos contrefaite par l'acheteur. La question est alors de déterminer quel est l'objet du contrôle effectué par le banquier lors de la remise du chèque. L'article L. 131-19 du Code monétaire et financier ne vise pas expressément le contrôle de la signature de l'endosseur, pas plus que les autres dispositions du Code monétaire et financier mentionnées dans le visa de la décision. Si le droit du chèque n'impose pas cette obligation précise de vérification, la Cour de cassation considère que ce contrôle doit porter sur la régularité apparente de l'endos apposé sur le titre, ce qui implique le contrôle de la signature de l'endossement.

La vérification de la régularité formelle du titre et, spécialement, de la signature du remettant, doit permettre à la banque d'établir qu'il s'agit bien d'un porteur légitime du chèque endossable (art. L. 131-22 CMF) : une personne autre que le titulaire du compte ne doit pas pouvoir créditer le compte. Ainsi, la banque aurait dû comparer la signature de l'endosseur à celle de la personne titulaire du compte au crédit duquel le montant du chèque allait être porté. Cette anomalie non décelée permet alors de constater la faute commise par la banque tirée et d'engager sa responsabilité.

II. La responsabilité du banquier en présence de moyens modernes de traitement du chèque

La question peu fréquente de la régularité de la signature de l'endosseur du chèque conduit à admettre la responsabilité contractuelle de la banque (A), et cette décision mérite l'approbation par le devoir de vigilance qu'elle maintient à l'égard de la banque (B).

A. Une responsabilité contractuelle

En matière de chèque volé ou falsifié, la responsabilité invoquée à l'égard de la banque tirée est souvent de nature délictuelle. En effet, c'est souvent la victime du vol du chèque qui agira pour défaut de vigilance de la banque présentant un tel chèque au paiement. En l'espèce, le contentieux oppose le vendeur du véhicule qui est le titulaire du compte à sa propre banque sur le terrain du mandat inclus dans la convention de compte. La responsabilité invoquée est donc de nature contractuelle et le visa se réfère aux articles 1147 et 1992 du Code civil.

La responsabilité n'est pas écartée du fait du libre-service contrairement à ce que la cour d'appel a considéré. Cette dernière a relevé que le mode de traitement du chèque par le dépôt en libre-service ne permet pas à la banque de vérifier la signature litigieuse, et elle avait exclu de ce fait tout devoir à la charge de la banque. Cette motivation n'a pas convaincu la Cour de cassation. Il faut rappeler que classiquement, le traitement informatique ou automatisé du chèque ne permet pas aux banques de s'exonérer de leur responsabilité. Pour la Cour de cassation, la banque a procédé elle-même à la mise en place de ces procédés de dépôt en libre-service et doit en assumer les risques. La position de la Cour de cassation ne remet pas en cause la contre-passation réalisée par la banque mais conduira à l'allocation au profit du client de dommages et intérêts.

B. Une décision convaincante

Cette décision doit être approuvée dans la mesure où elle permet de protéger le client par le recours au droit bancaire en mettant à la charge de la banque les risques présentés par les procédures de traitement qu'elle a elle-même mise en place. Les instruments bancaires modernes ne doivent pas être utilisés aux dépens du client, qu'il s'agisse d'un serveur vocal ou d'un dépôt en libre-service de chèques.

La modernisation du système bancaire n'empêche pas la reconnaissance à la charge de la banque de son devoir de diligence et de contrôle. Quel que soit le procédé, la banque ne peut pas passer outre des vérifications élémentaires, et comme en l'espèce se contenter de vérifier qu'une signature figurait au verso du chèque sans vérifier que la signature de l'endosseur et du bénéficiaire correspondent. Ainsi, en présence d'une anomalie apparente, les modes modernes de traitement du chèque ne doivent pas conduire à l'exonération de la responsabilité du tiré en matière de paiement d'un chèque. Les avantages et les contraintes économiques ont incité les banquiers à moderniser le traitement des diverses opérations bancaires, ce qui a conduit à alléger voire à diminuer considérablement les vérifications auxquelles ils sont tenus. L'adoption de moyens modernes de traitement du chèque ne dispense pas les banques de leurs obligations lors de la remise d'un chèque. Si la modernité est source de contentieux en matière de chèques, les risques de fraude doivent être assumés par les banques notamment en termes de responsabilité civile.

Exercice 2. Cas pratique

Sujet

La SAS L'auto vend des pièces automobiles détachées à des garagistes. La société L'auto a remis à sa banque Banknet une lettre de change à échéance du 30 novembre 2009 d'un montant de 3 000 euros acceptée par la SARL Réparetout cliente de L'Auto. La lettre de change n'a pas été payée à la banque : la société Réparetout a refusé de payer la banque Banknet en invoquant un important retard de livraison de la SAS. Ce refus de paiement de la lettre de change par la société Réparetout est-il possible ? Le cas échéant, Banknet dispose-t-elle de recours ?

Touché par la crise financière, Bernard le dirigeant de la société L'auto souhaite demander à son cousin qui gère la SELARL Atoutconnaissance de constituer une lettre de change afin de lui permettre de bénéficier de facilités de trésorerie auprès de sa banque. Qu'en pensez-vous ?

La SELARL Atoutconnaissance est spécialisée dans l'enseignement et les stages de formation et elle vient de décrocher de gros contrats avec plusieurs entreprises de la région. La clientèle de la société est néanmoins variée car elle comporte de nombreux particuliers et notamment des lycéens. La SELARL Atoutconnaissance a besoin de financer l'achat de nouveaux bureaux et envisage de céder les créances qu'elle détient sur ces clients à sa banque Bancorama. La société Atoutconnaissance peut-elle recourir à un bordereau Dailly ?

L'un des clients pose des difficultés à la société Atoutconnaissance : le client a en effet souscrit pour son personnel un important contrat de formation avec Atoutconnaissance dont le paiement devait être effectué par deux chèques distincts. Les parties s'étaient entendues pour que le premier chèque qui vient d'être émis ne soit encaissé qu'au cours du prochain mois. Mais en besoin de liquidités, la société Atoutconnaissance vient de remettre le chèque pour encaissement à sa banque avant la date convenue. Le client menace de faire opposition au second chèque qu'il a transmis en début de semaine à la société Atoutconnaissance.

Bernard vient d'être alerté par son banquier d'un nombre important d'achats réalisés sur internet avec sa carte bancaire. En effet, depuis plusieurs jours, des achats sont facturés sur son compte de dépôt alors que Bernard est toujours en possession de sa carte bancaire. Que doit-il faire ?

Conseils pour aborder le sujet

Le cas pratique est constitué par une succession de questions auxquelles il convient de répondre dans l'ordre proposé. L'élaboration d'un plan est inutile, mais il faut veiller à structurer les réponses apportées à chaque question.

Suggestion de correction

La SARL Réparetout a refusé de payer la lettre de change que lui a présentée la banque Banknet en raison d'un important retard de livraison de la SAS L'auto à sa cliente. Ce refus de paiement de la lettre de change par la société Réparetout est-il possible ? Il est indispensable de rappeler que la société Réparetout a accepté la lettre de change. Or, selon l'article L. 511-19 du Code de commerce, « *par l'acceptation, le tiré s'oblige à payer la lettre de change à l'échéance* ». La société s'est engagée à payer et cet engagement cambiaire est autonome par rapport au rapport fondamental : en conséquence, le tiré accepteur ne peut invoquer les exceptions liées au rapport fondamental et consistant dans une mauvaise exécution du contrat par la SAS L'auto, notamment du fait de l'important retard de livraison.

Les raisons qui auraient pu être utilisées sur le terrain extra-cambiaire ne peuvent l'être à l'égard du porteur de bonne foi qu'est en l'espèce Banknet : par l'acceptation, le tiré est devenu le débiteur principal de la lettre de change et est soumis à la rigueur du droit cambiaire.

La banque dispose de recours spécifiques en tant que porteur de la lettre de change. Selon l'alinéa 2 de cet article L. 511-19 du Code de commerce, « *à défaut de paiement, le porteur, même s'il est le tireur, a contre l'accepteur une action directe résultant de la lettre de change pour tout ce qui peut être exigé en vertu des articles L. 511-45 et L. 511-46* ». Toutefois, si Banknet veut engager une action en paiement de la lettre de change, elle doit respecter une procédure et faire dresser un protêt pour défaut de paiement. Il s'agit de faire constater de manière officielle le refus de paiement du tiré. Banknet peut être dispensée de cette procédure dans le cas où la lettre de change est stipulée sans frais ou toute clause équivalente, et dans l'hypothèse où un protêt a déjà été dressé pour le défaut d'acceptation du tiré (art. L. 511-39 C. co.). Dans la mesure où Banknet aura été un porteur diligent, elle peut demander le paiement de manière amiable, puis par voie judiciaire si c'est nécessaire. L'action peut être exercée à l'encontre du tiré mais également du tireur ou de toute autre personne ayant participé à cet effet, en raison de la solidarité des signataires de la lettre de change (art. L. 511-44 C. co.). L'absence d'ordre à respecter quant à l'action en paiement permet au porteur de choisir le signataire qui apparaît comme étant le plus solvable. Celui qui aura payé Banknet pourra exercer une action récursoire pour être remboursé contre les signataires qui sont ses propres garants. L'action judiciaire doit être portée devant le tribunal de commerce, car la lettre de change constitue un acte de commerce entre toute personne (art. L. 110-1 10 °C. co.). L'action exercée contre l'accepteur se prescrit pas trois ans à compter de l'échéance de l'effet (art. L. 511-78 C. co.).

Bernard le dirigeant de la société L'auto souhaite demander à son cousin qui gère la SELARL Atoutconnaissance de constituer une lettre de change afin de lui permettre de bénéficier de facilités de trésorerie auprès de sa banque.

L'objectif de création de cette lettre de change réside dans la volonté de tromper le banquier escompteur sur la relation entre les signataires de la lettre de change, car il ne semble pas exister de cause réelle est sérieuse à sa création. Or, la cause de l'obligation cambiaire est la créance fondamentale existant entre le tireur et le tiré, et à défaut de laquelle l'effet est nul de nullité absolue. En l'espèce, il s'agit pour la société L'auto, en difficultés financières, d'émettre une lettre de change que la SELARL Atoutconnaissance signera en tant que tiré accepteur, étant précisé que l'effet ne sera pas présenté à l'échéance. La SELARL Atoutconnaissance n'aura donc pas à payer à l'échéance de la lettre de change. Autrement dit, si la SELARL Atoutconnaissance accepte ce montage, on sera en présence d'un effet de complaisance qui est notamment sanctionné par la nullité (art. 1131 C. civ.). Il est préférable que Bernard recherche un autre mode de financement à court terme qui soit moins risqué.

La SELARL Atoutconnaissance envisage de céder les créances qu'elle détient sur ces clients à sa banque Bancorama. La SELARL peut-elle recourir au bordereau Dailly ?

Si le bordereau Dailly paraît adapté au besoin de financement de la SELARL, des conditions de fond doivent être remplies pour pouvoir utiliser cette technique. Selon l'alinéa premier de l'article L. 313-23 du Code monétaire et financier, « *tout crédit qu'un établissement de crédit consent à une personne morale de droit privé ou de droit public, ou à une personne physique dans l'exercice par celle-ci de son activité professionnelle, peut donner lieu au profit de cet établissement, par la seule remise d'un bordereau, à la cession ou au nantissement par le bénéficiaire du crédit, de toute créance que celui-ci peut détenir sur un tiers, personne morale de droit public ou de droit privé ou personne physique dans l'exercice par celle-ci de son activité professionnelle* ». La cédante est une SELARL et donc une personne morale de droit privé, et la banque Bancorama cessionnaire est bien un établissement de crédit.

Les débiteurs cédés doivent être au sens large des professionnels, car la loi exclut les non-professionnels de la cession de créances professionnelles. La nature des créances cédées semble *a priori* répondre aux exigences légales. Elles sont intervenues à l'occasion de l'activité professionnelle de la SELARL puisqu'il s'agit de créances résultant de contrats passés avec plusieurs entreprises de la région ou avec des particuliers. Pour autant, les créances détenues à l'encontre de particuliers ne pourront pas faire l'objet d'une cession : le mécanisme de cession des créances professionnelles ne porte pas sur des créances détenues à l'égard de consommateurs pour lesquels la créance n'a pas une nature professionnelle.

En revanche, les caractères de ces créances professionnelles cédées ainsi que leur origine sont largement admis, notamment parce qu'il peut s'agir de créances liquides et exigibles, et même à terme. Cela peut également concerner des créances « *résultant d'un acte déjà intervenu ou à intervenir mais dont le montant et l'exigibilité ne sont pas encore déterminés* » (art. L. 313-23 CMF). La société Atoutconnaissance peut donc recourir à cette technique et elle devra être attentive au formalisme de l'acte de cession des créances professionnelles lequel doit comporter des mentions obligatoires pour être valable (art. L. 313-23 CMF).

La société Atoutconnaissance avait convenu avec un client de n'encaisser le chèque récemment émis qu'au mois prochain. Mais la société Atoutconnaissance a remis le chèque pour encaissement à sa banque avant la date convenue.

Le chèque est un titre payable à vue qui peut être présenté au paiement dès son émission. Selon l'article L. 131-32 du Code monétaire et financier, le chèque émis doit être présenté au paiement dans le délai de huit jours. Cependant, le tiré doit payer le chèque après l'expiration du délai de huit jours (art. L. 131-35 CMF), la limite étant alors la prescription d'un an qui court à compter de la fin du délai de présentation (art. L. 131-59 al. 2 CMF). Aussi, il n'existe aucun obstacle à la présentation par la société Atoutconnaissance du chèque puisqu'étant payable à vue, le chèque peut être présenté au paiement dès son émission. On peut même préciser que la date d'émission mentionnée par les parties sur le chèque est indifférente : si les parties l'ont postdaté en février conformément à leur accord, cela n'empêche pas non plus la présentation au paiement par le porteur du chèque. Le chèque régulièrement présenté doit être payé par le tiré à condition que la provision soit suffisante. On peut craindre que l'accord passé par les parties n'ait eu pour but de laisser du temps au tireur pour constituer sa provision, aussi le chèque ne pourra peut-être pas être réglé.

Le client menace de faire opposition au second chèque qu'il a transmis en début de semaine à la société Atoutconnaissance. Cette mesure de rétorsion consiste pour le client à interdire le paiement du chèque à sa banque au profit de la société Atoutconnaissance. La provision est ainsi immobilisée dans les mains du tiré. Cette possibilité doit rester exceptionnelle et les cas d'opposition sont limitativement énumérés par l'article L. 131-35 du Code monétaire et financier. Cette disposition vise le cas de la perte, du vol, de l'utilisation frauduleuse, de sauvegarde, de redressement ou de liquidation judiciaire du porteur. L'opposition envisagée par le client ne correspond pas à l'une des hypothèses légales et devrait être considérée comme illicite. Aussi, le juge des référés pourrait ordonner la mainlevée de l'opposition fondée sur une cause non visée par la loi et d'importantes sanctions pénales sont prévues pour cette hypothèse. Par conséquent, la société Atoutconnaissance pourrait avertir son client que s'il met sa menace à exécution, il encourt un emprisonnement de cinq ans et une amende de 375 000 euros (art. L. 163-2 CMF).

Bernard est confronté à des achats importants réalisés sur internet avec sa carte bancaire alors qu'il est toujours en possession de sa carte bancaire. Que doit-il faire ?

Le législateur a prévu un cas d'opposition spécifique en cas d'utilisation frauduleuse sans dépossession de la carte (art. L. 132-2 CMF). En effet, la particularité des paiements réalisés sur internet est qu'étant faits à distance, ils ne nécessitent pas bien sûr l'utilisation physique de la carte ni la saisie du code confidentiel. Bernard doit donc procéder à cette opposition de la carte bancaire du fait de l'utilisation frauduleuse de données de sa carte bancaire par un tiers afin de les rendre inefficaces. Bernard ne peut voir sa responsabilité engagée en tant que titulaire de la carte : dans la mesure où il est en possession de sa carte bancaire, l'utilisation frauduleuse a été effectuée à distance sans le support physique de sa carte (art. L. 132-4 CMF). Bernard doit déposer une réclamation écrite pour contester les opérations frauduleuses réalisées avec sa carte bancaire dans le délai de 70 jours à compter de la date de l'opération contestée : les sommes contestées lui seront recréditées sur son compte ou restituées sans frais, et l'émetteur de la carte prendra en charge la totalité des frais bancaires que Bernard aura supportés (art. L. 132-4 *in fine* et L. 132-5 CMF). Les sommes contestées ainsi que les frais corrélatifs sont remboursés au plus tard dans le mois suivant la réception de la contestation. Bernard devra déposer une plainte en justice et le tiers utilisateur des données de sa carte bancaire peut être poursuivi sur le fondement du droit commun pour vol, escroquerie ou encore abus de confiance selon les faits. Des sanctions pénales existent à l'égard des utilisations frauduleuses spécifiques en matière de carte de paiement (art. L. 163-4 CMF et suivants). Ces sanctions prévoient un emprisonnement de sept ans et une amende de 750 000 euros comme en matière de chèque.

Exercice 3. Exposé oral

Sujet

La situation du porteur au regard du droit cambiaire en cas de non-paiement de la lettre de change.

Conseils pour aborder le sujet

Le sujet est particulièrement technique et nécessite des connaissances précises. De nombreux éléments peuvent être exposés mais tout ne pourra pas être dit. Il faut donc sélectionner les règles les plus essentielles pour construire l'exposé.

Suggestion de correction

Le règlement de la lettre de change est un moment crucial. En effet, la lettre de change est le titre remis par le tireur au porteur afin que ce dernier se fasse payer une somme d'argent par un tiré, à moins qu'il ne préfère transmettre à son tour le titre à une autre personne appelée l'endossataire. C'est l'existence d'un rapport fondamental qui justifie la création de la lettre de change. Le tireur est le créancier du tiré et cette créance est appelée provision. Le tireur remet la lettre de change à un bénéficiaire appelé également porteur en raison d'une créance détenue par le bénéficiaire à l'égard du tireur. La prestation du bénéficiaire à l'égard du tireur s'appelle la valeur fournie. Ainsi, la lettre de change va créer des rapports cambiaires entre les signataires du titre, alors que des rapports fondamentaux découlant de contrats existent également entre ces personnes.

Lorsque le tiré refuse de payer le montant de la lettre de change, le porteur a alors la possibilité d'agir contre les autres signataires qui sont tenus solidairement au paiement de la traite. La situation du porteur non payé au regard du droit cambiaire est largement caractérisée par ce système des recours cambiaires. Toutefois, en cas de non-paiement de la lettre de change, le porteur a également une obligation d'information des garants à respecter dans l'hypothèse d'un endossement de la lettre de change. Par l'endossement, la traite est transmise par le bénéficiaire appelé endosseur à une autre personne appelée l'endossataire qui devient le porteur de la lettre de change. Dans ce cas de transfert de la lettre de change, une formalité particulière d'avis au garant est imposée au porteur en cas de non-paiement afin d'informer au plus vite les garants. Le porteur doit donner avis du défaut de paiement à son endosseur dans le délai de 4 jours ouvrables suivants le protêt ou la présentation au paiement. L'endosseur prévenu doit à son tour prévenir son propre endosseur dans les deux jours de l'avis, et cette procédure d'avis doit remonter jusqu'au tireur (art. L. 511-42 C. co.). En cas de non-respect de cette procédure d'avis de non-paiement, la responsabilité civile est engagée mais une clause de non-responsabilité peut être prévue par les parties.

Lorsqu'il n'est pas payé à l'échéance par le tiré, le porteur de la lettre de change peut exercer des recours cambiaires. L'exercice des recours cambiaires (II) suppose l'accomplissement de strictes formalités à la charge du porteur (I).

I. Les formalités à la charge du porteur : la constatation du défaut de paiement

Il existe une procédure obligatoire en principe consistant à faire dresser un protêt, mais en pratique de nombreuses exceptions permettent de s'en affranchir.

A. L'obligation de dresser protêt

Selon l'article L. 511-39 du Code de commerce, le refus de paiement doit être constaté par un acte authentique dénommé protêt faute de paiement. Le demandeur fait constater par un notaire ou le plus souvent par un huissier le refus du tiré de payer la lettre de change qui lui est présentée (art. L. 551-52 C. co.). L'existence du protêt a un effet probatoire. L'accomplissement de cette procédure atteste de la diligence du porteur qui ne pourra pas être qualifié de négligent : le porteur a bien présenté au tiré le titre au paiement le jour de son échéance. Par ailleurs, par la publicité organisée auprès du greffe du tribunal de commerce, le protêt permet une information à l'égard des tiers en les avertissant des difficultés financières du tiré.

L'établissement du protêt suppose le respect de règles strictes. Des délais doivent tout d'abord être respectés pour dresser protêt. S'agissant des lettres de change payables à jour fixe ou à un certain délai de date ou de vue, le protêt doit être dressé dans les deux jours ouvrables qui suivent le jour où la lettre de change est payable. Pour une lettre de change payable à vue, le protêt doit être dressé dans l'année de l'émission de l'effet.

Le protêt est dressé au lieu mentionné sur la lettre de change où devait s'effectuer le paiement. Il est possible de prévoir une clause de domiciliation afin de faire dresser le cas échéant le protêt chez le domiciliataire.

L'acte de protêt doit comporter des mentions obligatoires parmi lesquelles la transcription littérale de la lettre de change, des endossements et la sommation de payer (art. L. 511-53 C. co.). Les mentions essentielles sont nécessaires pour la validité du titre, et en leur absence, la sanction est la nullité du protêt. L'officier public qui dresse l'acte doit en laisser copie au débiteur et il doit procéder à l'enregistrement du protêt dans le mois de son établissement.

Des mesures de publicité sont ensuite nécessaires concernant les lettres de change acceptées aux fins d'information des tiers. Ainsi, deux copies du protêt doivent être transmises au greffe du tribunal de commerce dans les quinze jours de la date du protêt. En effet, un registre nominatif des protêts est tenu par chaque greffe de tribunal de commerce et toute personne peut obtenir un extrait de l'état nominatif des protêts. La radiation du registre est possible à condition pour le débiteur de remettre la lettre de change ainsi qu'une quittance du paiement. Une autre publicité intervient à l'égard du défaut de paiement de la lettre de change d'un montant égal ou supérieur à 1 600 euros : ce sont les établissements de crédit qui doivent procéder à cette déclaration sur un fichier des incidents de paiement tenu par la Banque de France.

Selon l'article L. 511-54 du Code de commerce, « *nul acte de la part du porteur de la lettre de change ne peut suppléer l'acte de protêt* [...] ». Cependant, le protêt est un acte onéreux et formaliste, aussi est-il rarement dressé en pratique à la faveur des nombreuses exceptions.

B. La dispense de protêt

Il existe des exceptions à l'obligation de faire dresser un protêt pour le porteur de la lettre de change.

Parmi les exceptions légales, trois cas sont concernés. Ainsi, selon l'alinéa 4 de l'article L. 511-39 du Code de commerce, « *le protêt faute d'acceptation dispense de la présentation au paiement et du protêt faute de paiement* ». Ce même article L. 511-39 *in fine* vise l'hypothèse du redressement ou de la liquidation judiciaire du tiré accepteur ou non, et du tireur d'une lettre de change non acceptable. Dans ces cas, le porteur peut exercer ses recours cambiaires sans avoir à dresser protêt sur le seul fondement du jugement déclaratif d'ouverture. Enfin, le dernier cas de dispense légale de protêt réside dans la survenance d'un cas de force majeure. Si l'événement de force majeure persiste plus de trente jours après l'échéance, les recours peuvent être exercés sans que la présentation ni la confection d'un protêt soient exigées (art. L. 511-50 al. 4 C. co.).

Des exceptions conventionnelles permettent par ailleurs de s'affranchir de l'obligation de dresser un protêt par une simple mention apposée sur la lettre de change en cas de non-paiement du titre. Sur la lettre de change sera stipulée la mention « *sans protêt* », « *sans frais* », « *retour sans frais* » ou toute autre clause équivalente. Ces clauses sont fréquemment prévues, notamment les lettres de change relevé. Cette possibilité de dispense conventionnelle est expressément prévue par l'article L. 511-43 du Code de commerce. Ce dernier précise que la « *clause ne dispense pas le porteur de la présentation de la lettre de change dans les délais prescrits ni des avis à donner* ». La clause peut être insérée par tout signataire de la lettre de change, et les effets de la dispense varient selon la qualité de celui qui l'a inscrite. Ce n'est que lorsque le tireur l'aura inscrite qu'elle s'applique à l'égard de tous les signataires. En revanche, si la clause est inscrite par un endosseur, son effet est limité à celui-ci, ce qui rend le protêt toujours nécessaire à l'égard des recours contre les autres signataires.

Par conséquent, la mention dispensant de la confection de protêt évite de considérer le porteur négligent. En l'absence d'exception légale ou conventionnelle, si le porteur ne respecte pas son obligation de dresser protêt, il est qualifié de porteur négligent. Parce qu'il n'a pas accompli ses obligations, les conséquences sont lourdes et consistent en la déchéance de la plupart de ses recours cambiaires (art. L. 511-49 C. co.). Le porteur diligent qui a procédé à la confection du protêt bénéficiera des recours cambiaires.

II. L'exercice des recours cambiaires

Les formes de ces recours cambiaires doivent être envisagées (A) avant d'exposer les délais de prescription dans lesquels ces actions doivent être exercées (B).

A. Les formes des recours cambiaires

Le titulaire de ces recours est le porteur qualifié de diligent, c'est-à-dire celui qui a présenté la lettre de change au paiement et qui a fait établir le protêt dans les délais. Selon l'alinéa premier de l'article L. 511-44 du Code de commerce, « *tous ceux qui ont tiré, accepté, endossé ou avalisé une lettre de change sont tenus solidairement envers le porteur* ». Les recours cambiaires découlent de la solidarité existant entre les signataires de la lettre de change. Le porteur diligent a donc la possibilité d'agir contre un seul signataire, plusieurs ou contre l'ensemble des signataires antérieurs de la lettre de change. La qualité du signataire actionné est indifférente et celui qui paiera la lettre de change pourra ensuite exercer une action récursoire à l'encontre d'un signataire antérieur. Le signataire qui paye devient le porteur de la lettre de change et il peut agir en remboursement contre ses garants.

Le recours intervient à l'échéance, mais il peut intervenir de manière anticipée pour plusieurs motifs, comme par exemple le refus d'acceptation de la part du tiré (art. L. 511-38 C. co.).

Les modalités varient selon les recours, mais il est fréquent d'obtenir un règlement amiable de la lettre de change par le signataire actionné en paiement. À défaut de paiement volontaire, l'action judiciaire sera engagée devant le tribunal de commerce dont la détermination géographique résulte des règles classiques des articles 42 du Code de procédure civile, sous réserve d'une clause attributive de compétence. Plusieurs formes de recours judiciaires peuvent être exercées par le demandeur : ainsi, le porteur peut utiliser la procédure d'injonction de payer (art. 1405 CPC), ou agir en référé (art. 873 al. 2 CPC). Le recours peut simplement consister en une contre-passation lorsque le porteur est le banquier escompteur et l'endosseur le client titulaire d'un compte-courant chez ce banquier.

Le recours porte sur le montant de la lettre de change et les intérêts éventuellement prévus, mais également sur les intérêts au taux légal depuis l'échéance et tous les frais (art. L. 511-45 C. co.). Le Code de commerce prévoit également l'objet des sommes demandées par l'action récursoire (art. L. 511-45 C. co.).

B. Les délais de prescription des actions cambiaires

Le droit cambiaire est caractérisé par sa rigueur, notamment en termes de délais. Le porteur impayé à l'échéance doit agir rapidement, sinon il sera supposé se désintéresser de l'effet.

Ces délais courts sont précisés par l'article L. 511-78 du Code de commerce qui en prévoit trois en fonction des actions exercées. Le délai est de trois ans pour les actions à l'encontre du tiré accepteur à compter de l'échéance de la lettre de change. Les actions du porteur contre les endosseurs et contre le tireur se prescrivent par un an à partir du protêt ou de l'échéance. Les actions récursoires des endosseurs entre eux ou contre le tireur se prescrivent par six mois. Le délai de prescription de l'action exercée contre un avaliseur dépend du délai appliqué à la personne qu'il garantit, ce qui varie selon sa qualité.

Les délais prévus peuvent subir des interruptions, notamment pour cause d'exercice d'une action en justice, ou en raison d'une reconnaissance de dette par acte séparé (art. L. 511-78 al. 4 C. co.).

La prescription des actions cambiaires n'empêche pas d'agir sur le terrain des actions résultant du rapport fondamental. Les actions extra-cambiaires restent ouvertes en cas de prescription de l'action cambiaire, mais aussi pour d'autres raisons comme à l'égard du tiré non-accepteur qui n'est pas engagé d'un point de vue cambiaire. Ainsi, le porteur pourrait agir contre le tiré en paiement de la créance de la provision. Par ailleurs, le porteur bénéficie d'une action contre son endosseur en raison de la relation contractuelle qui les lie.

En cas de non-paiement à l'échéance, le porteur peut bénéficier de recours cambiaires et extra-cambiaires, les recours cambiaires ayant l'intérêt de faire bénéficier le porteur de bonne foi de l'inopposabilité des exceptions. Le droit cambiaire est un droit rigoureux et formaliste, et cela se vérifie à propos de la situation du porteur impayé de la lettre de change.

Thème 10 Les entreprises en difficulté

Bibliographie

F. Macorig-Venier et C. Saint-Alary-Houin, « Les créanciers dans l'ordonnance n° 2008-1345 du 18 décembre 2008 portant réforme du droit des entreprises en difficulté », *Procédures collectives* 2009, n° 1, p. 65.

C. Mascala, « Le nouveau régime des sanctions dans la loi de sauvegarde des entreprises », *RTDCom.* 2006, p. 209.

M.-H. Monsérié, « Aperçu sur les apports récents de la confrontation du droit des procédures collectives et du droit des obligations », in *Prospectives du droit économique, Dialogue avec Michel Jeantin*, Dalloz 1999, p. 429.

Ph. Petel, « Le nouveau droit des entreprises en difficulté : acte II », *JCP Ent.* 2009, 1049.

F. Perochon, « Procédures collectives et cautionnement », *Droit et patrimoine* 2008, n° 172, p. 77.

A.-S. Texier et E. Russo, « Le nouveau droit des entreprises en difficulté après l'ordonnance du 18 décembre 2008 et son décret d'application du 12 février 2009 », *LPA* n° 43, 2 mars 2009, p. 3.

J. Vallansan, « Réforme de la loi de sauvegarde : précisions apportées par le décret d'application », *Procédures collectives* mars-avril 2009, étude 5, p. 12.

Rappel de cours

Longtemps conçu comme une sanction du commerçant défaillant, le droit des entreprises en difficulté a fait l'objet de nombreuses réformes depuis 1967 et surtout depuis les lois du 1er mars 1984 relative à la prévention et au règlement amiable des difficultés des entreprises et du 25 janvier 1985 relative au redressement et à la liquidation judiciaires des entreprises. Afin d'améliorer le traitement des difficultés des entreprises, le législateur a procédé à des remaniements, notamment avec la loi du 10 juin 1994, et plus récemment avec la loi du 26 juillet 2005 dite de sauvegarde des entreprises. Des modifications ont encore été apportées par l'ordonnance du 18 décembre 2008 qui a fait l'objet d'un décret d'application du 12 février 2009.

Le législateur considère que l'efficacité du traitement des difficultés suppose un traitement le plus tôt possible et consacre des mesures préalables de traitement non judiciaire des difficultés (I). Néanmoins, l'ouverture d'une procédure collective judiciaire sera souvent nécessaire et conduit à une procédure de sauvegarde de l'entreprise (II), de redressement judiciaire (III) ou de liquidation judiciaire (IV).

En outre, des responsabilités sont susceptibles d'être mises en cause et des sanctions prononcées (V).

I. Les mesures de traitement non judiciaires des difficultés

Il s'agit d'intervenir le plus rapidement possible afin de résoudre les difficultés de l'entreprise.

En droit français, l'État et les collectivités publiques interviennent sous diverses modalités pour apporter des aides aux entreprises en difficulté et il existe plusieurs comités d'aide à l'entreprise. Par ailleurs, il existe une prévention des difficultés des entreprises qui se base sur plusieurs éléments. Cette prévention est fondée sur l'information prévisionnelle qui est due par les grandes entreprises (art. R. 232-2 C. co. : 300 salariés ou 18 millions d'euros de CA hors taxes). La prévention se fonde par ailleurs sur le contrôle comptable qui est une source de renseignements sur les difficultés rencontrées par les entreprises. Les groupements de prévention agréés fournissent à leurs adhérents des informations sur les difficultés existant dans l'entreprise. En fonction de la taille de la société, l'intervention d'un commissaire aux comptes est obligatoire et permet de mieux contrôler et de détecter les difficultés.

Un autre mode de prévention est l'alerte que plusieurs personnes vont pouvoir déclencher.

À certaines conditions, le commissaire aux comptes bénéficie du droit de déclencher l'alerte, ainsi que le comité d'entreprise, les associés et les actionnaires, enfin le président du tribunal de commerce. Les personnes pouvant exercer l'alerte demandent alors des explications au chef d'entreprise s'agissant de faits constatés qui sont de nature à compromettre la continuité de l'exploitation.

Une autre facette de la prévention réside dans le mandat *ad hoc* qui vise à résoudre toute difficulté que connaît l'entreprise, que ce soit dans ses relations avec des créanciers, des cocontractants, ou encore avec des salariés. Cette possibilité est offerte à toute entreprise à la requête du débiteur, dès que l'entrepreneur a des difficultés sans être pour autant en cessation des paiements depuis plus de 45 jours. La mission du mandataire est déterminée par le tribunal et elle est caractérisée par sa souplesse. Le mandataire rend compte de sa mission au président du tribunal et rend des conclusions sur les difficultés de l'entreprise. Le mandat *ad hoc* peut être suivi d'une procédure de conciliation qu'il a pu préparer.

Une procédure de conciliation peut être ouverte à la demande du chef d'entreprise lorsque l'entreprise connaît une difficulté juridique, économique ou financière et n'est pas en cessation des paiements depuis plus de 45 jours. Toute entreprise peut aujourd'hui bénéficier de cette procédure qui est ouverte par le président du tribunal sur requête du débiteur. Un conciliateur est nommé par le président du tribunal pour une durée de quatre mois afin de faire conclure au débiteur et à ses principaux créanciers ou à l'intégralité de ses créanciers un accord de conciliation. Cet accord consiste en général pour le débiteur à s'engager à prendre des mesures de redressement, alors que les créanciers signataires consentent des sacrifices financiers afin d'aider au sauvetage de l'entreprise. L'accord amiable est constaté par le président du tribunal qui peut également procéder à son homologation, ce qui permet de renforcer les effets de l'accord.

II. La procédure de sauvegarde de l'entreprise

La procédure de sauvegarde, créée par la loi du 26 juillet 2005, a pour objectif de permettre la continuation de l'activité grâce à un plan de sauvegarde faisant suite à une période d'observation de l'entreprise. La sauvegarde vise à « *faciliter la réorganisation de l'entreprise afin de permettre la poursuite de l'activité économique, le maintien de l'emploi et l'apurement du passif* » (art. L. 620-1 et s. C. co).

Ouverte à la demande du seul débiteur, la sauvegarde concerne toutes les entreprises à condition qu'elles ne soient pas en cessation des paiements : le débiteur rencontre seulement des difficultés qu'il n'est pas en mesure de surmonter. Cette procédure est donc caractérisée par le fait que le chef d'entreprise poursuit l'activité et doit être aidé s'agissant des difficultés qu'il connaît.

La majorité des règles relatives à la sauvegarde s'appliquent également au redressement. La procédure débute par un jugement d'ouverture par lequel est désigné un juge-commissaire chargé de veiller au déroulement rapide de la procédure et à la protection des intérêts en présence. Par ailleurs, le tribunal désigne un mandataire judiciaire et un administrateur judiciaire au-delà de certains seuils (art. L. 622-1 C. co.). Le juge-commissaire procède à la désignation d'un à cinq contrôleurs parmi les créanciers, et dans certains cas l'administrateur doit constituer des comités de créanciers dont le rôle a été renforcé s'agissant de la construction du plan de sauvegarde. Par ailleurs, les salariés doivent choisir leur représentant.

À compter du jugement d'ouverture s'ouvre une période d'observation d'une durée de six mois qui peut être prolongée à 12 mois et de manière exceptionnelle à 18 mois. C'est le chef d'entreprise qui administre l'entreprise avec l'assistance ou sous la surveillance de l'administrateur judiciaire. L'inventaire du patrimoine du débiteur doit être effectué, et il peut être réalisé par un professionnel désigné par le tribunal ou par le débiteur lui-même s'il l'accepte (art. L. 622-6-1 C. co.). À compter du jugement d'ouverture, la procédure de sauvegarde entraîne la suspension des poursuites en paiement pour les créances antérieures. L'exécution des contrats en cours peut être exigée de la part de l'administrateur judiciaire pendant la période d'observation, et il peut également demander la résiliation de contrats. Les créances postérieures sont réglées de manière prioritaire (art. L. 622-17 C. co.). À tout moment de la période d'observation, le tribunal peut ordonner la cessation partielle de l'activité. Le débiteur peut même demander la conversion de la sauvegarde en redressement judiciaire alors qu'il n'est pas en cessation de paiements.

En vue de l'élaboration d'un projet de plan de sauvegarde, l'administrateur dresse un bilan économique, social et environnemental de l'entreprise. À l'issue de la période d'observation, un jugement de plan de sauvegarde peut être adopté par le tribunal ou à défaut une autre procédure collective, notamment si la cessation des paiements est intervenue. Dans le plan de sauvegarde, sont prévues les modalités de règlement du passif. Une restructuration de l'entreprise est possible par la modification du capital social. Des cessions d'activités partielles sont possibles. Sous la surveillance du commissaire à l'exécution du plan, le débiteur doit exécuter les obligations mises à sa charge par le plan, et le non-respect du plan peut entraîner sa résolution ainsi qu'à l'ouverture d'un redressement ou d'une liquidation judiciaire.

III. Le redressement judiciaire

L'objectif du redressement est de permettre la poursuite de l'activité de l'entreprise, le maintien de l'emploi et l'apurement du passif (art. L. 631-1 al. 2 C. co.).

Cette procédure est ouverte à toute entreprise dès qu'elle est en cessation des paiements. Cette cessation des paiements est définie comme l'impossibilité de faire face au passif exigible avec l'actif disponible, et désormais elle n'est pas constituée lorsque le débiteur « *établit que les réserves de crédit ou les moratoires dont il bénéficie de la part de ses créanciers lui permettent de faire face au passif exigible avec son actif disponible* » (art. L. 631-1 C. co).

Le jugement d'ouverture prononcé par le tribunal ouvre la procédure et détermine la période suspecte qui s'étale de la date de la cessation des paiements à la date du jugement d'ouverture. Certains actes passés par le débiteur durant cette période pourront le cas échéant être annulés.

Les dispositions relatives au plan de sauvegarde s'appliquent également à la période d'observation du redressement judiciaire. La période d'observation est courte puisqu'elle est en principe de six mois et l'activité poursuivie bénéficie de la suspension des poursuites.

À compter du jugement d'ouverture, les dirigeants ont l'interdiction de céder leurs titres et leur rémunération est fixée par le juge-commissaire. L'administrateur judiciaire peut se voir confier un rôle d'assistance du débiteur ou d'administration au titre de laquelle il gère seul l'entreprise et le débiteur est dessaisi. Des licenciements pour motif économique sont possibles exceptionnellement, et des tiers peuvent dès le jugement d'ouverture soumettre des offres de reprise à l'administrateur. La procédure de redressement aboutit en principe à l'adoption d'un plan de redressement qui peut comporter des mesures de restructuration, des moyens d'apurement du passif et des licenciements, et qui peut prévoir la cession totale ou partielle de l'entreprise.

Des dispositions spécifiques existent, telles que celles permettant au tribunal de subordonner l'adoption du plan au remplacement de dirigeants de l'entreprise (art. L. 631-19-1 al. 1er C. co.), ou encore à l'incessibilité des titres détenus par les dirigeants (art. L. 631-19-1 al. 2 C. co.), ou à leur cession forcée.

IV. La liquidation judiciaire

La liquidation judiciaire a pour objectif de « *mettre fin à l'activité de l'entreprise ou à réaliser le patrimoine du débiteur par une cession globale ou séparée de ses droits et de ses biens* » (art. L. 640-1 C. co.).

Cette procédure s'applique à toute entreprise en cessation des paiements dont le redressement est impossible. La liquidation peut être demandée par le débiteur dans les 45 jours de la cessation des paiements, ou par le tribunal d'office ou à la demande du procureur de la République. Le tribunal procède à la désignation du juge-commissaire, du mandataire en qualité de liquidateur, des représentants du personnel et des contrôleurs représentant les créanciers. L'ouverture de la liquidation est soumise à de nombreuses règles relatives au redressement judiciaire.

Selon un rapport dressé par le liquidateur, le tribunal peut opter pour une procédure de liquidation judiciaire simplifiée. Une procédure de liquidation judiciaire simplifiée est en effet possible en vertu de seuils qui ont été fixés selon le caractère obligatoire ou facultatif de cette liquidation (art. R. 641-10 C. co. pour la procédure obligatoire ; art. L. 641-2-1 C. co. pour la procédure facultative). L'objectif recherché est de permettre une liquidation rapide des plus petites entreprises.

Le débiteur est dessaisi, et c'est le liquidateur qui procède à la réalisation de l'actif, tout en administrant l'entreprise tant que l'activité n'a pas cessé. Une protection des intérêts des contrôleurs et de ceux du conjoint commun en biens a été prévue lors de la liquidation (art. R. 642-36-1 C. co.). La réalisation de l'actif se fait par la cession de l'entreprise ou par une cession des actifs du débiteur. L'argent récolté va permettre de payer les créanciers, et leur paiement se fera selon un ordre établi par l'article L. 641-13 du Code de commerce. Lorsqu'il n'y a plus d'argent, la clôture de la liquidation judiciaire est prononcée par le tribunal pour insuffisance d'actif qui rend la poursuite de la liquidation impossible. D'autres cas de clôture existent, comme le terme fixé par le tribunal (art. L. 643-9 al. 1er C. co.), la disparition du passif exigible ou encore pour cause de plan de cession exécuté.

V. Responsabilités et sanctions

Si le droit des procédures collectives n'est plus caractérisé de manière essentielle par son rôle de sanction, des mesures engageant les responsabilités financières et tendant à des sanctions civiles et pénales existent.

Ainsi, la responsabilité civile et pénale peut être engagée à l'égard de tiers tels que les établissements de crédit. Ces derniers peuvent à titre exceptionnel engager leur responsabilité pour soutien abusif de crédit envers le débiteur (art. L. 650-1 C. co.). Mais c'est surtout la responsabilité des dirigeants qui peut être recherchée en cas d'insuffisance d'actif en présence d'une faute de gestion. Dans ce cas, le tribunal peut décider de mettre une partie ou la totalité des dettes à la charge du chef d'entreprise (art. L. 651-2 C. co.). Outre cette sanction pécuniaire, le dirigeant peut faire l'objet d'une interdiction de gérer (art. L. 653-8 C. co.), ou d'une faillite personnelle (art. L. 653-1 C. co.). Enfin, la responsabilité pénale du débiteur peut être engagée dans le cadre des procédures collectives, notamment sur le fondement de la banqueroute (art. L. 654-2 et s. C. co.).

Exercice 1. Commentaire d'arrêt

Sujet

Cour de cassation
Chambre commerciale
Audience publique du mercredi 7 avril 2004
N° de pourvoi : 02-12954
Non publié au *Bulletin*
Rejet
Président : M. TRICOT

RÉPUBLIQUE FRANÇAISE
AU NOM DU PEUPLE FRANÇAIS

Sur le moyen unique, pris en ses trois branches :

Attendu, selon l'arrêt confirmatif déféré, rendu sur contredit (Nîmes, 10 janvier 2002), que la Caisse régionale de Crédit agricole mutuel de Vaucluse, Bouches-du-Rhône et Hautes Alpes (la Caisse), aux droits de laquelle est venue la Caisse Alpes Provence, a consenti plusieurs crédits à la société Serrurier marnais (la société), garantis par le cautionnement de M.M.. Jean-Paul et Michel X... ; que la société ayant été mise en redressement puis liquidation judiciaires, la Caisse a assigné les cautions en exécution de leurs engagements ;

Attendu que M.M.. Jean-Paul et Michel X... reprochent à l'arrêt de les avoir déboutés de leur contredit et d'avoir retenu la compétence du tribunal d'instance d'Avignon pour connaître des demandes formées par la Caisse, alors, selon le moyen :

1° que le cautionnement, qui est par nature un acte civil, ne devient commercial que s'il est consenti par un commerçant pour les besoins de son commerce ; que si l'on peut admettre que le cautionnement consenti par le dirigeant d'une société commerciale est de nature commerciale, celui donné par un associé ne gérant pas la société demeure civil, sauf pour le créancier à rapporter la preuve de l'intérêt personnel, patrimonial et déterminant qu'avait cet associé à se porter caution de la personne morale ; qu'en retenant la compétence du tribunal de commerce pour le cautionnement donné par M. Jean-Paul X..., associé ne gérant pas la société cautionnée, au motif que la compétence des juridictions commerciales régie par l'article 631 du Code de commerce s'étend à la caution qui, n'ayant pas la qualité de commerçant, a néanmoins un intérêt patrimonial personnel à la dette contractée par le débiteur commerçant et par elle cautionné, sans constater que la Caisse rapportait la preuve, lui incombant, de l'intérêt patrimonial personnel et déterminant de M. Jean-Paul X... à se porter caution de la société, la cour d'appel a violé les articles 1315 du Code civil et 631 du Code de commerce ;

2° que le jugement doit être motivé et que de simples affirmations ne peuvent satisfaire aux prescriptions de l'article 455 du nouveau Code de procédure civile ; qu'en énonçant pour retenir l'intérêt patrimonial personnel de M. Jean-Paul X… à la dette contractée par la société que celui-ci tirait ses revenus de l'activité de cette société sans même préciser quels étaient les éléments de preuve fournis par le créancier qui avaient fondé sa conviction sur ce point, la cour d'appel a violé les articles 455 et 458 du nouveau Code de procédure civile ;

3° que M.M.. Jean-Paul et Michel X… se prévalaient dans leur contredit du 21 septembre 2000 de la jurisprudence selon laquelle un associé égalitaire ne participant pas à la gestion de la société n'a pas, de facto, un intérêt personnel au paiement de la dette de la société pour en tirer la conclusion que, dès lors que M. Jean-Paul X… n'avait jamais participé à la gestion de la société cautionnée, dont il n'était que porteur de parts, il était bien fondé à décliner la compétence de la juridiction commerciale au profit de la juridiction civile ; qu'en retenant l'intérêt patrimonial personnel de M. Jean-Paul X… à la dette contractée par la société cautionnée aux motifs qu'il possédait avec son épouse la moitié du capital social et qu'il tirait ses revenus de l'activité de la société, sans s'expliquer sur le moyen pris de sa non-implication dans la gestion de ladite société, la cour d'appel a violé les articles 455 et 458 du nouveau Code de procédure civile ;

Mais attendu qu'après avoir relevé, par des motifs propres et adoptés non critiqués, que M. Michel X… détenait avec son épouse 50 % des parts sociales de la société et qu'il exerçait la responsabilité de gérant lors de la souscription de l'acte d'engagement, l'arrêt retient qu'il ressort des statuts de la société que M. Jean-Paul X… était associé de la société à concurrence de 70 parts sur 300 composant le capital social et que son épouse possédait de son côté 80 parts, que la société était une société familiale dont la totalité des parts était détenue par les deux frères X… et leurs épouses, et que M. Jean-Paul X… tirait ses revenus de l'activité de la société ; qu'en l'état de ces constatations, la cour d'appel, qui a déduit de la qualité d'associé, en l'absence de toute indication de la part de M. Jean-Paul X… dans le contredit sur l'origine de ses revenus, que ceux-ci provenaient de la société, et qui a, sans inverser la charge de la preuve, apprécié souverainement l'intérêt patrimonial personnel de M.M.. Jean-Paul et Michel X… à se porter cautions des dettes de la société, a légalement justifié sa décision ; que le moyen n'est fondé en aucune de ses branches ;

PAR CES MOTIFS :

REJETTE le pourvoi.

Conseils pour aborder le sujet

L'arrêt porte sur une question classique que le candidat devra présenter de manière claire et complète.

Suggestion de correction

Introduction

Élément décisif de la période d'observation, la continuation des contrats peut être demandée par l'administrateur judiciaire qui a le pouvoir d'exiger le maintien d'une relation contractuelle en cours au jour du jugement d'ouverture de la procédure collective du débiteur. Cependant, cette règle de la continuation laisse incertaine la poursuite des contrats en l'absence d'option exprimée par l'administrateur, et c'est cette question que vient éclairer l'arrêt rendu par la Cour de cassation le 5 juillet 2005.

En 1994 a été conclue une convention de tâcheron entre M. X aux droits duquel est venue la société RMCM et la société NMC pour une durée d'une année renouvelable par tacite reconduction. Le 27 janvier 1998, les sociétés ont conclu un contrat pour la réparation de six chalands. Le 19 août 1998, la société NMC est mise en redressement judiciaire et son plan de continuation a été arrêté le 16 décembre 1998.

Par lettre du 19 octobre 1999, la société NMC indique à la société RMCM que la résiliation de la convention de réparation était acquise et lui notifie la résiliation du contrat de tâcheron.

Le 25 février 2000, la société RMCM et M. X ont demandé au tribunal que soit constatée la rupture abusive des deux contrats et ont sollicité le paiement de dommages et intérêts. La cour d'appel a rejeté leur demande et un pourvoi a été formé par les demandeurs. Ces derniers reprochent à l'arrêt d'avoir rejeté leurs demandes de condamnation de la société NMC à leur payer des sommes à titre de dommages et intérêts en réparation du préjudice subi du fait de la résiliation du contrat de tâcheron. La cour d'appel aurait privé sa décision de base légale au regard de l'article 1147 du Code civil en se bornant à affirmer que la société NMC n'avait pas abusé de son droit de résilier la convention de tâcheron conclue pour une durée indéterminée, dès lors qu'elle avait affirmé auprès de la société RMCM que ce contrat n'était plus économiquement acceptable, sans rechercher si ce motif était fondé ou s'il constituait un simple prétexte destiné à motiver la décision de résiliation.

Le problème de droit soumis aux juges était de déterminer les conséquences de l'absence d'option expresse ou tacite de la part de l'administrateur pour la continuation d'un contrat.

Alors que la cour d'appel en déduit que l'inaction de l'administrateur vaut présomption de renonciation, la Cour de cassation conclut à la poursuite du contrat de plein droit. Aussi, la Cour de cassation censure partiellement l'arrêt de la cour d'appel. Tout d'abord, à l'égard du second moyen du pourvoi, la Cour de cassation estime l'arrêt légalement fondé s'agissant de la résiliation unilatérale du contrat de tâcheron par la société NMC. En effet, selon la cour d'appel, les conditions de forme de résiliation ont été respectées et la société a exercé sans abus son droit à la résiliation unilatérale de la convention à durée indéterminée. C'est en fait à l'égard du premier moyen que va s'exercer la censure de la Cour de cassation. Concernant la première branche de ce moyen, la Cour de cassation rappelle au visa de l'ancien article L. 621-28 du Code de commerce, que la résiliation d'un contrat en cours ne peut résulter du seul fait de l'ouverture du redressement judiciaire et que, si l'administrateur a seul la faculté d'exiger l'exécution des contrats en cours, le contrat n'est pas résilié en l'absence de mise en demeure adressée par le cocontractant à l'administrateur. La cour d'appel a violé cet article car elle a retenu la résiliation de plein droit du contrat au motif que l'administrateur n'a pas été mis en demeure et qu'il n'a pas non plus pris position spontanément sur la poursuite de la convention, aussi aucun contrat ne saurait persister à son insu. Concernant la seconde branche du pourvoi, la Cour de cassation considère que la cour d'appel a violé les anciens articles L. 621-28 et L. 621-43 du Code de commerce en admettant que la créance de dommages et intérêts dont se prévaut la société RMCM était éteinte car elle n'avait pas été déclarée au passif. La Cour de cassation précise qu'en l'absence de résiliation du contrat pendant la période d'observation, ce contrat n'avait pu se trouver résilié qu'après la lettre de la société NMC du 19 octobre 1999, soit après l'adoption du plan de continuation ; aussi la créance de dommages et intérêts pouvant en résulter n'était dès lors pas soumise à l'obligation de déclaration.

L'arrêt apporte donc une solution favorisant le principe de la continuation de plein droit des contrats en cours lors de la période d'observation (I), et cette poursuite du contrat entraîne d'importants effets (II).

I. La portée forte de la continuation de plein droit des contrats en cours

Si le contrat en cours se poursuit en principe de plein droit (A), il est nécessaire de déterminer quelles sont les modalités d'exercice de cette disposition (B).

A. Le fondement du principe de la continuation des contrats

La continuation des contrats est essentiellement régie par le nouvel article L. 622-13 du Code de commerce qui fut l'ancien article L. 621-18. En vertu de l'article L. 622-13 du Code de commerce, « *l'administrateur a seul la faculté d'exiger l'exécution des contrats en cours en fournissant la prestation promise au cocontractant du débiteur* ». Si l'arrêt a été rendu sous l'empire de la loi antérieure, la solution est transposable sous la loi nouvelle et conserve son intérêt. Les dispositions récentes ont d'ailleurs consacré le principe de la continuation lors de l'ouverture de la liquidation judiciaire (art. L. 641-11-1 C. co.).

Le contrat litigieux a été conclu en 1994 pour une durée d'une année renouvelable par tacite reconduction. Lors de la mise en redressement judiciaire de la société NMC le 19 août 1998, le contrat était en cours d'exécution, ce que confirme la lettre du 19 octobre 1999 adressée par la société NMC à la société RMCM aux fins de résiliation du contrat. Il s'agissait bien d'un contrat en cours au sens de l'ancien article L. 621-28 du Code de commerce. Or, les contrats en cours se poursuivent de plein droit et la résiliation de plein droit du contrat est interdite nonobstant toute clause ou disposition contraire : à compter de l'ouverture du redressement judiciaire, le contrat se poursuit.

Si la poursuite du contrat en cours est fondamentale pour assurer des chances de redressement de l'entreprise, encore faut-il que cette continuation soit correctement exercée.

B. Les modalités d'exercice de la continuation des contrats

La continuation de plein droit des contrats en cours est soumise en principe à un régime d'option au profit de l'administrateur judiciaire. Ce dernier a seul la faculté d'exiger l'exécution des contrats en cours. Lorsque le cocontractant ne souhaite pas la continuation du contrat, il doit adresser à l'administrateur judiciaire une mise en demeure afin d'être fixé sur le sort du contrat. L'absence de réponse à cette mise en demeure vaut option tacite de non-continuation du contrat. Le contrat se trouve résilié de plein droit si cette mise en demeure reste sans réponse pendant un mois (art. L. 622-13 al. 1er C. co.).

Même s'il s'agit d'un pouvoir exclusif, cela ne signifie pas nécessairement qu'une décision de l'administrateur judiciaire soit nécessaire à la continuation du contrat. Ainsi est posée la question du régime de l'option en cas de défaut d'exigence expresse ou tacite de la part de l'administrateur judiciaire et à défaut de mise en demeure de l'administrateur par le cocontractant. Au regard de la lettre du texte qui évoque l'exigence de l'administrateur, la solution de l'absence de poursuite pouvait être retenue, comme l'a fait la cour d'appel. Mais cette position prise par la cour d'appel était vouée à la censure. Pour la Cour de cassation, à défaut de manifestation de volonté de la part de l'administrateur judiciaire, le contrat se poursuit de plein droit. Ainsi, il n'est pas besoin d'une décision de l'administrateur qui peut ignorer l'existence du contrat qui se poursuit malgré tout. L'exercice de l'option est inutile car par principe tous les contrats continuent. Cette solution rendue par l'application et au visa de l'ancien article L. 621-28 du Code de commerce, serait identique à celle rendue aujourd'hui sous l'empire du nouvel article L. 622-13 dont la rédaction est identique sur ce point de l'option de l'administrateur. La reconnaissance de la continuation du contrat conduit à analyser les effets de cette continuation.

II. Les effets importants de la continuation du contrat

Le contrat poursuivi doit être respecté par chaque partie, et il produit des effets distincts à l'égard du débiteur et de l'administrateur judiciaire (A), et du cocontractant (B).

A. Les effets à l'égard du débiteur et de l'administrateur judiciaire

Ces effets sont très importants puisque le contrat est poursuivi en principe aux mêmes conditions, et toutes les clauses du contrat doivent être respectées. Aussi, lors de la demande d'exécution du contrat, l'administrateur judiciaire doit-il s'assurer qu'il disposera des fonds nécessaires pour remplir ses obligations. Il doit mettre fin au contrat à exécution ou paiement échelonné dans le temps s'il lui apparaît qu'il ne pourra pas remplir ses obligations (art. L. 622-13-II al. 2 C. co.). L'administrateur judiciaire doit donc faire preuve d'une certaine vigilance s'agissant d'exiger la continuation du contrat, puis son exécution successive. Sa responsabilité pourra être recherchée au titre d'une obligation de moyens s'il n'a pas fait preuve de diligence en demandant l'exécution du contrat.

Selon le contrat, l'administrateur doit fournir la prestation promise au cocontractant du débiteur : il est obligé de fournir cette prestation (art. L. 622-13 I C. co. ; ancien art. L. 621-28 C. co.). Lorsque la prestation porte sur le paiement d'une somme d'argent, le paiement par l'administrateur judiciaire doit se faire au comptant, sauf si le cocontractant consent des délais de paiement (art. L. 622-13 II C. co.). À défaut de paiement dans ces conditions, le contrat est résilié de plein droit. En effet, en cas d'inexécution des contrats poursuivis, la sanction réside dans la résiliation du contrat de plein droit (art. L. 622-13-III-2° C. co.). Cette règle paraît toutefois concerner les seuls contrats pour lesquels la continuation a été exigée. Selon la jurisprudence, la résiliation de plein droit supposerait que l'administrateur ait opté de manière expresse ou tacite pour la continuation du contrat. Aussi, à défaut d'option de l'administrateur, le cocontractant qui souhaitera rompre le contrat devra en demander la résiliation judiciaire au tribunal. La continuation du contrat produit également des effets à l'égard du cocontractant.

B. Les effets à l'égard du cocontractant

Le cocontractant doit remplir également ses obligations après l'ouverture de la procédure en dépit de l'inexécution par le débiteur d'engagements antérieurs au jugement d'ouverture. Le cocontractant se voit imposer la poursuite du contrat et ne peut de ce fait opposer l'exception d'inexécution pour des faits antérieurs, ni agir en résolution sur le fondement de l'inexécution antérieure. Le défaut de ces engagements n'ouvre droit au profit du créancier qu'à déclaration au passif. En cas d'inexécution, le contrat génère des créances postérieures à l'ouverture de la procédure collective. Sous l'empire de la loi du 25 janvier 1985, le paiement de cette créance dite postérieure était prioritaire lors de l'adoption du plan. Puis le législateur a souhaité éviter que tout contrat poursuivi quel que soit son intérêt pour le redressement ne relève du régime favorable des créances postérieures et n'alourdisse ainsi le passif dit privilégié. Désormais, la solution est différente et l'article L. 622-17 du Code de commerce prévoit que sont payées à leur échéance « *les créances nées régulièrement après le jugement d'ouverture pour les besoins du déroulement de la procédure ou de la période d'observation, ou en contrepartie d'une prestation fournie au débiteur pour son activité professionnelle pendant cette période* ». Pour bénéficier de ce paiement, la créance doit avoir été nécessaire aux besoins du déroulement de la procédure ou de la période d'observation.

Exercice 2. Cas pratique

Sujet

La société anonyme André est une importante entreprise industrielle fondée par l'arrière-grand-père de son actuel dirigeant Barnabé. Depuis environ un an, l'entreprise connaît des difficultés qui proviennent d'un endettement excessif et également semble-t-il d'une mauvaise gestion. L'entreprise a procédé à de nombreux investissements et si elle peut jusqu'à présent s'acquitter de ses dettes, elle ne le pourra certainement pas très longtemps. Le président du tribunal de commerce a convoqué Barnabé et lui a demandé de se munir de divers documents. Comment le président du tribunal de commerce a-t-il eu connaissance des difficultés de la société anonyme et quels sont les documents qui peuvent être exigés de Barnabé ?

Le tribunal a par la suite statué sur l'ouverture d'une procédure de sauvegarde et une période d'observation est ouverte. Cette décision est-elle justifiée ?

L'un des fournisseurs habituels de la SA vient d'arrêter ses livraisons et son dirigeant vient d'annoncer à Barnabé que les livraisons ne reprendraient que lorsque la facture du mois dernier serait réglée. Il envisage le cas échéant d'agir en justice contre la SA.

La situation a fini par se dégrader et la procédure a été convertie en redressement judiciaire. Plusieurs offres de reprise sont parvenues à l'administrateur judiciaire. Barnabé est très inquiet de voir l'entreprise familiale cédée à un étranger, et il souhaite le meilleur repreneur pour la SA. Renseignez-le sur les critères d'appréciation de ces offres.

Conseils pour aborder le sujet

Des questions différentes sont précisément posées au candidat auxquelles il convient de répondre séparément. Le candidat doit absolument faire une présentation claire et complète des fondements proposés et des solutions qui en découlent.

Suggestion de correction (éléments)

S'agissant de la connaissance par le président du tribunal de commerce des difficultés de l'entreprise, l'article L. 611-2 du Code de commerce permet au président du tribunal de convoquer les dirigeants d'une entreprise pour que soient envisagées les mesures propres à redresser la situation de l'entreprise. L'information peut lui être parvenue par tous moyens et elle peut résulter de tout acte, document ou procédure.

Plusieurs personnes peuvent avoir fourni au président des informations relatives aux difficultés de la société. Il peut s'agir du greffe du tribunal qui peut avoir informé le président d'un problème relatif aux dépôts des comptes par la SA. Il peut s'agir d'une personne qui détient un droit d'alerte : le commissaire aux comptes qui à l'occasion de sa mission constate des faits de nature à compromettre la continuité de l'exploitation (art. L. 234-1 et L. 234-2 C. co.). Selon la réaction du dirigeant, le président du tribunal peut être informé de ces difficultés. En outre, le droit d'alerte est également détenu par les actionnaires ainsi que par le comité d'entreprise ou à défaut par les délégués du personnel s'ils ont connaissance de faits de nature à affecter de manière préoccupante la situation économique de l'entreprise.

S'agissant des documents que peut exiger le président du tribunal, leur nature est diverse et concerne tout document en lien avec la situation économique et financière de la société. Si Barnabé ne les fournit pas, « *le président du tribunal peut, nonobstant toute disposition législative ou réglementaire contraire, obtenir communication, par les commissaires aux comptes, les membres et représentants du personnel, les administrations publiques, les organismes de sécurité et de prévoyance sociales ainsi que les services chargés de la centralisation des risques bancaires et des incidents de paiement, des renseignements de nature à lui donner une exacte information sur la situation économique et financière du débiteur* » (art. L. 611-2 C. co.). Le président pourrait également mandater un expert en gestion afin d'avoir une analyse plus précise de la situation de l'entreprise.

Pour savoir si la décision d'ouverture de la procédure de sauvegarde est justifiée, il faut en rappeler les conditions d'ouverture. L'entreprise ne doit pas être en cessation des paiements mais justifie de difficultés qu'elle n'est pas en mesure de surmonter (art. L. 620-1 C. co.). Les difficultés financières rencontrées par la société anonyme André peuvent justifier l'ouverture d'une procédure de sauvegarde.

Les effets de la mise sous sauvegarde d'une entreprise sont la poursuite de l'activité ainsi que la suspension des poursuites. À compter du jugement d'ouverture, toute action en justice et toute voie d'exécution sont interrompues ou interdites. Ainsi, toute action d'un créancier antérieur au jugement d'ouverture tendant à la condamnation du débiteur au paiement d'une somme d'argent est interdite (art. L. 622-7 C. co.). Le fournisseur ne peut donc agir en justice pour le paiement de la facture impayée et il doit procéder à la déclaration de la créance. En outre, la poursuite du contrat pourra être exigée du créancier si le contrat avec le fournisseur est un contrat en cours (art. L. 622-13 C. co.).

La procédure a été transformée en redressement judiciaire et Barnabé souhaite obtenir des informations concernant les critères d'appréciation de ces offres.

Les offres de reprise sont régies par le Code de commerce (art. L. 642-2 et s.), et l'offre doit être écrite et détaillée. Le tribunal doit apprécier le caractère sérieux de l'offre et retenir l'offre qui permet dans les meilleures conditions d'assurer le plus durablement l'emploi, le paiement des créanciers et les meilleures garanties d'exécution.

Exercice 3. Exposé oral

Sujet

La procédure de conciliation

Conseils pour aborder le sujet

Les nombreuses connaissances sur ce sujet technique doivent être organisées de manière cohérente et claire. Le sujet est bien ciblé mais il fait appel à des éléments très précis que le candidat doit bien connaître.

Suggestion de correction

Introduction

Créée en 2005, la procédure de conciliation s'est substituée au règlement amiable qui avait été institué par la loi du 1er mars 1984. Cette procédure a en effet été réformée par la loi du 26 juillet 2005 de sauvegarde des entreprises, mais également par l'ordonnance du 18 décembre 2008 et par le décret du 12 février 2009 pris en application de l'ordonnance. Le Code de commerce régit cette procédure de conciliation aux articles L. 611-4 et suivants. Il s'agit d'une procédure préventive des difficultés des entreprises dont la finalité est de mettre un terme aux difficultés sans recourir à une décision de justice. Le chef d'entreprise demande au Président du tribunal de commerce ou du tribunal de grande instance la désignation d'un conciliateur. La mission du conciliateur est d'opérer un rapprochement entre le débiteur et ses principaux créanciers afin de parvenir à la conclusion d'un accord visant au sauvetage de l'entreprise. Par cet accord, le chef d'entreprise s'engage à prendre des mesures de redressement, et les créanciers consentent des efforts financiers qui vont faciliter le redressement. L'accord de conciliation est une convention de droit privé à caractère collectif que le législateur cherche à privilégier. Ce traitement préventif des difficultés de l'entreprise a la particularité d'être négocié par les protagonistes, ce qui le rend très simple, souple et bref. En outre, la confidentialité que peut assurer cette procédure quant aux difficultés rencontrées par l'entreprise est également une qualité recherchée. Ainsi, « *toute personne qui est appelée à la procédure de conciliation* [...] *ou qui, par ses fonctions, en a connaissance est tenue à la confidentialité* » (art. L. 611-15 C. co.). Aussi cette procédure connaît-elle un certain succès, et son étude suppose d'envisager l'ouverture de la procédure de conciliation (I) avant de traiter du déroulement et du dénouement de cette procédure (II).

I. L'ouverture de la procédure

La procédure de conciliation connaît un large domaine (A), et l'initiative de la désignation du conciliateur relève du monopole exclusif du débiteur (B).

A. Le domaine large de la procédure

Ce domaine large de la procédure de conciliation se retrouve tant à l'égard des personnes susceptibles de recourir à la conciliation que s'agissant du moment de déclenchement de la procédure.

La procédure de conciliation a été étendue et vise aujourd'hui toutes les entreprises. S'agissant des entreprises individuelles, la procédure est applicable aux commerçants, artisans et agriculteurs. Pour ces derniers, on parle encore de règlement amiable agricole et ce règlement fait l'objet d'une réglementation spécifique (art. L. 351-1 et s. C. rural). Par ailleurs, les personnes physiques exerçant une activité professionnelle indépendante, y compris une profession libérale soumise à un statut législatif ou réglementaire ou dont le titre est protégé bénéficient de la procédure de conciliation. Enfin, les personnes morales de droit privé peuvent se voir appliquer la procédure de conciliation (art. L. 611-5 C. co).

S'agissant du moment de déclenchement de la procédure, la formule légale est particulièrement souple. Pour que la procédure soit ouverte, le débiteur doit faire état « *d'une difficulté juridique, économique ou financière, avérée ou prévisible* », et ne pas se trouver en cessation des paiements ou ne pas l'être depuis plus de 45 jours (art. L. 611-4 C. co.). C'est la grande modification opérée en 2005 s'agissant du moment du déclenchement de la procédure : la procédure de conciliation ne s'inscrit plus obligatoirement avant la cessation des paiements du débiteur.

Dans la requête adressée au président du tribunal, le débiteur doit exposer sa situation, ses besoins de financement et le cas échéant les moyens d'y faire face (art. L. 611-6 al. 1er C. co.).

Il doit, depuis le décret du 12 février 2009, attester sur l'honneur de l'absence de procédure de conciliation dans les trois mois précédant cette demande. Ainsi, il est mis fin à la pratique de l'ouverture de plusieurs conciliations successives, ce qui compromettait les chances de sauvetage de l'entreprise en allongeant les négociations.

La procédure de conciliation peut être précédée par la désignation d'un mandataire *ad hoc* dont la mission sera de préparer la future période de conciliation ou d'assister l'entrepreneur qui souhaite prochainement y recourir. C'est le chef d'entreprise qui sollicite la nomination du mandataire *ad hoc* dont la mission est déterminée par le président du tribunal (art. L. 611-3 C. co.). Lorsque l'entreprise en difficulté se trouve dans le domaine de la procédure de conciliation, la désignation du conciliateur doit être sollicitée.

B. La désignation du conciliateur à l'initiative exclusive du débiteur

La procédure de conciliation est ouverte à la demande exclusive du débiteur, par la décision du président du tribunal de commerce ou du tribunal de grande instance. Seul le débiteur peut solliciter l'ouverture de cette procédure du président du tribunal (art. L. 611-6 C. co.). La saisine a lieu par requête déposée auprès du président du tribunal compétent par le chef de l'entreprise. Le tribunal compétent est le tribunal de commerce à l'égard du commerçant et de l'artisan et le tribunal de grande instance des autres chefs d'entreprise, qu'il s'agisse de professionnels indépendants ou de personnes morales de droit privé non commerçantes. Du point de vue territorial, le tribunal compétent est celui dans le ressort duquel le débiteur personne physique a domicilié son entreprise, ou le siège social pour une personne morale.

Dès réception de la demande, le président du tribunal fait convoquer, par le greffier, le débiteur pour recueillir ses explications.

Si la demande est fondée, le président du tribunal nomme un conciliateur, et le débiteur peut suggérer la désignation d'une personne. Cette nomination ne peut excéder quatre mois et peut être prolongée d'un mois à la demande du conciliateur. La décision de nomination du conciliateur peut désormais faire l'objet d'un appel de la part du ministère public. Le président du tribunal fixe les conditions de la rémunération du conciliateur. Le conciliateur n'est pas un organe chargé d'assister ou de représenter le débiteur. Par ailleurs, la loi du 26 juillet 2005 a voulu assurer l'indépendance du conciliateur en affirmant un certain nombre d'incompatibilités avec cette fonction.

La décision qui ouvre la conciliation n'est pas susceptible de recours, et elle est communiquée au ministère public qui seul peut faire appel de cette décision. Si le président refuse l'ouverture de la conciliation, cette décision de refus peut être frappée d'appel par le débiteur, dans un délai de 10 jours à compter de sa notification (art. R. 611-26 C. co.).

Pour compléter ses informations, que la procédure de conciliation soit ou non ouverte, le président peut solliciter divers organismes et établissements de crédit (art. L. 611-2 al. 2 C. co.), et il peut également mandater un expert de gestion qui analysera la situation économique, sociale et financière de l'entreprise.

Une fois désigné, le conciliateur va tenter de parvenir à la conclusion de l'accord de conciliation à l'issue de la procédure de conciliation.

II Le déroulement et le dénouement de la procédure

Après la mise au point de l'accord amiable (A), les effets de cet accord varient selon que l'accord est constaté ou homologué (B).

A. La mission du conciliateur : l'élaboration de l'accord amiable

La mission du conciliateur est de favoriser la conclusion d'un accord amiable destiné à mettre fin aux difficultés de l'entreprise entre le débiteur et les principaux créanciers. Selon l'article L. 611-7 du Code de commerce, le conciliateur « *peut également présenter toute proposition se rapportant à la sauvegarde de l'entreprise, à la poursuite de l'activité économique et au maintien de l'emploi* ». À cette fin, le conciliateur peut obtenir du débiteur toute information utile, et il peut s'adresser au président du tribunal afin d'obtenir d'autres informations. Les résultats de l'expertise de gestion lui sont communiqués le cas échéant.

Les pouvoirs du conciliateur sont limités pour mener à bien cette tâche et supposent que les créanciers importants consentent des remises de dettes ou des rééchelonnements. Il n'a pas de pouvoir d'injonction et le succès de la procédure repose sur la volonté des créanciers du débiteur. L'ordonnance du 18 décembre 2008 a prévu la suspension des poursuites des créanciers qui sont parties à l'accord. Selon le nouvel article L. 611-10-1 du Code de commerce, « *pendant la durée de son exécution, l'accord constaté ou homologué interrompt ou interdit toute action en justice et arrête ou interdit toute poursuite individuelle tant sur les meubles que les immeubles du débiteur dans le but d'obtenir le paiement des créances qui en font l'objet* ». En contrepartie, les délais impartis aux créanciers parties à l'accord sont interrompus pour la même durée à peine de déchéance ou de résolution des droits afférents aux créances mentionnées par l'accord (art. L. 611-10-1 C. co.). Les personnes coobligées ou qui ont consenti une sûreté personnelle ou ayant affecté ou cédé un bien en garantie peuvent se prévaloir des dispositions de l'accord homologué (art. L. 611-10-2 al. 1er C. co.).

En cas de poursuites par des créanciers non parties à l'accord, le conciliateur n'a aucun pouvoir et seul le juge peut en vertu du droit commun accorder un délai de grâce allant jusqu'à deux années (art. L. 611-7 al. 5 C. co. par renvoi aux art. 1244-1 et s. C. civ.).

L'accord amiable doit être établi dans un délai de quatre mois maximum et il doit être signé par le débiteur et ses principaux créanciers. Par ce contrat, les créanciers publics peuvent consentir des remises de dettes sociales ou fiscales, à l'image des créanciers privés. Parce qu'il a pour but d'assurer la pérennité de l'entreprise, l'accord amiable prévoit en général un rééchelonnement des dettes, éventuellement des remises de dettes, de nouveaux crédits, des sûretés données en garantie et le cas échéant une restructuration de l'entreprise, voire une modification du capital.

Pour inciter les partenaires de l'entreprise à consentir des efforts, les créanciers qui ont participé à l'accord bénéficient d'un privilège général qui vise à encourager le soutien financier qui a été fourni lors de l'exécution de l'accord homologué. En cas de survenance d'une procédure de sauvegarde, de redressement ou de liquidation judiciaires, ce privilège est octroyé à certains créanciers. Ce privilège légal de conciliation, appelé aussi le privilège de la *new money*, s'applique aux créanciers qui ont consenti dans l'accord homologué un apport en trésorerie ou qui ont fourni un bien ou un service « *en vue d'assurer la poursuite de l'activité et sa pérennité* » (art. L. 611-11 C. co.). Ce privilège s'exercera par le biais d'une déclaration de créance à la procédure, et cette créance privilégiée sera réglée après le super privilège des salaires et les frais de justice postérieurs au jugement d'ouverture. En outre, il existe un principe d'irresponsabilité des créanciers du fait des concours consentis sous réserve des cas de fraude, d'immixtion caractérisée dans la gestion du débiteur ou de prise de garanties disproportionnées (art. L 650-1 C. co.). Ces mesures permettent de favoriser la conclusion de l'accord. L'absence d'accord avec les principaux créanciers conduit à l'échec de la conciliation. Une nouvelle conciliation peut être sollicitée par le débiteur après un délai de trois mois à compter de la fin de la précédente conciliation. Par ailleurs, il est possible que l'échec de la conciliation débouche sur une procédure collective, soit que le débiteur soit mis en redressement ou en liquidation judiciaires, soit qu'il ait sollicité l'ouverture d'une procédure de sauvegarde. Si les difficultés du débiteur conduisent à l'ouverture d'une procédure de sauvegarde, de redressement ou de liquidation judiciaire, il est mis fin à la procédure de conciliation de plein droit (art. L. 611-12 C. co.). Tous les signataires de l'accord amiable sont tenus par cet accord, et par les engagements qu'ils ont consentis. En revanche, en cas de non-respect par le débiteur, tout créancier partie à l'accord peut demander au tribunal la résolution de l'accord. Le tribunal prononcera également la déchéance des délais de paiement accordés (art. L. 611-10 C. co.). Une fois conclu, l'accord amiable produit différents effets.

B. Les effets variés de l'accord amiable

L'accord amiable obtenu peut faire l'objet d'une constatation ou d'une homologation, et il en résulte une valeur juridique différente.

Les parties à l'accord peuvent présenter une requête conjointe au président du tribunal qui a ouvert la conciliation, aux fins de constat de l'accord de conciliation. Pour que le président statue, le débiteur devra fournir une attestation aux termes de laquelle il n'est pas ou plus en cessation des paiements. Le président du tribunal peut alors constater l'accord (art. L. 611-8 I C. co.), et l'ordonnance comporte de plein droit la force exécutoire (art. R. 661-1 C. co.). Cette décision ne peut pas faire l'objet d'un recours et elle n'est pas publiée, ce qui permet d'en assurer la confidentialité. Le constat de l'accord amiable met fin à la procédure de conciliation.

Le débiteur peut par ailleurs solliciter auprès du tribunal l'homologation de l'accord qui prend la forme d'un jugement d'homologation. Cette homologation est soumise à plusieurs conditions. Le tribunal doit vérifier que le débiteur n'est pas en cessation des paiements ou que l'accord va y mettre un terme. L'accord doit viser à assurer la pérennité de l'entreprise tout en protégeant les intérêts des créanciers non signataires (art. L. 611-8 II C. co.). Pour statuer, le tribunal va entendre le débiteur, les représentants du comité d'entreprise ou les délégués du personnel, les créanciers parties à l'accord, le conciliateur et le ministère public, ainsi que l'ordre professionnel le cas échéant lorsque le débiteur exerce une profession libérale soumise à un statut législatif ou réglementaire ou dont le titre est protégé.

La procédure perd alors son caractère confidentiel. Le jugement est déposé au greffe du tribunal permettant à tout intéressé d'en prendre connaissance, et il est publié au BODACC.

Une tierce opposition peut être formée à l'encontre du jugement d'homologation par toute personne qui n'y est pas partie dans les dix jours de la publication au BODACC (art. L. 611-10 C. co.). La décision d'homologation est désormais susceptible d'appel, y compris de la part du ministère public lorsque les conditions de l'homologation ne sont pas réunies. Le refus d'homologation peut aussi faire l'objet d'un appel des parties à l'accord.

Lorsque le tribunal homologue l'accord, cela confère des droits plus importants aux parties. Outre la suspension des poursuites des créanciers parties à l'accord, l'homologation lève l'interdiction d'émettre des chèques qui aurait été mise en œuvre avant l'ouverture de la conciliation. Dans le cas d'une ouverture ultérieure d'un redressement ou d'une liquidation judiciaires, la date de cessation des paiements ne peut être fixée avant la date définitive de l'homologation (art. L. 631-8 al. 2 C. co.). En conséquence, les paiements reçus et les sûretés constituées avant l'accord amiable ou lors de sa conclusion ne pourront pas être remis en cause sur le fondement des nullités de la période suspecte. Enfin, il faut rappeler que le privilège de la conciliation déjà évoqué ne joue qu'en cas d'homologation de l'accord.

Liste des principales abréviations

al.	alinéa
art.	article
Bull.	*Bulletin des arrêts de la Cour de cassation*
Cass. Ass. plén.	Assemblée plénière de la Cour de cassation
Cass. 1re civ.	première chambre civile de la Cour de cassation
Cass. 2e civ.	deuxième chambre civile de la Cour de cassation
Cass. 3e civ.	troisième chambre civile de la Cour de cassation
Cass. com.	chambre commerciale de la Cour de cassation
Cass. crim.	chambre criminelle de la Cour de cassation
CCH	code de la construction et de l'habitation
C. civ.	code civil
C. co.	code de commerce
C. conso.	code de la consommation
CE	Communauté européenne
CEDH	Cour européenne des droits de l'homme
CJCE	Cour de justice des communautés européennes
CMF	code monétaire et financier
COJ	code de l'organisation judiciaire
CPC	code de procédure civile
CPI	code de la propriété intellectuelle
CRFPA	centre régional de formation professionnelle des avocats
C. trav.	code du travail
D.	décret
D.	*Recueil Dalloz-Sirey*
ex.	exemple
ENM	Ecole nationale de la magistrature
Fasc.	fascicule
IEJ	institut d'études judiciaires
in fine	à la fin
infra	ci-dessous
J.-Cl.	*Juris-Classeur*
JCP	*Juris-Classeur périodique, La semaine juridique, édition générale*
JCP Ent.	*Juris-Classeur périodique, La semaine juridique, édition entreprise*
JCP N	*Juris-Classeur périodique, La semaine juridique, édition notariale*
JO	*Journal officiel*
L.	loi
LPA	*Les Petites Affiches*
Mél.	*Mélanges*
n°	numéro
obs.	observations
op. cit.	ouvrage précité

p.	page
préf.	préface
réf.	référé
Rép. com.	*Répertoire commercial*
RJCom.	*Revue de jurisprudence commerciale*
RLDC	*Revue Lamy de droit civil*
RTDCiv.	*Revue trimestrielle de droit civil*
RTDCom.	*Revue trimestrielle de droit commercial*
s.	suivant
somm.	sommaire
spéc.	spécialement
supra	au-dessus
TC ou T. com	tribunal de commerce
TGI	tribunal de grande instance
TI	tribunal d'instance
v.	voir

Index

A

Abus de minorité	Thème 7
Achalandage	Thème 3
Acte de commerce	Thème 1
Acte mixte	Thème 1
Administrateur judiciaire	Thème 10
Affacturage	Thème 9
Alerte	Thème 10
Anatocisme	Thème 1
Apport en société	Thème 5
Arbitrage	Thème 1
Associé	Thème 8
Aval	Thème 9

B

Baux commerciaux	Thèmes 3 et 4
Billet à ordre	Thème 9
Bordereau Dailly	Thème 9

C

Carte bancaire	Thème 9
Cautionnement	Thème 1
Centre de formalités des entreprises	Thème 6
Cessation des paiements	Thème 10
Cession des titres	Thèmes 7 et 8
Chèque	Thème 9
Clause attributive de compétence	Thèmes 1 et 2
Clause d'agrément	Thème 8
Clause de non-concurrence	Thème 5
Clientèle	Thème 3
Coexploitation	Thème 2
Commerçant	Thème 2
Commerçant de fait	Thèmes 2 et 6
Commerce intégré	Thème 3
Commissaire aux comptes	Thème 8
Conciliation	Thème 10
Conjoint du commerçant	Thème 2
Crédit-bail	Thème 5

D
Dénomination sociale Thème 3
Déspécialisation Thème 4
Dirigeants sociaux Thème 8
Droit au bail Thèmes 3 et 4
Droit de préemption Thèmes 4 et 5

E
Effets de commerce Thème 9
Effet de complaisance Thème 9
Endossement Thème 9
Enseigne Thème 3
Escompte Thème 9
Expertise de gestion Thème 8

F
Faute du dirigeant Thème 8
Fonds de commerce Thèmes 3, 4 et 5

G
Groupements Thème 7
GIE-GEIE Thème 7

I
Immatriculation Thème 6

J
Juge-commissaire Thème 10

L
Lettre de change Thème 9
Liquidation judiciaire Thème 10
Location-gérance Thème 5
Loyer Thèmes 4 et 5

M
Mandat *ad hoc* Thème 10
Mandataire judiciaire Thème 10

N
Nantissement Thème 5
Nom commercial Thème 3

O
Obligation de non-concurrence Thème 5

P

Pas-de-porte Thème 4
Période d'observation Thème 10
Prescription Thème 1
Preuve Thèmes 1 et 6
Protêt Thème 9
Provision Thème 9

R

Radiation Thème 6
Redressement judiciaire Thème 10
Réfaction Thème 1
Registre du commerce et des sociétés Thème 6
Repentir Thème 4
Responsabilité des dirigeants Thème 8

S

Sauvegarde de l'entreprise Thème 10
Sociétés Thème 7
Solidarité Thème 1
Sous-location Thème 4

T

Titre interbancaire de paiement Thème 9
Tribunal de commerce Thème 1

U

Universalité Thème 3

V

Vente du fonds de commerce Thème 5
Virement Thème 9

W

Warrant Thème 9

Achevé d'imprimer par Corlet, Imprimeur, S.A. - 14110 Condé-sur-Noireau
N° d'Imprimeur : 130458 - Dépôt légal : juin 2010 - *Imprimé en France*

